中国语言文学
一流学科建设文库

汉语国际教育
冲关宝典

主　编　罗耀华　刘　云
副主编　刘楚群　郑友阶　吴　芳　吴锋文　李玉晶

WUHAN UNIVERSITY PRESS
武汉大学出版社

图书在版编目(CIP)数据

汉语国际教育冲关宝典/罗耀华,刘云主编．—武汉:武汉大学出版社,2021.3

ISBN 978-7-307-22158-1

Ⅰ.汉…　Ⅱ.①罗…　②刘…　Ⅲ.汉语—对外汉语教学—教学参考资料　Ⅳ.H195.4

中国版本图书馆 CIP 数据核字(2021)第 038058 号

责任编辑:宋丽娜　　责任校对:汪欣怡　　版式设计:韩闻锦

出版发行:**武汉大学出版社**　(430072　武昌　珞珈山)

(电子邮箱:cbs22@ whu.edu.cn 网址:www.wdp.com.cn)

印刷:武汉市宏达盛印务有限公司

开本:787×1092　1/16　印张:18.75　字数:396 千字

版次:2021 年 3 月第 1 版　　2021 年 3 月第 1 次印刷

ISBN 978-7-307-22158-1　　定价:48.00 元

前　言

“对外汉语”这一学科名称形成于20世纪80年代，是在中国教育学会对外汉语教学研究会成立之时提出的，标志着对外汉语作为一门专业学科正式形成。之后的几十年，该名称得到社会的广泛接受和采用，对外汉语学科也乘着改革开放的东风，走上崭新的历程。2012年，教育部颁布了《普通高等学校专业目录》，将“对外汉语”正式更名为“汉语国际教育”，并将其置于“中国语言文学”一级学科之下。

自对外汉语学科确立以来，学者们求实创新，在该领域辛勤地耕耘，为对外汉语学科发展奠定了坚实的学科基础。在学科理论层面，从20世纪80年代起，对外汉语学界就逐渐形成了科学研究之风，积极从学科建设的高度对我国的对外汉语教学事业进行了宏观性的规划，吸纳了不少优秀的教学理念和教学方法，开展了一大批课题研究，并取得了许多在国内外都具有影响力的研究成果。在教学实践层面，随着时代的进步和发展，越来越多的教育研究者、工作者投身对外汉语教学事业，他们脚踏实地，精研教学，以敏锐的目光关注学科的动态变化，结合国内、国际的汉语教学现状，引进新的教学方法，编写新的汉语教材，精进和完善自己的教学，将理论和实践紧密结合，使我们的汉语教学工作取得了突飞猛进的进步。

“汉语国际教育”的更名，意味着我国的汉语教学事业已步入一个新的历史发展阶段。在新的时代潮流下，孔子学院遍布全球，汉语学习者遍布五洲，汉语教学师资队伍不断扩大，汉语国际教育事业迎来了春天。

在这样的时代背景下，创新汉语教学的理论与实践，培养高素质的人才师资队伍成为汉语国际教育事业的重中之重。对一名合格的汉语教师或有志于从事汉语教学事业的准教师们来说，在当今纷繁变幻的形势下，强化自身的汉语教学基础，掌握多样的汉语教学方法，加强教学组织和课堂管理的能力，树立正确的文化和交际意识，养成良好的职业道德，正确看待自己的专业发展都是十分重要的。因此，我们希望这本书能够对有志于从事汉语国际教育事业的人士提供些许帮助，使大家既能在理论知识的体系中了解较为全面的汉语语言学知识、跨文化交际知识、教育理论知识和第二语言教学基础知识，又能在多样化的题目练习中提升锻炼自己的汉语分析能力和教学应用能力，强化自身的学科素养和学习技能。

本书根据汉语国际教育硕士培养方案，结合汉语国际教育专业的学科知识，以及“现代汉语”“古代汉语”“中华文化与外国文化”“对外汉语教学”“跨文化交际”等课程编撰了冲刺练习题。尤其是现代汉语方面的知识，我们参考了多个版本图书，包括邢福义和汪胜国主编的《现代汉语》(第二版)(华中师范大学出版社 2017 年版)(本书中简称“邢本”)、黄伯荣和廖序东主编的《现代汉语》(第六版)(高等教育出版社 2017 年版)(本书中简称“黄本”)、邵敬敏主编的《现代汉语通论》(第三版)(上海教育出版社 2016 年版)(本书中简称“邵本”)。现代汉语部分，从语音、词汇、语法、语用方面出发，题型主要为选择、填空、简答、论述；古代汉语部分，从古代辞书、工具书、韵律、字与词、特殊句式出发，归纳整理相关知识点，题型主要为填空、简答、论述；中华文化与外国文化部分主要参考《中华文化要略》及《外国文化史》，还补充了许多时事热点，题型以选择、填空、判断为主；对外汉语教学部分分绪论、基础、习得、教学四大板块，题型以填空、判断、选择、简答为主；案例分析与写作部分主要以案例分析呈现，选取经典案例，并进行分析与写作指导。最后设置了 5 套模拟卷，让读者自我检测学习效果。

在本书的编排过程中，我们参考了许多与汉语国际教育相关的书籍和文献，并以客观谨慎的态度采用了学界许多专家学者的学说和意见，他们的观点和想法为我们的图书编写和审阅工作提供了莫大的帮助，我们在此对在书中引用和参考过的文献资料的作者们致以最衷心的感谢！此外，参与此次图书编写的人员有：马利霞、邹梦娟、杨文卿、杨瑞雪、廖广梅、张来栋、代陈银。其中，张来栋负责总体统筹，马利霞、邹梦娟负责编写现代汉语基础知识部分，杨文卿负责编写古代汉语基础知识部分，杨瑞雪、廖广梅负责编写中外文化及跨文化交际基础知识部分，张来栋、代陈银负责编写对外汉语教育学引论和案例分析与写作部分。他们在本书的材料收集和整理过程中付出了不少心力，在理论材料的选择、练习题目的编排、图书章节的审阅工作方面都发挥了不小的作用。

最后，这是一本面向汉语国际教育专业学习者的专业辅助性学习用书，既涉及汉语理论基础知识，又涉及汉语国际教育专业知识。我们希望读者借助此书能够强化自己的专业知识，提升自己的专业技能，成为一名优秀的汉语国际教育工作者，在汉语教学事业中发出自己的光和热。但我们深知自身的水平有限，涉及的知识很多，在材料的选择、取舍、编排、论述和评价等方面存在许多不足的地方，渴望读者们批评指正！

目　录

现代汉语基础知识 …… 1
第一章　现代汉语与现行文字 …… 3
【学习提要】 …… 3
【强化训练】 …… 7
【强化训练参考答案】 …… 11
第二章　现代汉语语音 …… 18
【学习提要】 …… 18
【强化训练】 …… 20
【强化训练参考答案】 …… 24
第三章　现代汉语语汇 …… 31
【学习提要】 …… 31
【强化训练】 …… 35
【强化训练参考答案】 …… 38
第四章　现代汉语语法 …… 45
【学习提要】 …… 45
【强化训练】 …… 49
【强化训练参考答案】 …… 54
第五章　现代汉语语用 …… 64
【学习提要】 …… 64
【强化训练】 …… 66
【强化训练参考答案】 …… 68

古代汉语基础知识 …… 75
第一章 古代汉语基本知识 …… 77
【学习提要】 …… 77
【强化训练】 …… 80
【强化训练参考答案】 …… 81
第二章 古代汉语的字与词 …… 83
【学习提要】 …… 83
【强化训练】 …… 89
【强化训练参考答案】 …… 91
第三章 特殊句式 …… 95
【学习提要】 …… 95
【强化训练】 …… 97
【强化训练参考答案】 …… 98

中外文化及跨文化交际基础知识 …… 101
第一章 简论及地理历史概况 …… 103
【学习提要】 …… 103
【强化训练】 …… 103
【强化训练参考答案】 …… 107
第二章 汉字、姓氏与名、字、号 …… 109
【学习提要】 …… 109
【强化训练】 …… 109
【强化训练参考答案】 …… 111
第三章 学术、宗教、古代教育及科举制度 …… 113
【学习提要】 …… 113
【强化训练】 …… 114
【强化训练参考答案】 …… 121
第四章 典籍、科技、传统建筑与古典文学艺术 …… 124
【学习提要】 …… 124
【强化训练】 …… 126
【强化训练参考答案】 …… 138
第五章 器物、风俗习惯与中外文化交流 …… 142
【学习提要】 …… 142
【强化训练】 …… 143

【强化训练参考答案】 …… 147
第六章 外国上古、中古、近代和现当代文化 …… 148
【学习提要】 …… 148
【强化训练】 …… 149
【强化训练参考答案】 …… 157
第七章 课外知识拓展 …… 159
【中国文化】 …… 159
【中国作家及其作品】 …… 162
【诗词】 …… 162
【外国文化】 …… 163
【外国作家及其作品】 …… 164
【地理】 …… 166
【生活常识】 …… 167
【总统、国家、首都及其官方语言】 …… 167
【体育文化】 …… 168

对外汉语教育学引论 …… 169
第一章 绪论篇 …… 171
【学习提要】 …… 171
【强化训练】 …… 172
【强化训练参考答案】 …… 175
第二章 基础篇 …… 178
【学习提要】 …… 178
【强化训练】 …… 180
【强化训练参考答案】 …… 184
第三章 习得篇 …… 188
【学习提要】 …… 188
【强化训练】 …… 194
【强化训练参考答案】 …… 199
第四章 教学篇 …… 204
【学习提要】 …… 204
【强化训练】 …… 207
【强化训练参考答案】 …… 213

案例分析与写作 …… 225
案例一 …… 227
【案例解析】 …… 228
案例二 …… 230
【案例解析】 …… 231
案例三 …… 232
【案例解析】 …… 232
案例四 …… 234
【案例解析】 …… 235
案例五 …… 237
【案例解析】 …… 237

汉语国际教育冲关模拟卷 …… 239
模拟卷 …… 241
模拟卷(一) …… 241
模拟卷(二) …… 246
模拟卷(三) …… 251
模拟卷(四) …… 256
模拟卷(五) …… 260
模拟卷答案 …… 266
模拟卷(一) …… 266
模拟卷(二) …… 271
模拟卷(三) …… 276
模拟卷(四) …… 281
模拟卷(五) …… 286

参考文献 …… 292

现代汉语基础知识

第一章
现代汉语与现行文字

【学习提要】

1. 语言

语言是人类社会最重要的交际工具和思维工具，是一种符号系统。

2. 语言的性质

(1)社会属性：语言是最重要的交际工具。语言是劳动的产物，它和人类社会一起诞生，并随着社会的发展而发展。与其他交际工具相比，语言在使用上具有轻便性、负载信息的无限性、表意传情的精细性等特征。语言的社会交际工具属性决定了它的全民性。

(2)自然属性：语言是一种符号系统。

3. 语言的发展

语言的发展是渐进的。一般说来，语汇对社会的各种变化最为敏感，几乎处在不断变化之中；语音演变比较缓慢；基本语汇和语法的变化最为缓慢，是语言中最稳固的部分。汉语的发展也呈现出渐变性和不平衡性。

4. 汉藏语系

汉语同我国境内的藏语、彝语、苗语、壮语、傣语、侗语等同属汉藏语系。汉藏语系除了汉语外，还有藏缅、苗瑶、壮侗(侗台)三个语族。

5. 现代汉语

现代汉语是现代汉民族的语言，是现代汉民族最重要的交际工具。广义的现代汉语指现代汉民族共同语和现代汉语方言；狭义的现代汉语指现代汉民族共同语，即以北京语音为标准音，以北方方言为基础方言，以典范的现代白话文著作为语法规范的普通话。

6. 联合国工作用语

在联合国的所有会议、官方文件，以及有关记录、事务中可以使用的语言称为联合国工作语言。联合国的工作语言共有 6 种：汉语、英语、法语、俄语、西班牙语、阿拉伯语。

7. 汉语信息处理

汉语信息处理就是用计算机来处理汉语信息，其中，汉字键盘输入技术、汉字自动识别技术和汉语语音识别技术三个方面成就突出。

8. 共同语的基础方言

北方方言为现代汉语共同语的基础方言。其一，北方方言的代表城市北京，长期以来是我国的国都所在；其二，北方方言在汉语诸方言中分布地域最广、使用人数最多；其三，从晚唐五代直至明清，许多重要的白话文学作品都是用北方方言或在北方方言的基础上写成的。

9. 现代汉语共同语的形成过程

现代汉语共同语的书面语形成过程大致如下。晚唐五代时期，在禅宗语录和通俗文学作品中出现了一种同口语直接相联系的书面语“白话”，从晚唐五代的变文，到宋代的话本，乃至元代的杂剧、明清的章回小说，基本上是用以北京话为代表的北方方言写的。1919 年“五四运动”爆发，反对文言文，提倡白话文，使得文言文终于被以北方方言为基础的白话文取代。20 世纪 30 年代开展的大众语运动是“五四运动”以来白话文运动的继续和发展。中华人民共和国成立后，报纸、公文、法律文件等一律采用白话文，从而使白话文这一共同语的书面形式得到了进一步规范和统一。

现代汉语共同语的口语形成过程大致如下。以北方方言的代表北京话为政府的通用语，其在明清时期被称为“官话”，在清末正名为“国语”，成为各方言区之间的共同交际工具。中华人民共和国成立后，“国语”一词在我国大陆被“普通话”取代。

10. 现代汉语方言的分区

七区说：1955年10月，现代汉语规范问题学术会议提出，把汉语方言分为八区：官话、吴语、湘语、赣语、客家话、闽北话、闽南话、粤语。后来，有人把闽北话和闽南话合并为闽语，形成了“七区说”。官话(北方方言)，以北京话为代表，分为华北东北方言、西北方言、西南方言、江淮方言四个次方言。吴语，以苏州话为代表。湘语，以长沙话为代表。赣语，以南昌话为代表。客家话，以广东梅县(今梅州)话为代表。闽语，可以分为闽东方言、闽南方言、闽北方言、闽中方言、莆仙方言五个次方言。其中，闽东方言以福州话为代表，闽南方言以厦门话为代表。粤语，以广州话为代表。

十区说：20世纪80年代，中国社会科学院组织编写了《中国语言地图集》，在方言区的划分上，主要依据两个标准：一是古入声字的演变，据此区分官话区和非官话区，官话方言除江淮官话外，古入声字今不读入声，非官话方言古入声字今仍读入声；二是古浊音声母字的演变，据此划分9个非官话方言。按这一理论，现代汉语方言分为10个区：官话区、晋语区、吴语区、徽语区、赣语区、湘语区、闽语区、粤语区、平话区、客家话区。其中，官话大区又分为8个区：东北官话区、北京官话区、冀鲁官话区、胶辽官话区、中原官话区、兰银官话区、西南官话区、江淮官话区。

11. 官话方言的特点

官话方言的共同特点包括：除江淮官话和其他零星地区的官话外，一般官话方言没有入声；古全浊声母字今读塞音、塞擦音时，变为清音，平声送气，仄声不送气；辅音韵尾只有[n]、[ŋ]两个鼻辅音。

12. 汉字的性质

文字是记录语言的符号系统。文字帮助语言突破时空的限制，扩大了语言的交际功能；文字具有储存、传播信息等重要功能，促进了社会的发展；文字使语言有了书面语的存在形式，促进了语言的发展。汉字是记录汉语的书写符号系统，是世界上最古老的文字之一。汉字产生于商朝初年，甚至夏朝末年，大约公元前17世纪。

世界上独立形成的古老的文字体系主要有：古埃及的圣书字、古美索不达米亚的楔形字、中美洲的玛雅文和我国的汉字。世界上的文字可以分为三类：一类是音素文字，一个字母代表一个音素，如英文；一类是音节文字，一个字母代表一个音节，即辅音和元音的结合体，如日文；一类是语素文字，它的单位是字，字是有意义的，如汉字。从文字的发展史看，有表形文字、表意文字和表音文字。汉字是表意体系的文字，但汉字有大量的形声字，又可以称作“意音文字”。

汉字造字法可以归为两类：一类是不带表音成分的象形、指事、会意；一类是带表音成分的形声。象形是描摹事物的形体；指事是用象征符号或在象形符号的基础上加提示性符号来表示无法模拟的客观事物或抽象概念；会意是用两个或两个以上的字作为意符，结合起来表示一个新的意义；形声是用表示意义类属的字作形符，再取一个读音相同或相近的字作声符。

13. 汉字的特点

第一，汉字与现代汉语相适应；第二，汉字是形、音、义的统一体；第三，汉字有一定的超时空性；第四，汉字数量多，字形结构复杂；第五，汉字用于国际交流比较困难。

14. 汉字的形体

3000 多年来，汉字在不断地发展和演进：表形字消亡，形声字增加，假借字减少。汉字先后出现过甲骨文、金文、籀文、小篆、隶书、楷书、草书、行书等多种字体，前四种属于古文字，后四种属于今文字。现行汉字的字体从使用手段上分为印刷体和手写体。手写体汉字主要用楷书、行书。印刷体仍以楷书为范式，采用楷书和楷书的印刷变体，常用的有宋体、仿宋体、楷体和黑体。

15. 汉字的构形单位

汉字最小的构形单位是笔画，笔画指构成汉字字形的各种形状的点和线。现行汉字有 5 种基本笔画：横、竖、撇、点、折。笔顺指写字时的笔画顺序，基本规则是：先横后竖、先撇后捺、先上后下、先左后右、先外后内、先中间后两边、先进去后关门。笔画有 3 种组合方式：相离、相接、相交。

汉字的基本结构单位是构字部件。部件是由笔画组成的具有组配汉字功能的构字单位，它介于笔画和整字之间，大于或等于笔画，小于或等于整字。部件和偏旁都是介于笔画和整字之间的构字单位。但是，偏旁是对会意字、形声字中表意和表音成分的分析，是固定的；部件是对现代汉字内部结构系统分析的结果，部件可以表意、表音，也可以不表意、不表音，而且部件可大可小，是有级别的。

部首是具有字形归类作用的偏旁，是专为汉字分类检索而设立的部目。字典中大部分部首都是由汉字中具有表意作用的偏旁充当的。部首不等于部件，有些部首还可以再分为几个部件。

16. 汉字的构形方式

现行汉字的构形方式有单部件成形和多部件组合两类，其中以多部件组合为主。由一个部件构成的字是独体字，来自象形字、指事字；由两个或两个以上末级部件构成的字是合体字，来自会意字、形声字。合体字占现行汉字的90%以上，有3种基本结构类型：左右结构、上下结构、包围结构。现行汉字以左右结构为主。具体来说，合体字结构主要有12种：左右结构、左中右结构、上下结构、上中下结构、全包围结构、上三包围结构、下三包围结构、左三包围结构、左上包围结构、左下包围结构、右上包围结构、右下包围结构。

17. 汉字的规范化和标准化

传统汉字存在的主要问题是"繁"与"乱"："繁"是笔画繁多，"乱"是异体纷呈、读音歧异。汉字规范化和标准化的具体要求是：定量、定形、定音、定序，即通过科学、系统、全面的整理，使现行汉字字数有定量，书写有定形，认读有定音，排检有定序。

18. 汉字信息处理

用计算机来处理语言文字所包含的信息就是语言信息处理。汉字信息处理离不开汉字，汉字的信息处理主要包括汉字的计算机输入和汉字的计算机输出。目前，汉字输入的方式主要有三种：汉字键盘输入、汉字字形识别输入、汉字语音识别输入。汉字的输出方式一般有两种：屏幕显示输出、打印输出。汉字需要输出时，要使用字库。字库包括点阵字库、矢量字库。

【强化训练】

一、填空题

1. 语言是人类社会中重要的________工具和________工具，是一种符号系统。

2. 现代汉语共同语在中国大陆称为普通话，在中国台湾称为________，在新加坡和马来西亚称为________。

3. 汉藏语系除汉语外的三个语族：________、________、________。

4. 现代汉语是以________为标准音，以________为基础方言，以典范的现代白话文著作为语法规范的________。

5. 现代汉语方言中，湘语以________话为代表。

6. 现代汉语方言中，粤语的代表话是________。

7. 汉语方言一般分为七大方言区：________、________、________、________、________、________、________。

8. 汉语方言之间在________方面差异最突出。

9. 官话区包括东北官话区、北京官话区、________、________、________、________、________、________。

10. 联合国六种工作语言：汉语、英语、法语、俄语、________、________。

11. 现代汉语语素以________为主，词以双音节占优势，双音节词绝大多数为合成词，构词方法主要采用________。

12. 汉字造字法包括两类：一是不带表音成分的象形、________、________，一类是带表音成分的________。

13. 共同语在春秋时期被称为________，在辛亥革命时被称为________。

14. “凶”的造字法是________。

15. ________是古今文字的分水岭。

16. 现行汉字的笔画系统以横、竖、撇、________、________ 5 种笔画为基础构成。

17. 现行汉字规范化和现代化的具体要求是：定量、________、定音、________。

18. 汉字的结构单位有________和________二级。

19. 汉字属于________体系的文字。

20. 金文是古代铸在________上面的文字。

21. 汉字在历史发展中出现________和行书两种辅助字体。

二、名词解释

1. 语言	2. 现代汉语	3. 会意	4. 隶书
5. 草书	6. 汉字标准化	7. 方言	8. 共同语
9. 亲属语言	10. 语系	11. 六书	12. 社会方言
13. 地域方言	14. 七区说	15. 笔画	16. 部件

三、单项选择题

1. 现代汉语的标准音是(　　)。

A. 北方语音　　B. 北京语音　　C. 东北语音　　D. 华北语音

2. 现代汉语的基础方言是(　　)。

A. 北方话　　B. 官话　　C. 北京话　　D. 华北方言

3. 现代汉语的语法规范是(　　)。

A. 北京话语法　　B. 典范的现代白话文著作

C. 著名现代作家作品　　D. 现代口语语法

4. 从方言区划分来看，广州话属于(　　)。

A. 官话　　B. 湘方言　　C. 赣方言　　D. 粤方言

5. 从方言区划分来看，上海话属于(　　)。

A. 闽方言　　B. 吴方言　　C. 客家方言　　D. 赣方言

6. 从方言区划分来看，长沙话属于(　　)。

A. 吴方言　　B. 粤方言　　C. 闽方言　　D. 湘方言

7. 从方言区划分来看，南昌话属于(　　)。

A. 赣方言　　B. 湘方言　　C. 客家方言　　D. 闽方言

8. 从方言区划分来看，厦门话属于(　　)。

A. 粤方言　　B. 闽方言　　C. 湘方言　　D. 吴方言

9. 汉语各方言中使用人数最少的是(　　)。

A. 北方方言　　B. 吴语　　C. 湘语　　D. 平话

10. 官话方言中使用人数最多的官话是(　　)。

A. 东北官话　　B. 中原官话　　C. 西南官话　　D. 江淮官话

11. 世界上使用人数最多的语言是(　　)。

A. 英语　　B. 汉语　　C. 法语　　D. 俄语

12. 我国 20 世纪 80 年代确定的语言文字最重要的任务是(　　)。

A. 促进汉语规范化和推广普通话　　B. 促进汉字改革

C. 研究和整理现行汉字　　D. 研究汉语和汉字信息处理问题

13. 现代汉语普通话的规范标准是(　　)年确定的。

A. 1950　　B. 1955　　C. 1956　　D. 1958

14.《中华人民共和国宪法》(　　)规定“国家推广全国通用的普通话”。

A. 第 9 条　　B. 第 10 条　　C. 第 19 条　　D. 第 20 条

15. 我国的普通话水平测试是从(　　)年开始实行的。

A. 1994　　B. 1995　　C. 1996　　D. 1997

16. 镇江话属于(　　)。

A. 吴方言　　B. 粤方言　　C. 北方方言　　D. 湘方言

17. (　　)不是汉语的特点。

A. 形态发达　　B. 元音占优势　　C. 量词丰富　　D. 有声调

18. 下列选项都属于会意字的是(　　)。

A. 取、春、伐、明　　B. 本、从、鹿、间

C. 鸟、涉、众、赏　　D. 恭、从、盥、旗

19. 汉字的演变顺序是(　　)。

A. 甲骨文—金文—篆书—隶书—楷书

B. 甲骨文—篆书—楷书—金文—隶书

C. 甲骨文—篆书—金文—隶书—楷书

D. 甲骨文—楷书—隶书—篆书—金文

20. “燕”是(　　)字。

A. 指事　　B. 象形　　C. 形声　　D. 会意

21. “亭”是(　　)字。

A. 指事　　B. 象形　　C. 形声　　D. 会意

22. “唱”是(　　)字。

A. 指事　　B. 象形　　C. 形声　　D. 会意

23. “栽”是(　　)字。

A. 指事　　B. 象形　　C. 形声　　D. 会意

24. 现代汉语共同语在明代称为(　　)。

A. 雅言　　B. 通语　　C. 官话　　D. 国语

25. (　　)不是造字之法。

A. 象形　　B. 会意　　C. 指事　　D. 假借

26. 繁体字“賃”简化成“赁”，是采用(　　)的方法简化的。

A. 简化形旁　　B. 同音替代　　C. 简化声旁　　D. 整字替换

四、分析题

1. 改正下列词语中的错别字。

①直接了当　　②寒喧客套　　③反应意见　　④宽洪大量

⑤一股作气

2. 改正下列词语中的错别字。

①棵粒归仓　　②矫柔造作　　③不记其数　　④星罗齐布

3. 回答下列问题。

①“费”有几笔？　　②“婢”有几笔？

③“森”的形体结构是什么？　　④“启”的形体结构是什么？

⑤“刻”的声旁是什么？　　⑥“锦”的声旁是什么？

⑦“或”的第六笔是什么？　　⑧“乖”的第七笔是什么？

4. 改正下面各组成语中的别字。

一愁莫展　　穿流不息　　天翻地复　　言简意骇

草管人命

5. 改正下面各组成语中的错别字。

暗然失色　　缪力同心　　高潮叠起　　大意凛然

以敬效尤

6. 根据造字法，分析下面汉字的造字方法。

①和　②虑　③距　④邓

⑤饮　⑥徒　⑦玩　⑧快

7. 改正下列词语中的错别字。

汗流夹背　攻城掠地　得拢望蜀　断章取意

8. 回答下列问题。

①"承"有多少画？　②"丐"有多少画？

③"兜"第五笔是什么？　④"痛"字的结构是什么？

⑤"贯"字的笔顺是什么？

五、简答题

1. 现代汉语的含义是什么？
2. 现代汉民族共同语是怎样确立的？
3. 汉语的发展大致经历了哪些阶段？
4. 与古汉语相比，现代汉语有什么特点？
5. 与汉藏语系中的其他语言相比，现代汉语有什么特点？
6. 与印欧语相比，现代汉语有什么特点？
7. 举例说明什么是部件、什么是偏旁、什么是部首，以及三者的关系。
8. 汉字有哪些特点？
9. 简述汉字规范化的内容以及规范汉字的意义。
10. 什么是隶变？它在汉字发展史上有什么影响？
11. 简述汉字的发展阶段。

【强化训练参考答案】

一、填空题

1. 交际　思维
2. 国语　华语
3. 藏缅　苗瑶　壮侗(侗台)
4. 北京语音　北方方言　普通话
5. 长沙
6. 广州话
7. 官话(北方方言)　吴语　湘语　赣语　客家话　闽语　粤语
8. 语音

9. 冀鲁官话区　胶辽官话区　中原官话区　兰银官话区　西南官话区　江淮官话区

10. 西班牙语　阿拉伯语

11. 单音节　词根复合法

12. 指事　会意　形声

13. 雅言　国语

14. 指事

15. 隶书

16. 点　折

17. 定形　定序

18. 笔画　部件

19. 意音

20. 青铜器

21. 草书

二、名词解释

1. (邢本)语言是人类社会最重要的交际工具和思维工具，是一种符号系统。

   (黄本)语言是一种音义结合的符号系统，是人们最重要的交际工具和思维工具。

   (邵本)语言是人类特有的一种社会现象，是人类最重要的交际工具和思维工具。语言是以语音为物质外壳，以词汇为建筑材料，以语法为结构规律而构成的符号系统，具有任意性和线条性。

2. (邢本)现代汉语是现代汉民族的语言，是现代汉民族最重要的交际工具，有广义和狭义之分，广义上指现代汉民族共同语和现代汉语方言，狭义上指现代汉民族共同语。

   (黄本)现代汉语是现代汉民族所使用的语言，包括多种方言和民族共同语。

   (邵本)现代汉语指现代汉民族使用的共同语，是以北京语音为标准音，以北方话为基础方言，以典范的现代白话文著作为语法规范的普通话。

3. (邢本)无。

   (黄本)用两个或两个以上部件合成一个字，把这些部件的意义合成新字的意义，这种造字法叫会意。用会意方法造的字，就是会意字。

   (邵本)会意是用两个或两个以上字形组合起来表示字义的造字方法。

4. (邢本)隶书产生于秦，是在战国时代秦国文字简俗字的基础上形成的。隶书是汉字演变成现代汉字的转折点。

   (黄本)隶书有秦隶、汉隶两种。秦隶又叫“古隶”，是秦代运用的隶书。汉隶又称“今隶”，是汉代通行的字体。

   (邵本)无。

5. (邢本)汉代的草书，是草率的隶书，是与汉隶平行的一种字体。后经文人加工，流行于汉章帝时代的草书，称为章草。今草成熟于东晋，唐代出现了以张旭、怀素为代表的狂草。

   (黄本)草书包括章草、今草、狂草三种。章草在东汉章帝时盛行。今草产生于东汉末年，是从章草变化而来的，笔形是楷书化的草写，没有章草的波势。今草书写简易快速，但大多不易辨认。狂草是唐代产生的，变化多端，极难辨认，变成了纯艺术品，很少有实用价值。

（邵本）无。

6.（邢本）传统汉字存在的主要问题是"繁"与"乱"："繁"是笔画繁多，"乱"是异体纷呈、读音歧异。汉字规范化和标准化的具体要求是：定量、定形、定音、定序，即通过科学、系统、全面的整理，使现行汉字字数有定量，书写有定形，认读有定音，排检有定序。

（黄本）汉字标准化，要求对汉字进行四定，即定量、定形、定音、定序。

（邵本）现代汉字的标准化，具体表现为：定量、定形、定音、定序，简称"四定"。

7.（邢本）现代汉语方言是现代汉语的地域分支，也就是通行于某一地域的地方话，具有地方性的特征。汉语方言是汉语的地域分支。

（黄本）汉语方言俗称"地方话"，只通行于一定的地域，是局部地区使用的语言。

（邵本）现代汉语方言是现代汉语的地域变体。

8.（邢本）现代汉语共同语是现代汉民族共同用来交际的语言。

（黄本）民族共同语是一个民族全体成员通用的语言。

（邵本）无。

9.（邢本）无。

（黄本）无。

（邵本）亲属语言是指从同一基础语分化出来的独立的、彼此有同源关系的语言。

10.（邢本）无。

（黄本）无。

（邵本）语系是具有共同历史来源的亲属语言组成的语言系属。

11.（邢本）无。

（黄本）六书主要包括象形、指事、会意、形声四种造字法，还有转注和假借两种用字法。

（邵本）六书是我国古代分析汉字造字法归纳出来的理论。六书，即象形、指事、会意、形声、转注、假借。

12.（邢本）社会方言是社会内部不同性别、年龄、职业、阶层的人们在语言使用上表现出来的一些变体，是言语社团的一种标志。

（黄本）无。

（邵本）由于性别、年龄、地位、职业、信仰、文化程度等社会因素的不同，人分属不同的社会群体。每一群体都有一些区别于其他群体的语言特点，从而形成语言的各种变体，也叫作“社会方言”。

13. (邢本)地域方言是社会内部某一地区的人们所使用的语言，是民族共同语的地域分支或地方变体。

(黄本)无。

(邵本)无。

14. (邢本)1955年10月，现代汉语规范问题学术会议提出，把汉语方言分为八区：官话、吴语、湘语、赣语、客家话、闽北话、闽南话、粤语。后来，有人把闽北话和闽南话合并为闽语，形成了“七区说”。

(黄本)无。

(邵本)无。

15. (邢本)汉字最小的构形单位是笔画。笔画指构成汉字字形的各种形状的点和线。

(黄本)笔画是构成汉字字形的最小单位。从落笔到起笔所写的点、线，叫一笔或一画。

(邵本)笔画是构成汉字字形的最小单位。从落笔到提笔的过程中写出的点或线就叫笔画。

16. (邢本)部件是由笔画组成的具有组配汉字功能的构字单位。

(黄本)部件是由笔画构成的具有组配汉字功能的构字单位。

(邵本)部件是构成汉字字形的基本单位。大多数部件是由笔画组成的块状结构，具有组配汉字的功能。

三、单项选择题

1-5：BABDB　6-10：DABDC　11-15：BABCB　16-20：AAAAB

21-26：CCCCDA

四、分析题

1. ①直截了当　②寒暄客套　③反映意见　④宽宏大量
⑤一鼓作气
2. ①颗粒归仓　②矫揉造作　③不计其数　④星罗棋布
3. ①九　②十一　③上下　④上左包围
⑤亥　⑥帛　⑦斜钩　⑧撇
4. 一筹莫展　川流不息　天翻地覆　言简意赅
草菅人命

5. 黯然失色	勠力同心	高潮迭起	大义凛然
以儆效尤			
6. ①形声	②形声	③形声	④形声
⑤会意	⑥形声	⑦形声	⑧形声
7. 汗流浃背	攻城略地	得陇望蜀	断章取义
8. ①八	②四	③横	④左上包围
⑤竖折、横折、竖、横、竖、横折、撇、点			

五、简答题

1. 现代汉语是现代汉民族的语言，是现代汉民族最重要的交际工具，有广义和狭义之分，广义上指现代汉民族共同语和现代汉语方言，狭义上指现代汉民族共同语。

2. 现代汉民族共同语的确立有一定的标准：以北京语音为标准音，以北方话为基础方言，以典范的现代白话文著作为语法规范。

3. 汉语的发展经历了五个阶段。第一个阶段，无文字记录的“史前时期”，根据人类社会的发展历史来分析，这个时期的语言不够发达，不够丰富。第二个阶段，有文字记录的上古时期，先秦时代。由于书面语言的出现，语言出现整合、规范的可能。第三个阶段，中古时期，两汉到隋唐时代。这一时期社会生活相当发达，交流交际频繁化，尤其是书面语言即文字的应用十分广泛，字书(字典)、辞书(词典)对社会各个层面具有文化影响，尤其是文学作品的大量出现，使得汉语的发展、整合十分迅速。第四个阶段，晚唐至“五四运动”以前。由于文学作品的影响，尤其是与口语结合十分紧密的白话文小说的出现和普及，这一时期汉语的书面语言发展得十分繁荣，因此，书面语言的模范效应对语言的规范、整合起到了巨大的推动作用。第五个阶段，“五四运动”至今，现代汉民族共同语的成熟时期。

4. 与古汉语相比，现代汉语在语音、语汇和语法方面有以下特点。(1)语音方面：从总体上讲，现代汉语语音系统简化，主要表现在浊塞音、浊塞擦音和清鼻音声母消失；韵尾辅音大大减少；入声不再独立成为调类。(2)语汇方面：现代汉语新词大量产生；词的双音化倾向明显；词缀和类词缀有所增加，词缀附加法构成的合成词增多；一大批印欧语词和日语汉字词进入语汇系统。(3)语法方面：现代汉语量词越来越丰富；先秦时代没有的动态助词成为常用的词类；词类活用的现象显著减少；代词宾语在否定句、疑问句中的位置发生了改变；句子连带成分增多，结构趋于复杂，表意更为精确。

5. 与汉藏语系其他语言相比，现代汉语的特点主要表现在语音、语法两个方面。(1)语音方面：现代汉语共同语没有复辅音，塞音、塞擦音等辅音没有清浊对立；可以作韵尾的只限于[n][ŋ]；元音不分长短。(2)语法方面：现代汉语某些句法成分在句法结构中的位置、词重叠形式的分布和表示的语法意义方面与汉藏语系其他语言不尽相同。

6. 与印欧语相比，现代汉语在语音、语汇和语法方面有以下特点。(1)语音方面：现代汉语声调是音节的重要组成部分，具有音位价值；音节中元音占优势，没有复辅音；音节总数有限，音节简短，界限分明。(2)词汇方面：现代汉语语素以单音节为主，词以双音节占优势，构词主要采用词根复合法。(3)语法方面：现代汉语缺乏严格意义的形态变化，以语序和虚词为主要语法手段；词类具有多功能性，与句法成分不存在简单的对应关系；句子和短语的构造基本一致；有独特的词类和短语，句式多样化。

7. 笔画是构成汉字字形的最小单位，从落笔到起笔所写的点、线叫一笔或一画。部件是由笔画组成的具有组配汉字功能的构字单位。一个合体字由两个或两个以上的部件构成，如“字”由“宀”和“子”构成，部件是由笔画构成的。多数部件由一画以上的笔画构成，少数部件是由一画构成，如“亿”由“亻”和“乙”构成。笔画是构成汉字的各种点和线，是构成汉字字形的最小书写单位。部首是字书中各部领头的部件或笔画，具有字形归类作用。偏旁就是采用二分法对合体字进行一次性切分而获得的结构单位，可以分为形旁和声旁。偏旁不等于部件。偏旁和部首是两个有联系却不等同的概念。

8. 见【学习提要】13。

9. 汉字规范化的内容：四定，即定量、定形、定音、定序。定量是指规定汉字的数量。定形是指规定汉字的标准字形。定音是指规定汉字的标准读音。定序是指规定汉字的排列顺序。

规范汉字的意义：语言文字工作关系到国家的统一、民族的团结、社会的进步和国际的交往；实现语言文字的规范化、标准化，是普及文化教育、发展科学技术、提高工作效率的一项基础工程，对社会主义物质文明建设和精神文明建设具有重要意义，必须给予高度重视。汉字的规范化具有重大意义，文字是信息的载体，是人们交流思想、协调社会生产和社会生活的书面工具。我国是一个地域辽阔、人口众多、方言纷繁的大国，汉字要发挥其交际职能，就必须保持高度的统一性。这种统一性，就是严格的规范。对汉字进行规范，有利于提高汉字学习和使用的效率，使汉语更加符合语言文字追求的“经济性”原则。对现代汉字进行规范，不仅有利于汉字学习和汉字的一般使用，还有利于各种汉字机器和电子计算机的汉字处理。语言文字规范化是国家统一、民族团结的标志，在现代社会更是一个工业化国家的标志。当前，人类社会已进入信息时代，语言文字用于计算机信息处理技术，对语言文字本身的规范化、标准化要求更高，不仅要求字体、字形统一规范，而且要求笔画的位置及长短、尺寸都严格符合统一的标准。信息交换用的文字，绝对不允许各行其是，不能出现半点误差。这是文字规范化、标准化在现代化建设和高科技信息社会中的新发展。

10. 从具备象形特点的古文字(篆书)转变为不具备象形特点的今文字(隶书)的过程，称为隶变，隶变是汉字历史上的一个里程碑，使汉字字形变为方形，线条从弧线变为直线，笔画从繁杂变简省，使汉字摆脱图画性质，进一步变成纯粹符号性质的文字。隶变结束了古文字阶段，隶书成为古、今文字的分水岭，经过隶变的文字更加清晰易认了。

隶变在汉字发展史上具有重要的影响。一方面，在应用中为了提高书写速度，正规的字体总是具有不断草化和简化的趋向，隶书就是为了适应急速书写的需要，由篆书演变而成的一种字体。隶书的出现使汉字结体逐渐规范化、程式化、定型化，结束了古文字的结体形式，确定了方块字造型，使中国文字进入更为定型的阶段。另一方面，草书、楷书都由隶书中来，行书又由楷书草化而来，因此，现代汉语所使用的正式字体和辅助字体都与隶变关系密切，隶变是汉字由繁趋简的重要阶段，是古体汉字发展为现代汉字的桥梁。隶变改造偏旁，混同了小篆中形体不同的字，如“秦”“奏”“春”“奉”等字在小篆中的构字成分不同，但是到了隶书中都成了没有意义的“春字头”；隶书同时也分化了小篆中形体相同的字，使汉字形体发生了一次大变化，例如，“心”在不同的字中有不同的写法，如“情”“恭”“志”等；隶变过程中，不少形体由于省简、合并、讹变，以致破坏了原来的结构，例如，“書”在小篆中是“从聿者声”，隶书则把“者”省成“日”。隶书还为中国古代书法与汉字的发展开启了一扇广阔的大门，使得此后书法艺术蓬勃发展，进入一个自觉创作的时代。

11. 在几千年的历史演变中，汉字出现过甲骨文、金文、籀文、小篆、隶书、楷书、草书、行书等多种字体。前四种属于古文字，后四种属于今文字。(1)甲骨文是刻在龟甲或兽骨上的文字，又叫作“卜辞文字”“契文”或“殷墟文字”，内容多为占卜的记录。甲骨文是目前能见到的最早的数量最多而又成系统的古文字。(2)金文是铸刻在青铜器上的文字，又叫“钟鼎文”“彝器铭文”或“吉金文字”，主要指西周时期青铜器上的文字。金文结构没有定型化，异体字仍然很多，笔画变化多端，装饰意味浓厚。(3)籀文又称“大篆”，是春秋战国时期通行于秦国的文字，主要特点是笔画趋于线条化，结构趋于整齐，为汉字方块化打下了初步的基础。(4)小篆是大篆的对称，也称为“秦篆”，是秦始皇统一六国后采用的字体。主要特点是书写线条化、文字符号化、形体统一化、结构定型化。(5)隶书产生于秦，是在战国时代秦国文字简俗字的基础上形成的。隶书是汉字演变成现代汉字的转折点。(6)楷书又称为“真书”“正书”，就是端端正正可做楷模的字体。它产生于汉末，由隶书楷化而成，魏晋南北朝时期已很流行，并一直沿用至今。(7)汉代的草书，是草率的隶书，是与汉隶平行的一种字体。后经文人加工，流行于汉章帝时代的草书，称为章草。今草成熟于东晋，唐代出现了以张旭、怀素为代表的狂草。(8)行书产生于东汉，由隶书写法简化而来，是介于草书与正体字之间的一种流畅的手写体。

第二章 现代汉语语音

【学习提要】

1. 语音

语音是语言的物质外壳，是由人的发音器官发出的具有表意作用的声音。语音具有物理性、生理性、社会性，其中社会性是语音的最根本属性。

2. 音节、音素、音位

(1)音节是最自然的语音单位。一般来说，一个汉字就表示一个音节。(2)音素是从音色角度划分出来的最小的语音单位。(3)音位是一个语音系统中能够区别意义的最小语音单位。

3. 元音、辅音

(1)气流振动声带，在口腔、咽头不受阻碍而形成的音叫元音，又叫“母音”。(2)气流在口腔或咽头受到阻碍而形成的音叫辅音，又叫“子音”。

4.《汉语拼音方案》、国际音标

(1)《汉语拼音方案》是标记汉语普通话语音系统的一套记音符号，采用国际通行的拉丁字母，采用音素化的方法，包括字母表、声母表、韵母表、声调符号、隔音符号五个部分。(2)国际音标是标记各种语言语音的国际通用的一套记音符号，一个符号代表一个音素。

5. 声母

声母是指音节开头的辅音。普通话 21 个辅音声母按照发音部位，分为双唇音(b、p、m)、唇齿音(f)、舌尖前音(z、c、s)、舌尖中音(d、t、n、l)、舌尖后音(zh、ch、sh、r)、舌面音(j、q、x)、舌根音(g、k、h)七类；按照形成阻碍和排除阻碍的方式，分为塞音(b、p、d、t、g、k)、擦音(f、s、sh、r、x、h)、塞擦音(z、c、zh、ch、j、q)、鼻音(m、n)、边音(l)五类；按照发音时气流的强弱，把声母中的塞音、塞擦音分为送气音(p、t、k、c、ch、q)和不送气音(b、d、g、z、zh、j)两类；根据发音时声带是否颤动，分为清音(b、p、d、t、g、k、h、j、q、x、zh、ch、sh、z、c、s)和浊音(m、n、l、r)两类。声母的发音见邢福义和汪国胜主编的《现代汉语》(第二版)(华中师范大学出版社 2017 年版)第 55-57 页。

6. 韵母

韵母是指音节中声母后面的部分。普通话 39 个韵母按照韵母的内部结构特点，分为单韵母(10 个)、复韵母(13 个)、鼻韵母(16 个)三类；按照韵母开头元音的发音性质，分为开口呼、齐齿呼、合口呼、撮口呼四类(“四呼”)。舌面元音韵母的发音、舌尖元音韵母的发音、复韵母的发音、鼻韵母的发音见邢福义和汪国胜主编的《现代汉语》(第二版)(华中师范大学出版社 2017 年版)第 63-65 页。

7. 声调、调值、调型、调类

(1)声调是一个音节高低升降的变化，在音节中具有区别意义的作用。(2)调值是声调的实际读法，是一个音节高低升降变化的具体形式，通常用“五度标记法”记录调值。(2)调型是高低升降变化形式相似的调值的类别。(3)调类是声调的分类，它是将一种语言中调值相同的字归纳在一起形成的类别。(4)普通话有四个基本调值，即 55、35、214、51，因而有 4 个调类，即阴平调、阳平调、上声调、去声调。

8. 音节结构

(1)从声韵调角度分析：每个音节都有韵母和声调，不是都有辅音声母；音节都有韵腹，不是都有韵头和韵尾；音节中的韵头由 i、u、ü 充当，韵尾由 i、u、n、ng 充当；有的音节由声母、韵头、韵腹、韵尾四个部分组合而成，有的音节只由韵腹一个部分构成。(2)从音素角度分析：音节至少由 1 个元音音素构成，最多由 4 个音素组合而成；音节的声母都由辅音充当，韵母可以由一个元音充当，也可以由几个元音组合而成，或者由元音带上鼻辅音构成；音节中的元音最多有 3 个，而且可以连续排列，分别作韵母的韵头、韵腹、韵尾；音节开头可以没有辅音，由元音自成音节；音节中的辅音出现在音节的开头作声母，或出现在音节的末尾作韵尾，没有辅音连续排列的现象；音节中韵母的韵头由元音 i、u、ü 充当；韵腹由 10 个元音充当；韵尾由元音 i、u 和辅音 n、ng 充当。

9. 声韵配合规律

根据声母的发音部位和韵母的“四呼”，普通话声韵配合的主要规律如下：(1)同开口呼韵母配合的声母最多，只有舌面音 j、q、x 不能配合；(2)同撮口呼韵母配合的声母最少，只有舌面音 j、q、x 和舌尖中音的 n、l 能配合；(3)同“四呼”韵母都能配合的只有舌尖中音 n、l；(4)舌根音 g、k、h，舌尖后音 zh、ch、sh、r，舌尖前音 z、c、s，这三组声母只同开口呼、合口呼韵母配合，不同齐齿呼、撮口呼韵母配合；(5)舌面音 j、q、x 只能同齐齿呼、撮口呼韵母配合，不同开口呼、合口呼韵母配合；(6)双唇音 b、p、m 和唇齿音 f 同合口呼韵母配合仅限于单韵母 u。

10. 语流音变

在言语活动过程中，由于相连音节的相互影响或表情达意的需要，有些音节的语音发生程度不同的变化，这种现象称为语流音变。普通话的语流音变主要包括变调(轻声、上声变调，“一”“不”的变调)、儿化、语气词“啊”的变化。

11. 句调、重音

(1)句调是语音的高低升降变化，普通话的句调大体上分为平调、升调、曲调和降调四种。(2)重音分为词重音和句重音。词重音指复音词里读得较重的音节。句重音指一句话里读得较重的词或短语，分为语法重音和逻辑重音两种。

12. 音步、停顿

(1)音步是指每隔一定的时间重复出现有一定强弱分别的一系列拍子。汉语的每个音步包括 1~3 个音节，以 2 个音节为最普遍。(2)停顿是指人们在进行言语活动时，在词语、句子或段落之间语音上的间歇。停顿可分为语法停顿和逻辑停顿两种。

【强化训练】

一、填空题

1. 人类发音器官的主要共鸣器是________和________。

2. 造成音色不同的原因主要有3个：________、________、共鸣器的形状不同。
3. 元音 i 与 y 的主要差别是________，y 与 u 的主要差别是________。
4. 按照发音部位，普通话声母可以分为7类：双唇音、________、舌尖前音、舌尖中音、舌尖后音、________、________。
5. 普通话的辅音有22个，能充当声母的有________个。
6. ________是现代汉语共同语一般音节中不可缺少的成分，一个音节至少有1个元音，最多有________个元音。
7. 普通话中的复元音 uɑ 属于________响复元音。
8. 舌尖前、送气、清、塞擦音是________。
9. 舌面后、半高、圆唇元音是________。
10. 普通话中 h 的国际音标写作________。
11. 单元音是发音时________始终不变的元音。
12. 声调是音节中具有________作用的音高变化形式。
13. 在普通话里，一般声调的性质主要决定于音高，轻声则主要决定于________。
14. 《汉语拼音方案》包括字母表、声母表、韵母表、________和________5个部分。
15. "弯"字的读音属于"四呼"中的________。
16. 上声在非上声前面，调值从214变成了________。
17. 普通话辅音声母共有________个塞音。
18. 普通话中不与任何声母相拼的韵母是 er 和________。
19. 轻声音节不仅可以区别词义，还有区别________的作用。
20. 语音系统中最根本的两种关系是组合关系和________关系。

二、名词解释

1. 语音	2. 音高	3. 音强	4. 音长
5. 音色	6. 元音	7. 辅音	8. 塞擦音
9. 鼻韵母	10. 调值	11. 调类	12. 声调
13. 声母	14. 韵母	15. 音素	16. 音节
17. 音位	18. 语流音变	19. 逻辑重音	20. 四呼

三、单项选择题

1. 语言的本质属性是(　　)。
　A. 物理属性　　B. 社会属性　　C. 生理属性　　D. 自然属性
2. 元音、辅音的根本区别在于(　　)。

A. 声带是否振动　　B. 气流是否受到阻碍
C. 气流强弱不同　　D. 共鸣器形状不同

3. 语音的强弱跟说话时用力的大小(　　)。
A. 成正比　　B. 成反比　　C. 没有关系　　D. 无法确定

4. 普通话有(　　)韵头。
A. 2 个　　B. 3 个　　C. 4 个　　D. 5 个

5. 属于塞音的声母是(　　)。
A. f、s、sh、r　　B. z、c、zh、ch、j、q
C. z、zh、j、s、sh、x　　D. b、p、d、t、g、k

6. “舌尖中送气清塞音”指的是普通话中的声母(　　)。
A. t　　B. c　　C. ch　　D. q

7. 普通话中有送气和不送气对立的是(　　)。
A. 鼻音和边音　　B. 擦音和塞擦音　　C. 塞音和擦音　　D. 塞音和塞擦音

8. “屋”的韵母属于(　　)。
A. 舌尖前高圆唇元音　　B. 舌面后高圆唇元音
C. 舌面前高圆唇元音　　D. 舌面后低圆唇元音

9. 下面韵母中不存在省略现象的是(　　)。
A. iu　　B. ui　　C. un　　D. in

10. 下列(　　)组汉字的韵母都属于合口呼。
A. 歪、挖、碗　　B. 看、万、园　　C. 王、好、朋　　D. 要、外、五

11. 普通话双唇音声母不能与之相拼的是(　　)。
A. 开口呼　　B. 齐齿呼　　C. 合口呼　　D. 撮口呼

12. 上声变调的调值是(　　)。
A. 55　　B. 35　　C. 214　　D. 51

13. “不”在(　　)读 35。
A. 句末　　B. 去声前　　C. 去声后　　D. 非去声前

14. 下列汉字中，由 3 个音素组成的音节是(　　)。
A. 两　　B. 将　　C. 看　　D. 见

15. 下列声母中发音方法相同的一组是(　　)。
A. f、x、h　　B. zh、ch、sh　　C. m、n、l　　D. z、j、zh

16. 音位和音素的关系是(　　)。
A. 抽象和具体的关系　　B. 共性和个性的关系
C. 集体和成员的关系　　D. 整体和部分的关系

17. 音位与音素的区别是(　　)。

A. 发音方法不同　　B. 发音部位不同
C. 语音单位不同　　D. 是否区别意义

18. 汉语拼音零声母音节前头的 y、w 具有(　　)作用。
A. 分隔音节　　B. 分隔词汇
C. 分隔词缀　　D. 分隔声母与韵母

19.《汉语拼音方案》采用的是(　　)。
A. 拉丁字母　　B. 希腊字母　　C. 英文字母　　D. 法文字母

20. 现代汉语中可能存在的音节形式是(　　)。
A. 声母为不送气、舌尖中塞音，韵母为鼻辅音韵尾，声调为阴平
B. 声母为不送气、舌尖中塞音，韵母为鼻辅音韵尾，声调为阳平
C. 声母为舌根、擦音或塞擦音，韵母为齐齿呼
D. 声母为舌根、擦音或塞擦音，韵母为撮口呼

四、分析题

1. 分析下面音素的发音特征。
[u]　[n]

2. 分析下面音素的发音特征。
[i]　[p]

3. 分析 z、c、s 各自的发音特点，并说明其异同。

4. 指出下列词语里每个音节的声母。
整齐　行为　热爱　欧亚　湖南省

5. 从声母、韵母角度分析下列汉字的音节结构。
事　悔　绸　爱　汪

6. 按照“四呼”，给下列音节分类。
zhi　er　ying　wan　yun　en　yuan　tiao　tuan　ren

7. 请写出以下元音或辅音的发音。
r　z　ɑ　x　zh　p　k

8. 指出“一个”“选举”“不去”“想不想”中需要变调的字，并说明其调值及变调的条件。

五、简答题

1. 简要说明语音的物理属性有哪些。

2. 举例说明造成音色不同的条件有哪些。

3. 声母和辅音的关系如何？

4. 韵母和元音的关系如何?
5. 元音和辅音的主要区别是什么?
6. 从发音部位和发音方法的角度看，普通话的声母各分为哪些类型?
7. 清音和浊音是按照什么划分的? 普通话的浊音有哪些?
8. 复元音是什么? 举例说明复元音的发音特点及类型?
9. 舌面元音是什么? 舌面元音的发音由哪些条件决定?
10. 什么是调值和调类? 举例说明调值和调类的关系。
11. 举例说明普通话里哪些成分应该读出轻音。
12. 什么是儿化? 举例说明儿化的作用有哪些。
13. 简要说明汉语普通话的声韵配合规律。
14. 简述《汉语拼音方案》中 y 和 w 的性质，并举例说明其用法。
15. 举例说明普通话中语气词“啊”的音变规律。

【强化训练参考答案】

一、填空题

1. 口腔　鼻腔
2. 发音体不同　发音方法不同
3. 圆唇不圆唇　舌面的前后
4. 唇齿音　舌面音　舌根音
5. 21
6. 元音　3
7. 后
8. c
9. o
10. [x]
11. 口形
12. 区别意义
13. 音强
14. 声调符号　隔音符号
15. 合口呼
16. 211
17. 6
18. ueng
19. 词性
20. 聚合

二、名词解释

1. (邢本)语音是语言的物质外壳，是由人的发音器官发出的具有表意作用的声音。
(黄本)语音是语言的物质外壳，是人类通过发音器官来传递信息的声音。
(邵本)语音是指人类通过发音器官发出的、具有一定意义的、目的是用来进行社会交际的声音。
2. (邢本)音高指的是声音的高低，它决定于发音体振动的快慢。
(黄本)音高指的是声音的高低，它决定于发音体振动的快慢。

(邵本)音高就是声音的高低，主要取决于发音体振动的频率。

3. (邢本)音强指的是声音的强弱，它与发音体振动幅度的大小有关。

(黄本)音强指的是声音的强弱，它与发音体振动幅度的大小有关。

(邵本)音强就是声音的强弱，主要取决于发音体的振幅。

4. (邢本)音长指的是声音的长短，它决定于发音体振动时间的久暂。

(黄本)音长指的是声音的长短，它决定于发音体振动时间的久暂。

(邵本)音长就是声音的长短，它决定于发音体振动持续的时间长短。

5. (邢本)音色，又叫“音质”，指的是声音的个性、特色。音色的不同主要是由音波振动的形式不同决定的。

(黄本)音色，又叫“音质”，指的是声音的特色。音色的差别主要决定于物体振动所形成的音波波纹的曲折形式不同。

(邵本)音色，又叫“音质”“音品”，是声音的特色，主要取决于声波振动的形式。

6. (邢本)气流振动声带，在口腔、咽头不受阻碍而形成的音叫元音，又叫“母音”。

(黄本)元音是气流振动声带发出声音，经过口腔、咽头不受阻碍而形成的音素，又叫“母音”。

(邵本)元音是气流振动声带，出来时在口腔或鼻腔中不受阻碍而形成的音。

7. (邢本)气流在口腔或咽头受到阻碍而形成的音叫辅音，又叫“子音”。

(黄本)辅音是气流经过口腔或咽头受阻碍而形成的音素，又叫“子音”。

(邵本)气流出来时在口腔或鼻腔受阻碍而形成的音叫辅音，又叫“子音”。

8. (邢本)塞擦音即先塞后擦的音。发音时，发音器官的相关部位先是闭合，阻塞气流，然后打开一条窄缝，气流从窄缝中挤出，摩擦成声。

(黄本)发音时，发音部位先形成闭塞，软腭上升，堵塞鼻腔的通路，然后气流把阻塞部位冲开一条窄缝，从窄缝中挤出，摩擦成声。先破裂，后摩擦，结合成一个音，就是塞擦音。

(邵本)塞擦音发音时发音部位先完全闭塞，堵住气流，然后打开一条窄缝，气流从中挤出。成阻时为塞音状态，除阻时为擦音状态。

9. (邢本)鼻韵母是由一个或几个元音带上作韵尾的鼻辅音结合而成的韵母。带前鼻音韵尾 n 的韵母叫前鼻音韵母，带后鼻音韵尾 ng 的韵母叫后鼻音韵母。

(黄本)带鼻音韵母叫鼻音尾韵母。

(邵本)由一个或两个元音与鼻辅音 n 或者 ng 组合而成的韵母叫鼻韵母。带舌尖鼻音尾的叫前鼻韵母，带舌根鼻音尾的叫后鼻韵母。

10. (邢本)调值是声调的实际读法，是一个音节高低升降变化的具体形式。

（黄本）调值是依附在音节里高低升降的音高变化的固定格式，也就是声调的实际音值或读法。

（邵本）调值是指声调的实际读法，也就是声调高低升降的具体变化。

11. （邢本）调类是声调的分类，它是将一种语言中调值相同的字归纳在一起形成的类别，因而，一种语言或方言有多少调值，也就有多少种调类。

（黄本）调类是声调的分类，就是把调值相同的字归纳在一起所建立的类。

（邵本）调类是声调的类别，即把调值相同的音节归在一起所建立起来的类别。

12. （邢本）声调是指音节中具有区别意义作用的音高的变化。

（黄本）声调是依附在音节上的超音段成分，主要由音高构成。

（邵本）声调是指音节具有区别意义作用的高低升降的变化。

13. （邢本）声母是指音节开头的辅音。

（黄本）声母位于音节前段，主要由辅音构成。

（邵本）声母是指音节开头的辅音。

14. （邢本）韵母是指音节中声母后面的部分。

（黄本）韵母位于音节的后段，由元音或元音加辅音构成。

（邵本）韵母是指一个音节声母后面的部分。

15. （邢本）音素是从音色角度划分出来的最小的语音单位。

（黄本）音素是最小的语音单位。它是从音色的角度划分出来的。

（邵本）音素是从音色角度划分出来的最小的语音单位。

16. （邢本）音节是最自然的语音单位。一般来说，一个汉字就表示一个音节。

（黄本）音节是由音素构成的语音片断，是听话时自然感到的最小的语音单位。

（邵本）音节是人们听觉上最容易分辨出来的语音单位，也是语流里最自然的语音单位。

17. （邢本）音位是一个语音系统中能够区别意义的最小语音单位。

（黄本）音位是一个语音系统中能够区别意义的最小语音单位。

（邵本）音位就是某一特定语音系统中能够区别意义的最小语音单位。

18. （邢本）在言语活动过程中，由于相连音节的相互影响或表情达意的需要，有些音节的语音发生程度不同的变化，这种现象称为语流音变。

（黄本）共时的语流音变主要指的是连读音变，即连着念的音节，其音素声调等有时会发生变化。

（邵本）语流音变即共时音变，是指一个一个音节在连续说出来的时候，形成语流，这时音节与音节、音素与音素就会互相发生影响，发生某些变化。

19. （邢本）为了突出语意中心或为了表达强烈感情而加强音量读出来的重音，叫逻辑重音。

（黄本）逻辑重音指的是句子中的某些需要突出或强调的词语常要重读。

（邵本）在话语交际时为表达特定的语意或情感而有意识地把句中某个词说得响亮些，这叫逻辑重音。

20. （邢本）按照韵母开头元音的发音性质，将音节分为开口呼、齐齿呼、合口呼、撮口呼四类，简称"四呼"。

（黄本）"四呼"就是按韵母开头的元音口形分的类，分为开口呼、齐齿呼、合口呼、撮口呼四类。

（邵本）根据韵母开头元音的性质，普通话韵母分为开口呼、齐齿呼、合口呼、撮口呼四类，即"四呼"。

三、单项选择题

1-5：BBABD　　6-10：ADBDA　　11-15：DBBCA　　16-20：CDAAB

四、分析题

1. [u]舌面、后、高、圆唇元音。[n]舌尖中、浊、鼻音。

2. [i]舌面、前、高、不圆唇元音。[p]双唇、送气、清、塞音。

3. z 舌尖前、不送气、清、塞擦音；c 舌尖前、送气、清、塞擦音；s 舌尖前、清、塞音。z、c、s 都是舌尖前音，都是清音，其中 z、c 是塞擦音，s 是塞音，z 是不送气音，c 是送气音。

4. "整"zh，"齐"q；"行"x，"为"零声母；"热"r，"爱"零声母；"欧""亚"都是零声母；"湖"h，"南"n，"省"sh。

5. "事"shi 有声母 sh、韵腹 i，没有韵头、韵尾；"悔"huei 有声母 h、韵头 u、韵腹 e、韵尾 i；"绸"chou 有声母 ch、韵腹 o、韵尾 u，没有韵头；"爱"ɑi 有韵腹 ɑ、韵尾 i，没有声母、韵头；"汪"uɑng 有韵头 u、韵腹 ɑ、韵尾 ng，没有声母。

6. 按照韵母开头元音的发音性质，将音节分为开口呼、齐齿呼、合口呼、撮口呼四类，简称"四呼"。其中，zhi、er、en、ren 属于开口呼，ying、tiɑo 属于齐齿呼，wɑn、tuɑn 属于合口呼，yun、yuɑn 属于撮口呼。

7. r 舌尖后、浊、擦音；z 舌尖前、不送气、清、塞擦音；ɑ 舌面、中、低、不圆唇元音；x 舌面前、清、擦音；zh 舌尖后、不送气、清、塞擦音；p 双唇、送气、清、塞音；k 舌根、送气、清、塞音。

8. "一个"中的"一"在去声前变为阳平，调值 35；"选举"两个上声相连，"选"由上声变为阳平，调值 35；"不去"中的"不"在去声前变为阳平，调值 35；"想不想"中的"不"夹在动词结构之间，念轻声，无调值。

五、简答题

1. 语音的物理属性包括音高、音强、音长、音色四个方面。音高指的是声音的高低，它决定于发音体振动的快慢。音强指的是声音的强弱，它与发音体振动幅度的大小有关。音长指的是声音的长短，它决定于发音体振动时间的久暂。音色又叫“音质”，指的是声音的个性、特色。音色的不同主要是由音波振动的形式不同造成的。

2. 造成音色不同的条件主要是以下 3 个方面。(1)发音体不同：小提琴的发音体是琴弦，口琴的发音体是簧片，二者发音体不同。每个人的声带都有细微差别，因此每个人的声音也就不同。(2)发音方法不同：同样是小提琴，用弓拉和用手指弹拨，给人的音响感觉是不一样的，这是由于发音方法不同造成的。b、p 发音的不同是由于在发音时控制气流的强弱不同造成的。(3)共鸣器的形状不同：将同一把正在振动的音叉放到不同形状的共鸣匣上所形成的音，音色就不同。语音中元音 ɑ 和元音 i 的音色不同，主要是由于发 ɑ 时口腔共鸣器形状跟发 i 时不一样。

3. 声母是从声韵调角度划分的，辅音是从音素角度划分的，两者有联系也有区别。普通话中声母由辅音充当，但有的辅音不能作声母，如辅音 ng 只能出现在音节末尾作韵尾，不能出现在音节开头作声母；有的辅音既可以作声母也可以作韵尾，如辅音 n。另外，普通话里有的音节开头没有辅音，是零声母音节。

4. 韵母是从声韵调角度划分的，元音是从音素角度划分的，两者有联系也有区别。韵母可以由一个元音充当，也可以由几个元音组合而成，或者由元音带上鼻辅音构成。所有的元音都能充当韵母。

5. 元音和辅音的主要区别有以下 5 点。(1)从受阻与否看：发辅音时，气流通过咽头、口腔时受到某个部位的阻碍；发元音时，气流通过咽头、口腔不受阻碍。这是元音和辅音最主要的区别。(2)从紧张程度看：发辅音时，发音器官成阻的部位特别紧张；发元音时，发音器官各部位保持均衡的紧张状态。(3)从气流强弱看：发辅音时，气流较强；发元音时，气流较弱。(4)从声带振动与否看：发辅音时，声带不一定振动；发元音时，声带振动。(5)从响度看：发辅音时，声音一般不响亮；发元音时，声音比辅音响亮。

6. 普通话共有 21 个辅音声母。按照发音部位，声母可以分为七类：双唇音、唇齿音、舌尖前音、舌尖中音、舌尖后音、舌面音、舌根音。按照发音方法分类，可以从以下 3 个方面着手：(1)按照形成阻碍和排除阻碍的方式，声母分为塞音、擦音、塞擦音、鼻音、边音五类；(2)按照发音时气流的强弱，把声母中的塞音、塞擦音分为送气音和不送气音两类；(3)根据发音时声带是否颤动，声母分为清音和浊音两类。

7. 根据发音时声带是否颤动，声母分为清音和浊音两类。清音包括 b、p、d、t、g、k、h、j、q、x、zh、ch、sh、z、c、s，浊音包括 m、n、l、r。

8. 复元音指的是发音时舌位、唇形都有变化的元音。复元音的发音特点是从一个元音的发音状况快速向另一个元音的发音状况过渡，舌位的高低前后、口腔的开闭、唇形的圆展都是逐渐变动的，不是突变的、跳动的，中间有一连串过渡音；同时气流不中断，中间没有明显的界限，发的音围绕一个中心形成一个整体。复元音根据发音时元音的响度不同，分为前响复元音（如“ɑi、ou”）、后响复元音（如“iɑ、uo”）和中响复元音（如“iou、uɑi”）。

9. 舌面元音是发音时舌面起主要作用的元音。舌面元音的发音由3个方面的条件决定：舌面的前后、舌位的高低（口腔的开合）、圆唇与不圆唇。

10. 调值是声调的实际读法，是一个音节高低升降变化的具体形式，通常用“五度标记法”记录调值。调类是声调的分类，它是将一种语言中调值相同的字归纳在一起形成的类别，因而一种语言或方言有多少个调值，也就有多少种调类。汉语普通话有4个调值，分别是55、35、214、51，因而分为4个调类，分别是阴平调、阳平调、上声调、去声调。

11. 语流中不少音节失去原有的声调，念成又短又轻的调子，这就是轻声。轻声比较灵活，但也有规律可循。普通话中以下成分应该读轻音：（1）结构助词“的”“地”“得”，动态助词“着”“了”“过”，语气助词“吗”“吧”“呢”“啊”“啦”“嘛”；（2）名词、代词的后缀“子”“头”“巴”“们”“么”；（3）名词、代词后的方位词“上”“下”“里”“边”等；（4）动词、形容词后的趋向动词“去”“来”“开”“起来”“出去”“过来”等；（5）叠音词的第二个音节及重叠动词中的“一”和“不”；（6）量词“个”“些”等；（7）作宾语的人称代词“我”“你”“他”；（8）动词后的介词“在”“到”；（9）动词的某些结果补语，如“站住”“打开”；（10）部分四音节词的衬字，如“糊里糊涂”“黑不溜秋”；（11）音节重叠的亲属称谓第二个音节，如“奶奶”“妹妹”。

12. er和前一个音节结合，使这个音节的韵母发生变化，成为卷舌韵母，这种音变现象叫“儿化”。儿化的作用：（1）区别词义和词性，例如“头”（脑袋）、“头儿”（首领、领导）；（2）儿化词含有“小”“少”“轻微”的意思，例如“小孩儿”（儿童）、“一丁点儿”（指量极少）；（3）儿化常常带有某种特殊的感情色彩，例如“红红的小脸蛋儿”（喜爱的感情）、“一股难闻的臭味儿”（厌恶）。

13. 普通话声母和韵母配合的主要规律如下：（1）同开口呼韵母配合的声母最多，只有舌面音j、q、x不能配合；（2）同撮口呼韵母配合的声母最少，只有舌面音j、q、x和舌尖中音的n、l能配合；（3）同“四呼”韵母都配合的只有舌尖中音n、l；（4）舌根音g、k、h，舌尖后音zh、ch、sh、r，舌尖前音z、c、s，这三组声母只同开口呼、合口呼韵母配合，不同齐齿呼、撮口呼韵母配合；（5）舌面音j、q、x只同齐齿呼、撮口呼韵母配合，不同开口呼、合口呼韵母配合；（6）双唇音b、p、m和唇齿音f同合口呼韵母配合仅限于单韵母u。

14.《汉语拼音方案》规定在原韵母前加 y、w 或改 y、w，主要是让 y、w 起分隔音节界限的作用。如果不分别加改 y、w，在拼读汉语拼音词语时就可能产生一些误会。y、w 的使用方法主要有 3 种：(1)齐齿呼韵母 i、in、ing 在自成音节时，要在韵母前加 y；ia、ie、iao、iou、ian、iang、iong 在自成音节时，要把 i 改为 y；(2)合口呼韵母 u 在自成音节时，要在韵母前加 w，ua、uo、uai、uei、uan、uen、uang、ueng 在自成音节时，要把 u 改为 w；(3)撮口呼韵母 ü、üe、üan、ün 在自成音节时，前面加 y，并省去 ü 上两点。

15. “啊”作为语气词单念，随语气和感情的变化，有多种不同调值的念法。“啊”的连读音变主要有以下几种。(1)在元音后的音变：在 a、o、e、ê、i、ü 后念[ia]，其汉字形体也可以写作“呀”，例如，“你说的是他啊/呀!”；在 u(ao、iao 中的 o 实际发音是较松的 u)后念[ua]，其汉字形体也可以写作“哇”，例如，“听人说大厅里在展销新书啊/哇!”；在-i(后)(zhi、chi、shi、ri)和 er 后念[ra]，在-i(前)(zi、ci、si)的后面念[za]，例如，“唐诗啊，宋词啊，他能背两百多首”。(2)在两个辅音韵尾后的音变：在-n 后念[na]，其汉字形体也可以写作“哪”，例如，“小心触电啊/哪”；在-ng 后念[nga]，例如，“你可真行啊!”

第三章
现代汉语语汇

【学习提要】

1. 语汇

语汇，也称作“词汇”，是一种语言中所有的语汇成分——语素、词和固定短语的总汇，是语言的建筑材料，也是构成语言的要素之一。

2. 语汇系统

(1)语汇成分之间的联系：意义方面包括同义联系、反义联系、上下义联系、类义联系；音形方面包括同音联系、同形联系；结构方面包括同素联系、同构联系；功能方面包括相同造句功能的联系；同源方面包括同源语素之间的联系。(2)语汇系统的性质：体系性、层次性、开放性。

3. 语汇单位

词汇单位分为语素、词、固定短语三级。(1)语素是最小的语音语义结合体，是构成词的语言单位。确定一个语言单位是不是语素，可以运用替换法。语素的分类：根据语音形式，分为单音节语素、双音节语素和多音节语素；根据组词能力，分为自由语素、半自由语素和不自由语素。(2)词是具有一定语音形式的、能独立运用的、最小的语言单位。常用的确定词的方法：直判法、提取法、扩展法。(3)固定短语：短语又叫“词组”，是比词高一级的语言单位，分为自由短语和固定短语两类。固定短语是习用而定型的短语，分为专名短语和熟语两类。

4. 词汇规范

词汇规范主要有 3 个原则：普遍性原则、需要性原则、明确性原则。

5. 单纯词

单纯词是由一个语素构成的词。单纯词分为单音节单纯词、多音节单纯词(联绵词、叠音词、象声词、音译词)两类。

6. 合成词

合成词是由两个或两个以上的语素按照一定的结构方式和语义关系组合而成的词，分为复合式合成词和附加式合成词两类。(1)由两个或几个词根组合而成的词叫复合式合成词，也叫“复合词”，按照结构关系的不同分为联合式、偏正式、补充式、动宾式、主谓式、重叠式六种。(2)以实语素为词根加上词缀构成的词叫附加式合成词，也称“派生词”，分为前加式和后加式两种。

7. 词根、词缀

(1)词根：合成词中有实在意义，能体现词义的主要意思的语素。(2)词缀：合成词中意义不那么实在，只能附在词根上，表示某种附加意义的语素。

8. 短语词、离合词

(1)短语词是指构成词的几个语素的凝固程度比词松一点，又比短语(词组)紧一点，介乎词和短语之间的一种语言单位。(2)离合词是指结构比较松散、可以拆开使用的词。构成词的语素结合在一起时是词，拆开使用、插入别的语言成分时便是短语。

9. 缩略、缩略词

(1)为了称说方便，使事物称谓中的成分进行有规律的节缩或省略叫缩略。(2)有的缩略形式形成了紧密结构，凝固成为一个能自由运用的语言单位，这就是缩略词。

10. 词义及其性质

(1)词义，即词的语义，是词的声音形式所负载的信息内容，表现为词的各种用法。(2)词义的性质：客观性与主观性、概括性与具体性、明确性与模糊性、稳固性与变异性。

11. 词义的类型

词义首先可以分为语言意义和语用意义两大类。语言意义又分为词汇意义和语法意义两大类。语汇意义包括概念意义、色彩意义(情感色彩、形象色彩、语体色彩)和含蓄意义三种。

12. 词义的发展

词义的发展主要表现在词义的扩大、词义的缩小、词义的转移三个方面。

13. 义位、义项

(1)一个能独立运用的概括而固定的词的意义单位叫义位。(2)词的多个义位在词典里的分项解释说明称为义项。

14. 多义词、同形词、同音词

(1)一个词如果有两个或两个以上互相关联的义位，这个词就是多义词。多义词的各个义项，地位不等，性质不同，有的是本义，有的是基本义，有的是引申义，有的是比喻义。(2)同形词是指书写形式相同而意义没有联系的一组词。(3)同音词是指语音形式完全相同而意义没有联系的一组词。

15. 同义词、反义词、类义词

(1)同义词是指义位相同或相近的一组词。(2)反义词是指意义相反或相对，同时又属于相同的意义范畴的一组词，分为绝对反义词(正反反义词)和相对反义词(两极反义词)两类。(3)类义词是指反映同类概念、表示同类意义的词。

16. 语汇的构成

现代汉语的语汇由基本语汇、非基本语汇和特殊语汇成分构成。(1)基本语汇是全民使用最多、日常交际最必需、意义最明确、为人们共同理解的语汇成分的总和。基本语汇具有全民性、常用性、稳固性和能产性四个特点。(2)非基本语汇又称为“一般语汇”，是指全民性和稳固性较差，不常用的词和绝大部分固定短语。

17. 古语语汇、方言语汇、外来语汇

(1)古语语汇是带有明显的古代社会生活印记的语汇，包括历史语汇和文言语汇。(2)方言语汇是某个地区使用的带有地方色彩的语汇。(3)外来语汇是从外族语汇中吸收进来的语汇，也称作“借词”或“外来词”。外来语汇的借用方式主要有译音、译音兼

译义、半译音半译义、译音加类名、借形、字母词六种。

18. 行业语、隐语和阶级习惯语

(1)行业语是某个专门学科和某个行业内通行的语汇。(2)隐语也叫“黑话”，是个别社会集团或秘密组织的内部成员使用的对外保密的特殊词语。(3)阶级习惯语是社会上某一阶级或阶层内使用的特殊用语。

19. 熟语

熟语是由词和语素构成的，具有整体意义的，为人们习用的定型化了的短语，也称“固定短语”。熟语主要包括成语、惯用语、歇后语，还有谚语和俗语。(1)成语是一种相沿习用、形式简洁而意义精辟的固定短语。(2)惯用语是结构相对稳定，具有整体意义，口语色彩较浓的习用性定型短语。惯用语以三字格为主。(3)歇后语是由近似谜面和谜底的两部分构成、中间有间歇的、生动形象而俏皮的定型短语。(4)谚语是在民间流传的通俗简明而又具有深刻含义的定型语句。(5)俗语是在民间流传的反映人们社会生活经验的通俗简练的定型语句。

20. 语汇的发展

构成语言的语音、语汇、语法三要素中，语汇是最活跃的因素。语汇的发展是适应社会需要的必然结果。新事物的出现需要创造新的词语来指称；社会的发展使人们思想观念发生变化，某些词语因而产生新的意义；社会生活节奏的加快，促成了词语内部结构的变化。

21. 新词的创生

新词创生的方式主要表现在新造和引进两个方面。新造是指按照已有的构词方式，运用已有的语言材料创造新词。引进是指借用外族词语，即借词。

22. 旧词的衰亡和复出

(1)一个历史时期产生的新词，相对于后一个历史时期来说，是旧词，旧词的一部分传承下来，一部分衰亡或正在消亡、隐退。(2)一度隐退消失的词语，过一个时期又可能复活了，进入现实的语言生活，这就是旧词的复出。

23. 词典

词典是收集语汇加以解释供人查检参考的工具书。词典具有资料性、查考性、检索性三个特点。常用的检字法有部首检字法、笔画笔形检字法、四角号码检字法、音序检

字法四种。

【强化训练】

一、填空题

1. 词汇单位通常分为________、词和________三级。
2. 多音节________包括联绵词、叠音词、音译外来词和拟声词四种。
3. 意义实在，在合成词内位置不固定的成词语素和不成词语素叫作________。
4. “犹豫”“徘徊”“踯躅”这三个词语中，一共含有________个语素。
5. “卡车”包含________个语素，“琵琶”包含________个语素。
6. “茫茫”是________单纯词，“怂恿”是________单纯词。
7. “傍晚”是________合成词，“人口”是________合成词。
8. 从结构关系来看，“姥姥”是________，“妈妈”是________。
9. “龟缩”的构词法是________。
10. 根据两词根之间的结构关系，“眼热”属于________式复合词。
11. 基本语汇具有全民性、________、稳固性和________四个特点。
12. 一个词最初出现时的意义叫________，其现代常用意义叫________。
13. 新词创生的方式主要体现在________和________两个方面。
14. 词义派生的方式一般概括为________和________两种。
15. ________是带有明显的古代社会生活印记的语汇。
16. 反义词可以分为________和________两类。
17. ________是一种相沿习用、形式简洁而意义精辟的固定短语。
18. 一个词的语汇意义主要包括三种：________、________和含蓄意义。
19. 词义的演变包括词义的扩大、缩小和________。
20. 惯用语以三个音节为主，大多是________结构。

二、名词解释

1. 语汇	2. 语素	3. 自由语素	4. 词
5. 单纯词	6. 合成词	7. 词根	8. 词缀
9. 复合词	10. 派生词	11. 同音词	12. 离合词
13. 词义	14. 概念意义	15. 色彩意义	16. 义项

17. 引申义　　18. 基本语汇　　19. 方言语汇　　20. 歇后语

三、单项选择题

1. (　　)是单纯词。
   A. 太太　　B. 收入　　C. 粉笔　　D. 马路
2. 下面属于联绵词的是(　　)。
   A. 逍遥　　B. 恐惧　　C. 得失　　D. 睡觉
3. “打草稿”的“打”表示“书写”的意思，这个意思是(　　)。
   A. 本义　　B. 基本义　　C. 比喻义　　D. 引申义
4. (　　)是复合词。
   A. 瓶子　　B. 桃子　　C. 黑板　　D. 玻璃
5. “冬至”的构词方式属于合成词中的(　　)。
   A. 主谓式　　B. 动宾式　　C. 偏正式　　D. 补充式
6. “得失”的构词方式属于合成词中的(　　)。
   A. 联合式　　B. 动宾式　　C. 偏正式　　D. 补充式
7. “葡萄籽儿”有(　　)个语素。
   A. 1　　B. 2　　C. 3　　D. 4
8. (　　)不是借词。
   A. 沙发　　B. 扑克　　C. 雷达　　D. 手机
9. 下列各项中，构词方式都相同的是(　　)。
   A. 性急、眼花、鸟瞰　　B. 筛选、腾飞、倾销
   C. 合成、房间、质量　　D. 雪亮、民主、自动
10. 下列各项中，都是离合词的是(　　)。
   A. 生病、帮忙、结婚　　B. 关心、请假、鞠躬
   C. 看见、放心、迟到　　D. 后悔、推动、点头
11. 关于“花儿”，下面的表述正确的是(　　)。
   A. 偏正式短语　　B. 偏正式合成词
   C. 一个音节，两个语素　　D. 两个音节，一个语素
12. “唯物论”包含的语素和词的数量分别是(　　)。
   A. 2；1　　B. 2；2　　C. 3；1　　D. 3；2
13. 下列联绵词两字的读音没有双声关系的是(　　)。
   A. 参差　　B. 蜘蛛　　C. 滑稽　　D. 忸怩
14. 关于语素，下面说法不正确的是(　　)。
   A. 语素是最小的语言单位　　B. 绝大部分现代汉语语素是单音节的

C. 联绵词和叠音词基本为双音节语
D. 三音节和三音节以上的语素大多是从外语借来的

15. 下列语言单位中属于缩略语的是(　　)。
A. 五岳　B. 五花肉　C. 五线谱　D. 五大三粗

16. "文科—理科—工科—医科"这一组词属于语义场中的(　　)。
A. 类属义场　B. 顺序义场　C. 关系义场　D. 同义义场

17. "迈过门槛"和"时速 80 迈"中的两个"迈"是(　　)。
A. 同义词　B. 同音词　C. 多义词　D. 多音词

18. "车辆"一词的构词方式是(　　)。
A. 主谓式　B. 补充式　C. 偏正式　D. 单纯词

19. "雷峰塔""塔尔克族""一座塔"中的"塔"分别是(　　)。
A. 词、语素、字　B. 语素、字、词
C. 词、字、语素　D. 语素、词、字

20. 下列各项中，都是单纯词的是(　　)。
A. 姥姥、吩咐、逍遥　B. 姐姐、从容、仿佛
C. 仓促、切实、烂漫　D. 慷慨、腼腆、刚刚

四、分析题

1. 指出下列合成词的结构类型。
过错　压缩　仅仅　喘气　绿化

2. 指出下面词语的结构类型。
刚刚　迷惑　画家　车辆　笔直

3. 指出下列词语的结构类型。
叮咛　姥姥　爹爹　骨肉　蜡黄

4. 指出下列词语的结构类型。
地震　弹性　司机　压缩　咖啡

5. 把下面词语分成两大类，并说明原因。
老汉　老虎　老师　老专家　老百姓　老伴儿

6. 分析"骆驼"的"驼"和"蝴蝶"的"蝶"是否为语素，并说明原因。

7. 说明下列缩略词的缩略方式。
三好　公演　人均　中老年　五谷

8. 指出下列哪些字是自由语素，哪些不是。
孕　像　宫　手　足　书　人　阿

五、简答题

1. 辨析“语素”和“汉字”。
2. 举例说明常用的确定词的方法。
3. 举例说明汉语单纯词的类型。
4. 依据构词成分，合成词有哪些类型？请举例说明。
5. 离合词是一种特殊的词汇单位，请谈谈离合词有哪些重要特点？
6. 举例说明词的转义是怎么在词的基本义的基础上产生的。
7. 什么是多义词？什么是同音词？举例说明二者之间的区别和联系？
8. 举例说明反义词的类别及特点。
9. 什么是基本语汇？基本语汇有哪些特点？
10. 基本语汇和非基本语汇的关系是什么？简要说明。
11. 什么是外来词？外来词有哪些类型？
12. 谈谈词义的性质，请举例说明。
13. 分析词的色彩意义。
14. 成语的概念是什么？简要说明成语的特点。
15. 简述成语和惯用语的区别。

【强化训练参考答案】

一、填空题

1. 语素　固定短语	2. 单纯词	3. 词根
4. 3	5. 1　1	6. 叠音式　联绵式
7. 动宾式　补充式	8. 叠音单纯词　重叠式复合词	9. 词根复合法
10. 主谓	11. 常用性　能产性	12. 本义　基本义
13. 新造　引进	14. 比喻　引申	15. 古语语汇
16. 正反反义词　两极反义词		17. 成语
18. 概念意义　色彩意义	19. 转移	20. 动宾

二、名词解释

1. (邢本)语汇，也称作“词汇”，是一种语言里所有的语汇成分——语素、词和固定短语的总汇。

(黄本)词汇，又称“语汇”，是一种语言里所有的(或特定范围内的)词和固定短语的总和。

(邵本)词汇是语言的建筑材料，是词和语的集合体。

2. (邢本)语素是最小的语音语义结合体，是构成词的语言单位。

(黄本)语素是最小的有音有义的语言单位。

(邵本)语素是音义相结合的最小的语言单位。

3. (邢本)自由语素指的是能独立成词，一般也能跟别的语素组合成词的语素。

(黄本)无。

(邵本)自由语素指能够自由运用的语素，也就是说可以独立成句。

4. (邢本)词是具有一定的语音形式、能独立运用的、最小的语言单位。

(黄本)词是语言中最小的能够独立运用的有音有义的语言单位。

(邵本)词是指一定的语音形式跟一定词汇意义相结合，并且可以独立运用的最小的语言单位。

5. (邢本)单纯词是由一个语素构成的词。

(黄本)由一个语素构成的词，叫单纯词。

(邵本)单纯词是指只有一个语素构成的词。

6. (邢本)合成词是由两个或两个以上的语素按照一定的结构方式和语义关系组合而成的词。

(黄本)由两个或两个以上的语素构成的词，叫合成词。

(邵本)无。

7. (邢本)有的语素有实在意义，能体现词义的主要意思，这种语素叫词根。

(黄本)表示词的基本意义的语素叫词根。

(邵本)词根是词语结构体的基本构成部分，意义比较实在。

8. (邢本)有的语素意义不那么实在，只能附在词根上，表示某种附加意义，这种语素叫词缀。

(黄本)表示词的附加意义和起语法作用的语素叫词缀。

(邵本)词缀是词语结构体的附加成分，没有具体的意义。

9. (邢本)由两个或几个词根组合而成的词叫复合式合成词，也叫复合词。

(黄本)复合词指由两个或两个以上不相同的词根结合在一起构成的词。

(邵本)复合词是指由词根和词根组合而成的词。

10. (邢本)以实语素为词根加上词缀构成的词叫附加式合成词，也称“派生词”。

(黄本)派生词是由词根和词缀构成的词。

(邵本)派生词是指由词根和词缀组合而成的词。

11. (邢本)同音词是指语音形式完全相同而意义没有联系的一组词。

(黄本)同音词是语音相同而意义之间并无联系的一组词。

(邵本)同音词是指几个语音相同而意义完全不同的词。

12. (邢本)离合词是指结构比较松散、可以拆开使用的词。

(黄本)离合词指合起来算一个词,分开用算两个词的词。

(邵本)这种结合在一起时是词,插入别的成分时是短语的合成词,叫离合词。

13. (邢本)词义,即词的意义,是词的声音形式所负载的信息内容,表现为词的各种用法。

(黄本)词义是词的意义,即词的内容,包括词汇意义和语法意义。

(邵本)词义是词的内容,凡是词的形式所表示的意义都属于词义范围。

14. (邢本)词的概念意义,又称"理性意义""指称意义"等,它是客观事物的区别性特征在人脑中的概括反映。

(黄本)词义中同表达概念有关的意义部分叫作概念义,又叫"理性义"或"主要意义"。

(邵本)概念义是词义中反映客观事物自身的那部分内容。

15. (邢本)词的色彩意义指词语概念意义之外的主要同交际环境有关的意义,包括情感色彩意义、形象色彩意义、语体色彩意义等。

(黄本)词的色彩义附着于词的概念义之上,表达人或语境所赋予的特定感受。

(邵本)词的色彩义着重反映了人们的主观认识,有的色彩义有自己独立的词义内涵,有的则表现出很强的依附性,依附于词的概念义之上。

16. (邢本)词的多个义位在词典里的分项解释说明称为义项。

(黄本)义项是词的理性意义的分项说明。

(邵本)义项指的是词典中词的一个独立的词义。

17. (邢本)引申义是通过事物之间的相关性联系而派生出的意义。

(黄本)在基本义的基础上经过推演发展而产生的意义是引申义。

(邵本)在一个词的有联系的几个义项中后起派生的义项称为引申义。

18. (邢本)基本语汇是全民使用最多、日常交际最必需的、意义最明确的、为人们共同理解的语汇成分的总和。

(黄本)词汇中最主要的部分是基本语汇。

(邵本)无。

19. (邢本)方言语汇是某个地区使用的带有地方色彩的语汇。

(黄本)方言词是普通话从各个方言中吸取来的词。

(邵本)方言词语是指限于某一方言地域内使用的词语,它与普通话词汇的最主要区别在于使用范围大小的不同。

20.（邢本）歇后语是由近似谜面和谜底的两部分构成、中间有间歇的、生动形象而俏皮的定型短语。

（黄本）歇后语是由近似于谜面、谜底的两部分组成的带有隐语性质的口头固定短语。

（邵本）歇后语是一种由前后两个相关部分构成的带有隐语性质的风趣、形象的固定短语，前一半近似于谜面，后一半相当于谜底。

三、单项选择题

1-5：AADCA　　6-10：ACDBA　　11-15：CCCAA　　16-20：ABBBA

四、分析题

1.“过错”“压缩”是联合式合成词，“仅仅”是重叠式合成词，“喘气”是动宾式合成词，“绿化”是后加式合成词。

2.“刚刚”是重叠式合成词，“迷惑”是联合式合成词，“画家”是后加式合成词，“车辆”是补充式合成词，“笔直”是偏正式合成词。

3.“叮咛”是单纯词中的联绵词，“姥姥”是单纯词中的叠音词，“爹爹”是重叠式合成词，“骨肉”是联合式合成词，“蜡黄”是偏正式合成词。

4.“地震”是主谓式合成词，“弹性”是后加式派生词，“司机”是动宾式合成词，“压缩”是联合式合成词，“咖啡”是单纯词中的音译词。

5. 将词语分为两类：第一类是“老虎”“老师”“老百姓”；第二类是“老汉”“老专家”“老伴儿”。第一类中“老”是前缀，无实际意义；第二类中“老”是词根，有年龄大的意思。

6.“骆驼”的“驼”和“蝴蝶”的“蝶”都不是语素。一般运用替换法来确定语素，某一语言单位，能以别的有意义的语言单位来替换，就是一个语素，否则就不是语素。“骆驼”的“驼”和“蝴蝶”的“蝶”都不能被替换，因此不是语素。

7.“三好”是标数式，“公演”是提取式，“人均”是提取式，“中老年”是共素式，“五谷”是标数式。

8.“像”“手”“书”“人”是自由语素，“孕”“宫”“足”“阿”不是自由语素。

五、简答题

1. 语素是语言的意义单位，汉字是记录语言的符号。语素和语言的关系，主要有以下几种情况：(1)一素一音一字，即一个语素由一个音节表示，写成一个汉字，例如“贺”“虹”；(2)几素一音一字，即几个语素由一个音节表示，写成一个汉字，就是同形同音词，例如“花”“白”；(3)几素一音几字，即几个语素由同一个音节表示，分别写成几个不同的汉字，就是异形同音字，例如“工”“功”“公”都念 gōng；(4)几素几音一字，即几个语素由几个音节表示，却写成同一个汉字，例如“将”分别读作 jiāng(将要)、jiàng(军官)、qiāng(请)；(5)一素几音一字，即一个语素由几个音节表示，写成一个汉字，例如“壳”分别读作 ké、qiào；(6)一素几音几字，即一个语素由几个音节表示，写成几个不同的汉字，就是联绵语素和外来语素中的字，例如“参差”“巧克力”。

2. 常用的确定词的方法主要有 3 种。(1)直判法：因为词是能够运用的最小语言单位，所以，如果某个单位能单独回答问题，或充当句子、短语的成分，就可以直接判定这个单位是词。如“这是什么?”“梨。”/“葡萄。”其中“梨”“葡萄”能单说，能单独回答问题是词。(2)提取法：把一个句子中的所有能单用的单位都提取出来，剩下不能单用，但也不是一个词的组成部分的，仍然是能独立运用的词，这种方法常用来确定虚词。如“这是我的书。”其中“的”可以用提取法判定为一个词。(3)扩展法：看某个语言单位内能否插入别的成分，借以确定这个单位是不是词：能插入的不是词，不能插入的是词。如“白布——白的布”“白菜——＊白的菜”，“白布”能插入别的成分，不是词，“白菜”不能插入别的成分，是词。

3. 单纯词是由一个语素构成的词。单音节单纯词是由一个单音节语素构成的词，如“人”“打”。多音节单纯词是由多音节语素构成的词，又分为联绵词(如“琉璃”)、叠音词(如“茫茫”)、象声词(如“砰砰”)、音译词(如“沙发”)几类。

4. 合成词是由两个或两个以上的语素按照一定的结构方式和语义关系组合而成的词，分为复合式合成词和附加式合成词两类。(1)由两个或几个词根组合而成的词叫复合式合成词，也叫“复合词”，按照结构关系的不同分为六种，分别是联合式(如“道路”)、偏正式(如“汽车”)、补充式(如“推翻”)、动宾式(如“司机”)、主谓式(如“地震”)、重叠式(如“刚刚”)。(2)以实语素为词根加上词缀构成的词叫附加式合成词，也称“派生词”，分为前加式，如“老师”“阿姨”，和后加式，如“画家”“桌子”两种。

5. 离合词是指结构比较松散、可以拆开使用的词。构成词的语素结合在一起时是词，拆开使用、插入别的语言成分时便是短语。这类词主要是具有可分离性的动宾式合成词。例如“理发——理了一次发”“帮忙——帮过忙——帮什么忙”。

6. 词的转义包括引申义和比喻义两个方面。引申义是通过事物之间的相关性联系派生出来的意义，如“居”基本义是居住，从这个意义引申出“止息、停留”的意义。比喻义是通过事物之间的相似性联系派生出来的意义，如“铁”本义和基本义都是一种金属，由于铁很硬，用来比喻坚强、不可变动(如“铁的纪律/铁证如山”)。

7. 一个词如果有两个或两个以上互相关联的义位，这个词就是多义词。同音词是指语音形式完全相同而意义没有联系的一组词。同音词和多义词都是用同一语音形式来表示不同的意义内容。但多义词指的是一个词具有几个不同的意义，这些意义之间有一定联系；同音词则是几个意义不同的词具有相同的语音形式，它们在意义上没有联系。

如“鲜花、雪花、礼花”中的“花”，它们在意义上有联系，是一个多义词；而“花时间、花钱”中的“花”跟“花朵”中的“花”虽然语言形式相同，意义上却没有联系，它们就不是一个多义词，而是两个同音词。

8. 反义词是指意义相反或相对，同时又属于相同的意义范畴的一组词。反义词可以分为两类：(1)正反反义词，也叫“绝对反义词”，两词之间是“非此即彼”的关系。也就是说，肯定了甲，等于否定了乙；否定了乙，等于肯定了甲。它们之间没有中间状态的概念存在，如“正—反”“生—死”；(2)两极反义词，也叫“相对反义词”，这类反义词表示的是事物或现象相互对立的两端，两词之间存在着某种中间状态的概念。也就是说，肯定了甲，等于否定了乙；但否定了乙，却不等于肯定了甲，因为甲、乙之间还有丙、丁等中间情况的存在，如“黑—白”“冷—热”。

9. 基本语汇是全民使用最多的、日常交际最必需的、意义最明确的、为人们共同理解的语汇成分的总和。基本语汇有 4 个特点：(1)全民性——遍及范围广，基本语汇在使用上突破了地域、行业、文化程度等方面的限制，其语义为全民所共同理解；(2)常用性——使用频率高，基本语汇表达的是日常生活中最基本的、最需要的概念和关系，因此经常被人们使用；(3)稳固性——传承历史长，基本语汇跨越了汉民族所经历的不同的社会形态、不同的历史时期，代代传承，沿用至今，这体现了基本语汇的稳固性；(4)能产性——构词能力强，基本词具有很强的构词能力，它是构造新词的基础。现代汉语中的很多词都是通过基本词创造出来的。

10. 基本语汇是全民使用最多的、日常交际最必需的、意义最明确的、为人们共同理解的语汇成分的总和。非基本语汇一般不具有稳定性，而具有可变性。基本语汇和非基本语汇是相互依存的。一方面，基本语汇是全民必需的，同时它还是语汇系统的核心和基础，是创造新词、不断丰富非基本语汇的源泉；另一方面，不同地区、不同职业、不同文化层次的人们需要运用非基本语汇来满足各种不同的交际需要。基本语汇和非基本语汇在历史发展中又是可以相互转化的。古代的基本语汇在今天成了非基本语汇，古代的非基本语汇在今天成了基本语汇；有的方言语汇、行业语汇、外来语汇也进入了现代汉语的基本语汇。

11. 外来词是从外族语汇中吸收进来的语汇。外来词根据借用方式的不同分为六类。(1)译音词：用同音、近音的汉字来转写外来词，如“沙发”“巧克力”。(2)译音兼译义词：用同音、近音的汉字来转写外来词，同时又兼顾表意，如“维他命”“可口可乐”。(3)半译音半译义词：把一个借词分成两部分，一部分译音，一部分译义，如“冰激凌”“摩托车”。(4)译音加类名：在译音部分的后边加上表示事物类别的语素，如“啤酒”“芭蕾舞”。(5)借形词：直接借用日语中汉字构成的词，如“文化”“社会”“历史”。(6)字母词：直接借用外语单词的字母简称，如“WTO”“X 光”。

12. 词义的各种性质是互相关联的，往往表现为对立统一关系。词义的性质主要包括以下几个方面。(1)词义的客观性和主观性：词义是对客观事物的反映，因而具有客观性，如“自行车”指一种两轮的需人力驱动的交通工具；词义也反映人们对所指对象的概括认识，因此词义又具有主观性，如专家与一般人对“水”“糖”“盐”的认识有所不同。(2)词义的概括性和具体性：一般的词指的是整类事物或现象，如“人”指古今中外各种各样的人，这就是词义的概括性；另一方面，作为在具体话语中的词的意义，又具有具体性，如“人比以前瘦多了”中的“人”指的是某个具体的人。(3)词义的明确性和模糊性：明确性指的是词义的界限、范围很清楚，如“人”“书”“笔”等，一般情况下，人们很容易将这些词所指对象与其他事物区别开来；模糊性是指词义的界限、范围不清楚，如“青年”“中年”“老年”的界限难以绝然划定。(4)词义的稳固性和变异性：一个词的意义，一旦为人们约定俗成，成为全体社会成员的共识，就不可由个人任意改变，这就形成了词义的稳固性，如“自行车”指的是一种两轮的需人力驱动的交通工具；社会在向前发展，一些词的意义也在发生变化，如“走”在古代表示跑，现代指行走、步行，这体现的就是词义的变异性。

13. 词的色彩意义指词语概念意义之外的主要同交际环境有关的意义，包括情感色彩意义、形象色彩意义、语体色彩意义等。情感色彩意义指由词体现出来的反映说话人对所指对象或有关现象的主观态度及各种感情的意义，分为褒义和贬义两类。形象色彩意义是指词义本身包含的人们对所指对象某种形象的想象成分，主要有以下几类：据形的、据状的、据色的、据声的、据味的等。语体色彩意义是指词具有的适应某种特定语体的意义，主要分为口语语体和书面语语体两大类，书面语语体又分为文艺语体、政论语体、科技语体、事务语体四类。

14. 成语是一种相沿习用、形式简洁而意义精辟的固定短语。成语主要有 3 个特点。(1)结构的凝固性：成语的结构一般是固定的，形式一旦固定下来，就不可任意变动。(2)意义的整体性：成语大多有特定的含义，而不能按字面意义去理解。(3)使用的沿袭性：现代的定型成语基本是从古代沿用下来的。

15. 成语是一种相沿习用、形式简洁而意义精辟的固定短语。成语主要来源于各类故事、诗文语句、口头熟语等，具有结构的凝固性、意义的整体性、使用的相沿性。惯用语是结构相对稳定，具有整体意义，口语色彩较浓的习用性定型短语。惯用语大多是利用生活中的事例通过比喻、引申形成整体意义，比如“走后门”比喻通过关系、利用不正当的途径和手段办事情。惯用语大多含有贬义，中性色彩的和褒义的很少，惯用语以三字格为主，四字格、五字格的很少，结构方式上大多为动宾式，也有的是偏正式。惯用语虽说是固定短语，但结构上定型是相对的，不像成语那么凝固，多数可以拆开使用，如“碰钉子”可以说成“碰了个钉子”“碰了几个钉子”“碰过钉子”。

第四章 现代汉语语法

【学习提要】

1. 语法的含义

语法是语言的重要组成部分，是语素、词、短语、句子等语言单位的结构规律，包括聚合规律和组合规律。语法有两个含义：一个指语法结构规律本身；另一个指语法学，即研究语法结构规律的科学。语法学分词法和句法两个部分，词法主要研究词的构成和变化规则，句法主要研究语句的结构规律。语法学研究的出发点不同，会有不同的类别。从研究方法看，有实证主义语法和唯理主义语法；从研究对象的范围看，有普遍语法和语别语法；从研究对象的时限看，有共时语法和历时语法；从研究的社会目的看，有规范性语法和描写性语法。

2. 语法的性质

语法具有抽象性、递归性、系统性、层级性、稳固性和民族性。

3. 语法的单位

语法单位是指大大小小的音义结合体。汉语的语法单位包括语素、词、短语、句子和句群。语素是语言中最小的音义结合体，是构词成分。一个词可以由一个语素构成，也可以由两个或几个语素构成。词是最小的能够独立运用的语法单位。词可以用来构成短语和句子，部分词可以加上句调成为句子。短语，又叫“词组”，是词和词按照一定的规则组合而成的语法单位。大多数短语可以加上句调成为句子。句子是具有句调、能够表达一个相对完整的意思的语法单位。句子包括单句和复句。单句由一个词或短语构成，复句由两个或两个以上的分句构成。句群是由两个或两个以上的句子构成的语法单位。

4. 语法规范

现代汉语语法规范的依据是“典范的现代白话文著作”。但是，这并不意味着典范的现代白话文著作中的每一种说法都可以作为语法的规范，可以作为语法规范的，应该是其中的“一般用例”。所谓“一般用例”，不是指用例的说法在某部著作中的使用频率高，而是指用例所代表的语法规则适用于东、西、南、北、中各个地方，为现代汉民族的全体成员所共同使用。因此，不能把某位著名作家的作品中的每一句话，都看作规范的说法。

关于语法规范，还需要强调几点：第一，属于外族语言的说法，是不符合规范的；第二，属于古汉语的现在已经消失的说法，也是不符合规范的；第三，属于方言的说法，是不符合普通话语法规范的；第四，个别人的个别用法，也是不符合规范的。

5. 词类的划分

词类是词的语法分类，词的语法分类的标准是词的语法特征。词的语法特征主要表现在词的形态、组合能力、造句功能上。形态是指构词和构形的语法形式。构词的语法形式包括前缀、后缀和中缀；构形的语法形式包括重叠式和黏附式。组合能力是指某类词可以跟什么词发生组合关系，不能跟什么词发生组合关系。造句功能是指词能不能单独成句，在句子中能不能充当句子成分，能充当什么句子成分。汉语里词类的语法特征突出地表现在组合能力方面。根据词的语法特征，可以把词分为实词和虚词两大类。实词能够单独充当句子成分，又叫“成分词”，包括名词、动词、形容词、副词、数词、量词、代词和拟音词。

6. 词类的判别

词类判别可以根据不同情况采取不同的证明方法，一般采用直判法、排他法和类比法。

7. 词类活用和同形异类

词类活用，是指 A 类词临时借用作 B 类词。如“他很绅士地做了个恭请的动作”，其中“绅士”活用为形容词。

同形异类，指词的形式相同，但实际上属于不同的词类，在甲语法环境中是 A 类，在乙语法环境中是 B 类，在丙语法环境中是 C 类。同形异类也称为“兼类”。如“他在家”“他在家学习”“他在学习”中，“在”有时是动词，有时是介词，有时是副词。

8. 短语的性质

短语是介于词和句子之间的一级语法单位。短语具有组装性和从属性。

9. 短语的分类

短语内的词语依靠一定的语法手段组成一定的语法形式，表现出一定的语法意义。汉语组成短语的语法手段是语序和虚词。短语可以从多种角度去观察，从而分出不同的类别。最主要的有两种分类：一种是结构类，一种是功能类。结构类短语又可分为结构关系类短语和结构标志类短语。结构关系类短语指结构成分之间有明显的结构关系的短语，包括主谓短语、动宾短语、偏正短语、正补短语、联合短语、连动短语、兼语短语和同位短语。结构标志类短语是指语法上有特定标志的短语，包括方位短语、量词短语、能愿短语、介宾短语和助词短语。功能类短语指按照短语的语法特征划分出来的类，主要包括名词性短语、动词性短语、形容词性短语。根据短语的结构层次，把短语分为简单短语和复杂短语；根据短语意义的多少，把短语分为单义短语和多义短语；根据短语是否定型，把短语分为自由短语和固定短语。

10. 复杂短语

复杂短语是多层次短语。它是由简单短语扩展而成。复杂短语因其包含词语多，结构层次复杂，需要进行分析。对于复杂短语的分析，一是要划分结构层次，二是要指明结构关系类型。

11. 多义短语

多义短语的形成有几种情况：有的是因词语的多义而形成的，有的是由于短语内部的层次切分或结构关系不同而形成的，有的是由词语之间的语义关系不同而形成的。多义短语的多义，可以通过层次切分或关系确定来加以区别，也可以通过调整语序、增换词语、变换句式、重音停顿或设定语境等手段来加以消解。

12. 单句的性质和分类

单句，又称“简单句”，是与复句相对的一种句子。单句可以从不同的角度分类，主要是从结构和语气两个角度对单句进行分类。从结构角度划分出来的单句类是结构类，可以称为句型；从语气角度划分出来的单句类是语气类，可以称为句类。单句的结构类包括主谓句和非主谓句。主谓句由主谓短语加上句调构成，从谓语结构成分的语法性质看，包括名词谓语句、动词谓语句、形容词谓语句和主谓谓语句；非主谓句分不出主语和谓语，从构成成分的语法性质看，包括名词性非主谓句、动词性非主谓句、形容词性非主谓句和拟音非主谓句。单句的语气类包括陈述句、疑问句、祈使句和感叹句。疑问句又可分为是非问、选择问和特指问。

13. 句子成分

句子成分是单句里处于不同句法位置、担任不同职务、起不同语法作用的成分。句子成分可以分一般成分、特殊成分和辅助成分。一般成分有 8 种：主语、谓语、动语、宾语、定语、状语、补语和中心语。一般成分具有配对性和应对性。特殊成分有两种：独立语和外位语。除了一般成分和特殊成分外，句子中还有一些纯粹起语法作用的词语，如“因为”“呢”“得”等，可称为辅助成分。

14. 特定句式

汉语的句子，在结构、语义或标志性词语上存在一些特定句式，包括主谓谓语句、“把”字句、“被”字句、“是”字句、“有”字句、连动句、兼语句、双宾句和存现句等。

15. 复句的定义和特点

复句是包含两个或两个以上分句的句子。复句具有以下 4 个特点。第一，从构成成分上看，复句由两个或两个以上的分句组成，单句通常是由两个或两个以上的句子成分构成。第二，从组合手段上看，构成复句的甲分句和乙分句往往由特定的关系词语来联结，构成单句的甲成分和乙成分之间一般不用关系词语。第三，从构成成分之间的联系看，复句中各分句之间都存在一定的关系，或是因果关系，或是并列关系，或是转折关系等。单句中各成分之间也有关系，但不同于复句中分句之间的关系，从语法上看，它们或是陈述与被陈述的关系，或是修饰限制与被修饰限制的关系，或是补充说明与被补充说明的关系等；从语义上看，它们或是施事与动作的关系，或是受事与动作的关系，或是工具与动作的关系。第四，从语气上看，构成复句的各个分句可以使用相同的语气，也可以使用不同的语气。单句一般只能有一种语气。

16. 复句的类型

复句是包含两个或两个以上分句的句子。复句可以从不同的角度分类。根据分句之间的逻辑语义关系的不同，复句可以分为因果类复句、并列类复句和转折类复句；根据结构层次的不同，复句可以分为简单复句和多重复句。在各种分类中，复句的关系类最为重要。复句关系分类的原则是：从分句关系出发，用关系标记控制。因果类复句包括因果句、目的句、假设句和条件句，其中，因果句包括说明因果句和推断性因果句。并列类复句包括并列句、连贯句、递进句和选择句，其中，并列句包括平列句、对照句和解注句。转折类复句包括突转句、让步句和假转句。其中，让步句包括容让句、假让句、忍让句和总让句。

17. 复句的紧缩和扩展

复句中的分句有时候紧缩在一起，成为紧缩句，包括无标紧缩句和有标紧缩句。复句的扩展形式就是多重复句，包含两个或两个以上的层次。多重复句里第一个层次关系是整个复句的基本层次关系，复句的类属是根据第一个层次关系来判定的。

18. 复句关系词语

复句关系词语，是复句中用来联结分句和标明关系的词语。复句关系词语主要包括句间连词、关联副词、助词和超词形式，复句关系词语在复句中主要是标明关系，又有显示、复现、转化等作用。

19. 句群的定义和特点

句群又叫“句组”或“语段”，是指由两个或两个以上结构衔接、语义连贯、能表达一个明晰中心意思的句子组合而成的语法单位。句群和复句不同，和段落也不同。句群可以用特定词语来联结，包括一般关系词语、组群关系词语和句中示意词语。

20. 句群的分类

句群可以从不同角度进行分类。根据结构层次，可以分为简单句群和多重句群。根据结构关系，可以分为因果类句群、并列类句群和转折类句群。句群的结构关系类型和复句的结构关系类型大体相同，但是同一关系类型的句群和复句有的不能相互转化，所使用的关系词语也有所不同。因果类句群包括因果句群、目的句群、假设句群和条件句群。并列类句群包括并列句群、连贯句群、递进句群和选择句群。转折类句群包括转折句群、让步句群和假转句群。

21. 多重句群的分析

具有两个或两个以上层次的句群叫多重句群。分析多重句群，就是要划分结构层次，判明结构关系。

【强化训练】

一、填空题

1. 最小的语法单位是________，最小的能自由运用的语言单位是________。

2. 代词可以分为________、________和________三类。

3. 在实词里，________、________、________数量最多，能产性特强，被称为三大实词。

4. 从句子成分看，“这本书我看完了”中的“这本书”是句子的________。

5. 副词的典型特征是具有________，连词则具有________的语法特征。

6. 从结构角度划分出来的单句类是结构类，可以称为________；从语气角度划分出来的单句类是语气类，可以称为________。

7. 数词可以分为________和________两类。

8. 词的语法特征包括词的形态、________、________三方面表现出来的特征。

9. 常见的确定词的方法主要有直判法、________和________等三种。

10. 从复句的类型看，“他想说却没说”是________。

11. “不是我们不想要，而是你们不想给”是一个________关系的复句。

12. “尽管”既可以表示转折关系，也可以表示________。

13. “即使……也……”一般表示________关系的复句。

14. “好热的天气！”是________句。

15. 根据结构层次的不同，复句一般可以分为________和________。

16. 独立语包括插入语、称呼语、感叹语和________。

17. 大多数“被”字句中，“被”引出的是________。

18. “广播找人”的短语结构方式是________。

19. “举手表决”的短语结构方式是________。

20. “派代表参加”属于________短语。

21. “世界冠军嘛，总得拿出点世界冠军的水平”中的“世界冠军”，从句子成分的角度看，它是句子的________。

22. 宾语的语义类型有施事宾语、受事宾语和________。

23. 从词类划分的角度来看，“爱我所爱无怨无悔”中的“所”是________词，“打小时候起”中的“打”是________词，“这二十年的饭白吃了”中的“白”是________词。

24. 单句可以根据语气分为________、________、________和________四种类型。

25. “跑了两趟”中的“两趟”是________补语。

二、名词解释

1. 主谓句　2. 词类活用　3. 实词　4. 主谓谓语句
5. 兼语句　6. 语法　7. “被”字句　8. “把”字句
9. 层次分析法　10. 存现句　11. 复句　12. 语法学
13. 同形异类词　14. 多义短语　15. 连谓句　16. 假转句

17. 多重复句

三、单项选择题

1. 下列短语中，没有歧义的是(　　)。
   A. 我和你的同学　　B. 他谁都不服气
   C. 帮你的忙　　D. 热爱人民的军队
2. 下列词组中含情态补语的是(　　)。
   A. 来得猛去得也快　　B. 快得起来
   C. 快得不得了　　D. 快了起来
3. “宁可数量少一点，也决不降低质量”是(　　)。
   A. 转折复句　　B. 假设复句　　C. 选择复句　　D. 目的复句
4. 下列句子中，“跟”不属于介词的是(　　)。
   A. 你快跟着我走　　B. 我跟他一起去的
   C. 我抽空跟他谈谈　　D. 钱你跟他要吧
5. 下列短语中有歧义的是(　　)。
   A. 热爱大众的艺术　　B. 墙上和地上的水
   C. 熊猫的故乡　　D. 对乘务员的意见
6. 下边句子中属于兼语句的是(　　)。
   A. 他希望我早点过去　　B. 他催我早点过去
   C. 小张推开门走了过来　　D. 你要相信胜利一定属于我们
7. “上山采药”是(　　)短语。
   A. 偏正　　B. 补充　　C. 主谓　　D. 连谓
8. “马上回来”短语是(　　)。
   A. 连谓短语　　B. 状中短语　　C. 补充短语　　D. 定中短语
9. “他睡醒才过来。”其中“醒”是(　　)。
   A. 可能补语　　B. 结果补语　　C. 状态补语　　D. 程度补语
10. 下列短语中没有歧义的是(　　)。
   A. 饭不热了　　B. 我不学习　　C. 储存资料　　D. 他不知道
11. “他呀，不客气地说，一辈子都不会有出息”中的“不客气地说”是(　　)。
   A. 插入语　　B. 状语　　C. 补语　　D. 感叹语
12. 下列各句中画线的词属于词类活用的是(　　)。
   A. 打今天起，你别给我打电话了　　B. 这件事很麻烦，不想麻烦你了
   C. 你简直比土匪还土匪　　D. 用这把锁把门锁上
13. 下列句子中属于主谓谓语句的是(　　)。

A. 他上街买菜　　B. 一口水他都不喝
C. 一次三分钟　　D. 二妹子广东人

14. 下列句子中不是复句的是(　　)。
A. 无论谁，都要遵守法律
B. 只有在这个时候，他才能忘却心中的不快
C. 我知道，明天就是春节
D. 不在沉默中爆发，就在沉默中灭亡！

15. “我认为他们都明白了”是(　　)。
A. 兼语句　　B. 一般主谓句　　C. 连谓句　　D. 主谓谓语句

16. “你不来，他也知道”是(　　)复句。
A. 假设　　B. 条件　　C. 因果　　D. 转折

17. “他啊地一声摔倒了”中的“啊”是(　　)。
A. 感叹语　　B. 状语　　C. 插入语　　D. 称呼语

18. “领导派我明天去出差”是(　　)。
A. 双宾句　　B. 兼语句　　C. 存现句　　D. 连谓句

19. 下列复句关系词语中，不表示假设关系的有(　　)。
A. 不是……而是……　　B. 哪怕……也……
C. 万一……就……　　D. 就算……也……

20. 下列句子与“没有人找你”类型相同的是(　　)。
A. 我催着他干活　　B. 她怪我没能及时告诉她
C. 我瞒着他干活　　D. 你不相信我住在这座高山上吗？

21. “老年人热情都那么高，何况我们青年人呢？”是一个(　　)。
A. 条件复句　　B. 递进复句
C. 顺承复句　　D. 假设复句

22. “大伙越干越有劲”是(　　)。
A. 并列关系紧缩复句　　B. 连贯关系紧缩复句
C. 递进关系紧缩复句　　D. 因果关系紧缩复句

23. 下列短语没有歧义的是(　　)。
A. 下午我们小组学习　　B. 头发剪短了
C. 他在火车上写字　　D. 长长地吁了一口气

四、分析题

1. 分析句子成分。

生长在江南的同志们看到这些水墨画直鼓掌。

2. 指出下列副词所属的副词小类。
   很、共同、极其、正在、也许、永远、总共、竭力、略微、难道
3. 指出下面句中带有着重号的词的词性。
   ①不要把问题看得太死。
   ②他说要下雪，果然下雪了。
   ③这一次我算是白来了一趟。
   ④最根本的原因。
4. 分析下列句子中画线的词的词性。
   ①<u>每</u>人回答一个问题。
   ②鼓励发展<u>民营</u>企业。
   ③古人<u>管</u>眼睛叫“目”。
   ④他<u>不过</u>翻了翻，没有细看。
5. 分析以下例句中“就”的语法意义。
   ①他马上就回来。
   ②她 7 岁就学弹钢琴。
   ③我回到家就复习今天的功课。
   ④你不让我去，我就要去。
   ⑤你要的论文，她就有。
   ⑥昨天的郊游就我们班学生去了。
6. 用层次分析法分析下列句子。
   ①儿子小心翼翼地把小龟放在河边。
   ②我最不能忘记的是他的背影。
7. 下列语句是否有歧义？如果有歧义请分析产生歧义的原因和条件，并分化歧义句。
   ①张三最喜欢游泳。
   ②告别母校的学生。
8. 分析复句的层次关系。
   专门的学问虽然不容易掌握，但是只要有相当的条件，在较短的时间内，如果努力学习，深入钻研，就可能有些成就。
9. 下列短语有没有歧义？如果有，请分化歧义。
   ①那照片放大了一点儿
   ②他会唱歌
10. 分析下列复杂短语的层次和关系。
   ①世界珍贵稀有动物熊猫的故乡中国

②站起来走过去把门打开

11. 下面句子是否正确，说明理由。

①门外走进来王老师。

②我出去一看，一个人正在那里哭。

五、简答题

1. 举例说明复句关联词语的作用。

2. 朱德熙先生说“汉语复合词的组成成分之间的结构关系基本上是和句法结构关系一致的”，你怎么看？

3. 举例说明什么是“语法歧义”。

4. 形容词的主要语法特征是什么？请举例说明。

5. 举例说明什么是词类活用，它与词的兼类有什么区别？

6. 以“这本杂志被他撕破了”为例，说明“被”字句的特点。

7. 疑问句的四种主要类型。

8. “称他们英雄”和“称他们是英雄”这两个短语中，动词“称”后面的宾语部分是否都能算作双宾语？

9. 分析“台上坐着主席团”“台上唱着戏”“山上架着炮”的语法差异。

10. 举例说明什么是主谓谓语句，并写出它的分类。

11. 动词和宾语的语义关系是什么？宾语可以分为哪几类？

12. 什么是句型？在归纳句型时，哪些跟句子有关的因素不影响句型的划分？

13. 什么是补语？补语的语义类型有哪些？请举例说明。

14. 举例说明什么是连谓短语。

【强化训练参考答案】

一、填空题

1. 语素　词
2. 人称代词　指示代词　疑问代词
3. 名词　动词　形容词
4. 主语
5. 纯状语性　纯连接性
6. 句型　句类
7. 基数词　序数词
8. 组合功能　造句功能
9. 排他法　类比法
10. 转折类复句
11. 递进
12. 让步关系
13. 让步
14. 感叹

15. 单纯复句 多重复句 16. 象声语 17. 施事
18. 偏正 19. 连动 20. 兼语
21. 主语 22. 中性宾语 23. 助 介 副
24. 陈述句 疑问句 祈使句 感叹句 25. 数量

二、名词解释

1. (邢本)由主谓短语构成的单句称为主谓句。主谓句是能分析出主语和谓语两个直接成分的句子。

   (黄本)由主语、谓语两个成分构成的单句叫主谓句。它可以分为 3 个小类：动词谓语句、形容词谓语句、名词谓语句。

   (邵本)主谓句是由主谓短语构成的句子，也就是说，主谓句是能分析出主语和谓语两个直接成分的句子。

2. (邢本)词类活用，是指 A 类词临时借用作 B 类词。词类活用是一种临时的借用，往往是个别人个别场合的偶然用法，其词性是不固定的，如果脱离了它所活用的语言环境，仍然是原来的词性。

   (黄本)甲类词临时借用作乙类词，叫作借用。借用分两种，一种是属于无修辞的借用，一种是有修辞的借用。

   (邵本)某个词通常被看作 A 类，但在词汇意义基本不变的情况下可以临时“借用”为 B 类，而且这种用法是全社会公认的。

3. (邢本)实词是表示实在意义，能够充当句子的基干成分的词。

   (黄本)能够单独充当句法成分、意义实在，即有词汇意义和语法意义的是实词。

   (邵本)能充当句法成分的词是实词，包括名词、动词、形容词、数词、量词、代词、区别词、副词、叹词、拟声词等十类。

4. (邢本)主谓谓语句是由主谓短语充当谓语的句子。

   (黄本)主谓短语充当谓语的句子叫作主谓谓语句。

   (邵本)主谓谓语句是由主谓短语充当谓语的句子。

5. (邢本)兼语句是由兼语短语充当谓语或由兼语短语直接构成的句子。兼语短语的突出特点是，将动宾短语中的“宾”和主谓短语中的“主”扣合在一起，形成“宾”“主”同词的“兼语”。

   (黄本)兼语短语充当谓语或独立成分的句子叫兼语句。

   (邵本)无。

6. (邢本)语法是语言的结构规则。

   (黄本)语法是语言三要素之一。语法是语言单位的结构规则。

   (邵本)语法是语言的结构规则。制约着句子组合合法性的规则就是语法。

7. (邢本)“被”字句是谓语用“被”字表示被动的句子。

(黄本)“被”字句是指在谓语中心词前面，用介词“被(给、叫、让)”引出施事或单用“被”字表示被动的主谓句。

(邵本)介词“被”的作用是引进动作的施事。“被”字句中，“被”字结构修饰谓语作状语，主语是谓语动词的受事，“被”字句表示被动的意义，所以说的往往是不如意的事情。

8. (邢本)“把”字句是以“把”字介词短语作状语的句子。

(黄本)“把”字句是指在谓语中心词前头用介词“把”或“将”组成介词短语作状语的一种主谓句，意义上多数表示对事物加以处置。

(邵本)介词“把”的作用是引进动词所支配、关涉的对象。“把”字和它的宾语构成“把”字结构，充当谓语动词的状语。“把”字句的语法意义是表示由于某种动作或原因的影响而产生某种结果或状态。

9. (邵本)两个单词构成的短语只可能是一个层次，所以不需要进行层次分析，但是如果有三个以上的单词在两个以上层次上进行组合，就需要进行层次分析，分析句法结构层次的方法就叫作层次分析法。

(黄本)无。

(邵本)无。

10. (邢本)存现句是说明人或事物的存在、出现或消失的句子，基本格式是：某处存在着(出现了/消失了)某人或某物。

(黄本)存现句是表示何处存在、出现、消失了何人或何物，结构上用来描写景物或处所的一种特定句式。它可以分存在句和隐现句两种。

(邵本)存现句是表示人或事物存在、出现或消失的句子。它的基本格式是“处所词+存现动词+事物”。

11. (邢本)复句是包含两个或两个以上分句的句子。

(黄本)复句是由两个或两个以上意义上相关、结构上互不作句法成分的分句加上贯通全句的句调构成的。

(邵本)复句包含两个或两个以上的分句。复句可以进一步分为并列、连贯、递进、选择等十种基本复句类型。

12. (邢本)语法学是研究语言结构规律的科学。按研究对象可以分为历时语法和共时语法，也可分为普遍语法和语别语法；按研究方法可以分为比较语法和描写语法；按研究目的可分为理论语法和教学语法。

(黄本)对某种语言的语法进行研究的学问，就构成了语法学。

(邵本)语法学是语法学者对客观语法事实的说明，带有主观性。

13. (邢本)某个词经常具备两类或几类词的主要语法特征，这种词就叫同形异类词。

(黄本)词的兼类是某个词经常具备两类或几类词的主要语法功能。

(邵本)一个词在不同语境中，具有 A 和 B 两类词的语法功能，意义上又有密切的联系，这是兼类词。

14. (邢本)根据短语意义的多少，可以把短语分为单义短语和多义短语。多义短语有的是因词语的多义而形成的，有的是由于短语内部可以作不同的层次切分，或具有不同的结构关系而形成的。多义短语的多义，可以通过层次切分或关系确定来加以分解，也可以通过调整语序、增换词语、变换句式等手段来加以消解。

(黄本)只有一个意义的短语叫单义短语，不止一个意义的短语叫多义短语。形成多义结构的主要原因是语言结构有限而意义无穷，用有限的结构表达无穷的意义不能不产生一个语言结构表达多种意义的现象。

(邵本)无。

15. (邢本)连动句是由连动短语充当谓语或由连动短语直接构成的句子。

(黄本)连谓短语充当谓语或独立成句的句子叫作连谓句。

(邵本)无。

16. (邢本)假转句属于转折句，是分句间具有假言否定性转折关系的复句。

(黄本)无。

(邵本)无。

17. (邢本)包含两个或几个关系层次的复句是多重复句。

(黄本)有不止一个结构层次复句叫作多重复句。

(邵本)三个或是三个以上的分句在两个或两个以上的层次上组合起来的复句叫多重复句。

三、单项选择题

1-5：CCAAD　　6-10：BDDCB　　11-15：ACBCB　　16-20：ABBAB

21-23：BCD

四、简答题

1. (供参考)

(生长在江南的)同志们‖看了｜(这些)(水墨)画〔直〕鼓掌。

2. “很”是程度副词，“共同”是情状副词，“极其”是程度副词，“正在”是时间副词，“也许”是语气副词，“永远”是时间副词，“总共”是范围副词，“竭力”是情状副词，“略微”是程度副词，“难道”是语气副词。

3. ①形容词；②副词；③副词；④形容词。

4. ①副词；②形容词；③介词；④副词。

5. ①时间副词，很短时间内即将发生。②时间副词，强调在很久以前就已经发生。③时间副词，表示两件事紧接着发生。④语气副词，偏偏的意思，加强肯定，表示意志坚定，不容改变。⑤语气副词，加强肯定，表示主语已符合谓语所提的条件，无须另外寻找。⑥范围副词，确定范围，只，仅仅。

6.（供参考）

①儿 子 小 心 翼 翼 地 把 小 龟 放 在 河 边。

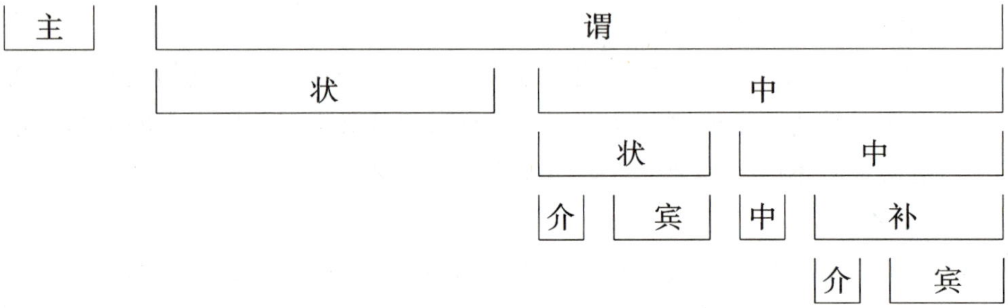

②我 最 不 能 忘 记 的 是 他 的 背 影。

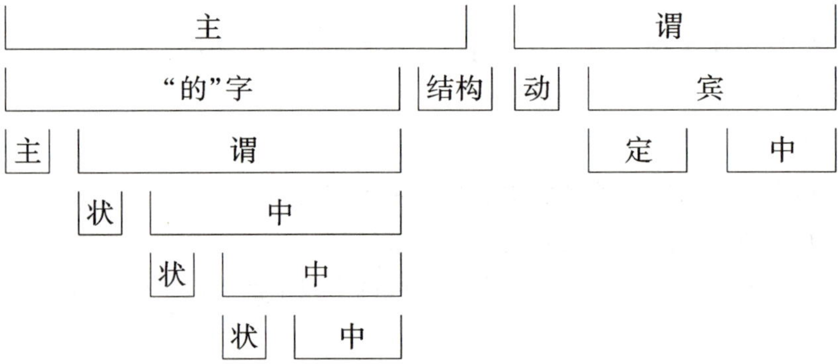

7. 句①存在歧义，属于语义指向引起的歧义。“张三最喜欢游泳”，有两种理解：第一，一大群人中，只有张三最喜欢游泳；第二，张三在所有的体育项目中，最喜欢游泳。这两种歧义是因为“最”的语义指向不同而导致的，前者“最”指向张三，后者“最”指向游泳。句②存在歧义，属于结构关系不同产生的。“告别母校的学生”，有两种理解：第一，可以分析为述宾结构，即“告别｜母校的学生”；第二，可以分析为定中偏正结构，即“告别母校的｜学生”。这两种歧义是因为句法构造不同而导致的。

8. 专门的学问虽然不容易掌握，｜（让步）但是只要有相当的条件，‖（条件）在较短的时间内，如果努力学习，‖‖（并列）深入钻研，‖｜（假设）就可能有些成就。

9. 句①语义指向不同，有两种理解：一是照片本来就很大，但还是被放得更大了；二是照片很小，现在被放大了一点。前者“大”指向“一点儿”，后者“大”指向“放”。句

②词义的多样性导致歧义。“会”在这里有两种解释：一是表示一种能力，即“他有会唱歌的能力”；二是表示一种事情发生的可能，即“他可能会唱歌”。

10.（供参考）

①世　界　珍　贵　稀　有　动　物　熊　猫　的　故　乡　中　国。

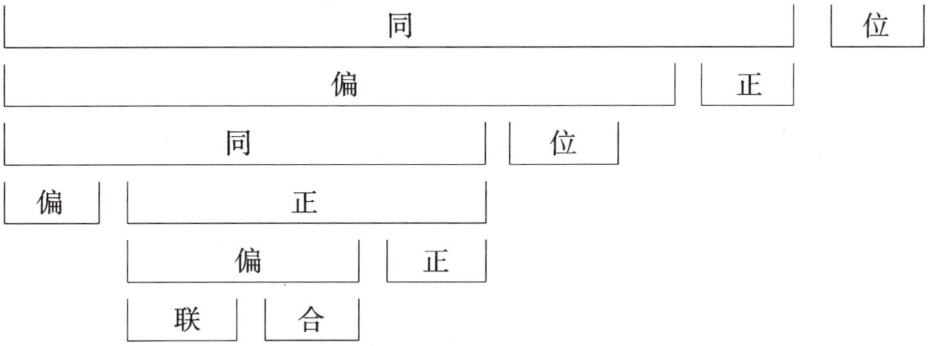

②站　起　来　走　过　去　把　门　打　开

11. 句①不正确。改成：王老师从门外走进来。原因：王老师是定指，这里的宾语不能是定指的。句②不正确。改为：我出去一看，有一个人正在那里哭。原因：原句是两个完整的分句，后一个分句的主语“一个人”是不定的，不符合现代汉语普通话的规范。

五、简答题

1. 复句是包含两个或两个以上分句的句子。复句中分句之间的关系有时用关联词语来表示，这种关联组合的方法叫关联法。关联词语包括关联词和关联短语，关联词大多是连词，如“因为”“无论”；有少量是副词，如“也”“又”；个别的是助词，如“的话”。关联短语指的是“还不是”“不是”“一方面”“另一方面”等。首先，关联词语能起明确地表示分句间关系的作用，使分句之间的关系显现出来。其次，使用不同的关联词语，可以表示不同的意义关系，如“如果他努力学习，就能学会很多新知识”“只要他努力学习，就能学会很多新知识”“因为他努力学习，所以能学会很多新知识”，加上不同的关联词语，可以成为不同类型的复句。另外，有些复句不用关联词语是一种关系，用上关联词语又是另一种关系，如“这个吃红薯长大的女人，给他带来了没有享受过的家庭温暖，使他生命的根须更深地扎进了这块土地里”。如果加上“不仅……而且……”这句话就表示递进关系，如果加上“因为……所以……”就表示因果关系。

2. 复合结构主要包含的结构关系：联合型、偏正型、中补型、动宾型和主谓型。

句法结构也主要包括上述五种结构类型，因此汉语复合词的组成成分之间的结构关系基本上和句法结构关系是一致的。

3. 歧义现象是指一个语言片段可以作两种或两种以上的语义理解。语法歧义中有词类不同造成的歧义，例如“饭不热了”。语法歧义中词和短语同形，例如“刘英要煎饼”，结构关系不同，可分为述宾关系或偏正关系，例如“学习文件”；偏正关系或联合关系，例如“祖国人民”；同位关系或偏正关系，例如“他们部队”；述宾关系或述补关系，例如“想起来”；偏正关系或主谓关系，例如“生活困难”。

4. 形容词有两个突出的语法特征。第一，一般能受程度副词的修饰，一律不能带宾语。如“好”“详细”可以说“很好”“很详细”，但不能带宾语。第二，许多形容词可以按 AA 或 AABB 的方式重叠，重叠后强调度量，附加“很”或“相当”的意思，如，好—好好，长—长长。

5. 词类活用，是指 A 类词临时借用作 B 类词。如“老栓，就是运气了你”这句话中，“运气”本来是名词，句中带了宾语，活用为动词。词类活用不同于词的兼类。词的兼类，指不同意义的同一形式分属不同词类的现象，其词性是比较固定的；词类活用只是一种临时的借用，往往是个别人在个别场合的偶然用法，其词性是不固定的，如果脱离了所活用的语言环境，它仍然是原来的词性。不过，事物是发展的，语言是变化的。一个词如果活用的次数多了，并为多数人接受，某一词性慢慢地固定了下来，也就变成了同形异类词。

6. “被”字句是用“被”字表示被动的句子。“被”字句有的是用“被”字引进施事，施事一般由代词或名词性成分充当。如“这本杂志被他撕破了”中“被”字引进了施事“我”，“我”为名词性成分。“被”字句有一个突出的特点，就是“被”和“被+名”的介词短语后面，一般要求用包含完结意义的动词性词语，“这本杂志被他撕破了”中，“撕破”“了”表示动作的完结。

7. 疑问句是提出问题、具有疑问语气的句子。根据提问的手段和语义情况，疑问句可以分为四类：是非问、特指问、选择问、正反问。(1)是非问的句法结构像陈述句，即没有表示疑问的结构或代词，它带有语气词“吗”或可以带“吗”。回答是非问句，只能对整个命题作肯定或否定，用“是”“对”“嗯”或“不”“没有”等作回复，或用点头、摇头回答，所以是非问又叫“然否问”。例如：你真要带我走吗？(2)特指问，用疑问代词(如“谁”“什么”“怎样”等)或由它组成的短语(如“为什么”“什么事”“做什么”等)来表明疑问点，说话者希望对方就疑问点做出答复，句子往往用升调。例如：谁叫他来的？(3)选择问，用复句的结构形式提出不止一种看法供对方选择，用“是”“还是”连接分句。常用语气词“呢”“啊”，不能用“吗”。例如：打篮球，还是打排球？选择问中间一般不能用问号，用了问号就变成疑问句句群了。(4)正反问，由单句谓语中的肯定形式和否定形式并列的格式构成，又叫“反复问”。正反问常常带语气词“呢”“啊”等，不能用“吗”。例如：这个人老实不老实？

8.（供参考）“称他们英雄”中的“他们英雄”是双宾语，整个短语是动宾短语；“称他们是英雄”中的“称”后面不是宾语，整个短语是一个兼语短语。“称”是一个表示称谓的动词，可以有两种不同的用法，这两种用法究竟有什么区别呢？我们可以从下面三点看出二者的不同。(1)从语义上看，双宾语两个宾语各自和动词发生关系，它们互相之间没有结构上的关系，如上例中“他们”和“英雄”都只与“称”发生关系，而“他们”与“英雄”之间不能构成任何结构关系，如既不是偏正关系，也不是同位关系。而兼语短语中动词后的两个体词性成分之间是一种主谓关系，和动词之间是一个述宾短语和一个主谓短语的套叠。(2)从形式上看，双宾语里两个体词性成分之间不能有其他成分出现，而兼语短语两个体词性成分之间一定要出现一个动词。因此，“称他们英雄”在“他们”和“英雄”间加上“是”“为”等，就改变了结构关系。(3)从动词的性质看，兼语短语中的动词常带有使令义，而能带双宾语的动词，无论是表示给予的，还是表示取得的，都不带有使令意义。一般来说，这两类动词是不会发生混淆的，有纠葛的只是一部分，如“称”“叫”“骂”一类带有称谓义的动词。用上述(1)(2)两种辨析方法，基本上就能区别出这些称谓义动词在双宾语句和兼语句中的不同了。

9.(1)“主席团”是谓语动词“坐”的主语，“戏”和“炮”分别是谓语动词“唱”和“架”的宾语。(2)“山上架着炮”“台上坐着主席团”中“架”和“坐”有“附着”语义特征，是表示存在的静态存在句，可以变换成“炮架在山上”“主席团坐在台上”；“台上唱着戏”中的“唱”没有“附着”语义特征，是表示活动的动态存在句，不可以变换成“戏唱在台上”。

10. 主谓谓语句是由主谓短语充当谓语的句子。主谓短语作谓语是汉语语法的显著特点。全句主语又叫“大主语”，主谓短语里的主语又叫“小主语”。根据大主语和小主语的句法功能和相互之间的关系，可以把主谓谓语句分为下列四种情况：大主语是受事，小主语是施事；大主语是施事，小主语是受事；大主语和小主语既非受事也非施事。(1)大主语是受事，小主语是施事。全句的语义关系是：受事 ‖ 施事—动作。例如：“那个剧本 ‖ 我看过五遍。”“这些零食，‖ 你带回去给孩子吃吧。”(2)大主语是施事，小主语是受事。全句的语义关系是：施事 ‖ 受事—动作。这种句子的小主语（主谓短语的主语）有时是周遍性主语，强调其所指具有周遍性意义，后面常有“都”“也”与之呼应，含有夸张的意味。例如：“老王 ‖ 哪儿都去过。”“他 ‖ 什么事情都能干得出来。”“他 ‖ 一个人也不认识。”(3)大主语和小主语之间没有施受关系，为以下几种情况。第一，大主语和小主语之间有广义上的领属关系。例如：“我 ‖ 肚子疼。”（我的肚子），“她 ‖ 心情舒畅。”（她的心情）。第二，大主语和谓语中的某一成分有复指关系。例如：“这孩子，‖ 我不喜欢他。”（他）复指“这孩子”。第三，大主语前暗含“对”“对于”“关于”或“无论”等虚词。大主语与主谓短语中的成分没有关系，只是提出一个话题，而整个主谓短语对这个话题加以说明。例如：“这种问题 ‖ 你的经验还不够。”“电脑软件 ‖

我是门外汉。”(4)小主语是述宾短语，与大主语存在施事和动作的关系。例如：“这个人‖说话不留余地。”“小王‖待人有礼貌。”常见的动词谓语句有“把”字句、“被”字句、连谓句、双宾句、兼语句、存现句和“是”字句等。

11. 宾语是动词分类的主要依据。根据带宾语的情况，可把动词分为及物动词和不及物动词。这是就表示动作行为的动词来进行的分类。能带受事宾语的动词叫及物动词，例如“做”“给”“看”等；不能带受事宾语的动词叫不及物动词，例如“休息”“旅行”和“来”“去”等。宾语有三种语义类型。(1)受事宾语：表示动作、行为直接支配、涉及的人或事物，包括动作的承受者、动作的对象。例如“割麦子”“告诉大家”。(2)施事宾语：表示动作、行为的发出者、主动者，可以是人或自然界的事物。施事宾语比受事宾语少见，多用于少数特定句型中。例如“来了一位客人”“出太阳了”“天上飘着白云”。(3)中性宾语：表示施事、受事以外的宾语，即非施非受宾语。细分起来其关系也是多种多样的，可以借助不同的变换式或介词标记来辨认，主要包括以下几种关系。结果宾语：盖房子、挖坑(盖成房子)；处所宾语：回南方、坐车上(回到……、在……上坐)；时间宾语：熬夜、过中秋节(在……里熬着、在……时过)；工具宾语：编柳条、喝小酒、吃大碗(用……编)；方式宾语：存活期、寄航空(用……的方式存)；原因宾语：避雨、缩水(因……而躲避)；目的宾语：交涉过财产问题(为……而交涉)；类别宾语：他当班长、我是学生(他是班长)；存在宾语：那里有鱼(鱼在那里)；其他宾语：上年纪、出风头。

12. 句型是句子的结构类，即根据句法成分的配置格局分出来的类。句型分为主谓句和非主谓句两大类。不影响句型划分的因素有以下四类：(1)语气词的有无，不影响句型，如“你去吗?”“你去!”“他去。”这三句句类不同，意思不同，但句型相同，都是主谓句、动词谓语句；(2)倒装与否，如“你怎么了?”“怎么了，你?”都是主谓句；(3)省略与否，如“他派谁去?”“派我去。”省略主语的也是主谓句；(4)独立成分的有无，如“看来快下雨了”“快下雨了”都是非主谓句。

13. 补语一般由谓词性词语充当，可以用来说明动作、行为的结果、趋向、时间、处所可能性或者说明性状的程度和人、物的状态，有七大类。(1)结果补语：表示因动作行为导致的结果，例如，“他放跑了罪犯”，是因为“放”而“跑”了，结果补语常用的是形容词，少数用动词和动词短语。结果补语前头不能用助词“得”，例如，“这个字写错了”，“错”就是结果补语。(2)情态补语：表示由于动作、性状而呈现出来的情态，中心语和补语之间常用助词“得”，例如，“他摔得满身烂泥”。(3)趋向补语：表示事物随着动作而移动的方向，都用趋向动词充当，例如，“树林里跳出一只大老虎来”。(4)数量补语：由表动量的量词短语和表时量的量词短语两类短语充当，表示动作发生的次数或动作持续的时间，例如，“看了一眼”“等了一个小时”。(5)时地补语：多用介词短语来表示动作发生的时间和处所，包括动作的终止地点，例如，“他出生在1969

年”。(6)可能补语：一种是用“得”“不得”充当，表示有可能进行，例如，“这件事大意不得”；另一种是在结果补语或趋向补语和中心语之间插进“得”“不”表示动作的结果、趋向可能不可能实现，例如，“写得好/写不好”。(7)程度补语：很少，限于“很”“极”“死”“慌”“透”“坏”“多”等，表示达到极点或很高的程度，也可以用“一些”“一点”表示很轻的程度，例如，“天黑透了，一个人不敢回家”。

14. 连谓短语是由多项谓词性词语连用构成的，彼此并不构成主谓、动宾、偏正、中补、联合等关系，谓词性词语之间没有语音停顿，例如：“上山采药”“看了心烦”“听了很高兴”“出去闲逛”“有权表决”“洗衣服洗累了”“走路去上学”。

第五章
现代汉语语用

【学习提要】

1. 语用

运用语言符号进行具体的言语交际活动就是语用。

2. 语用意义

语用意义是指言语交际中的话语在具体语境中所获得的临时性含义。语用意义具有依附性、不确定性、非规约性、可推导性等4个特点。语用意义的获得主要依赖具体语境和特定话语。

3. 话语交际的原则

(1)合作原则：关联准则、真实准则、适量准则、简明准则、守序准则。(2)礼貌原则：损益准则、褒贬准则、趋同准则。

4. 话语交际的制约因素

制约话语交际的因素主要有交际目的、交际者、交际话题、交际方式、交际场景、社会文化背景等6个方面。

5. 话语

话语就是言语成品，具体说，是指能切分成长短不等、意义完整的独立部分的连续体。话语从表现形式可以分为两类：一类是作为口语组成部分的话段；一类是作为书面语组成部分的文段。

6. 词语的选择

词语的选择主要从以下 3 个方面考虑：求准确、求生动、求特效。

7. 句子的配置

句式的配置主要从以下 4 个方面考虑：语序的安排、结构的整散、句形的长短、句式的变换。

8. 节律的调整

节律的调整主要包括音节匀称、平仄相间、韵脚和谐、叠音传神四个方面。

9. 常用的辞格

(1)比喻(明喻、暗喻、借喻)、比拟(拟人、拟物)、借代、夸张(扩大夸张、缩小夸张、超前夸张)；(2)对偶、排比、反复、顶真、回环；(3)引用、仿拟、飞白、镶嵌；(4)双关(谐音双关、语义双关)、反语、拈连。

10. 语境

语境是人们运用语言进行交际的言语环境。语境包含不同的构成因素：上下文语境、交际情景、民族文化和社会习俗。

11. 指示语

指示语是指表示指示信息的词语。指示语包括人称指示、时间指示、空间指示等。

12. 前提、 前提触发语

(1)前提是包含在话语的意思之中的，而不表现在话语的字面形式上。(2)前提触发语是指能够触发前提的特定词语。

13. 语用意义的推导

语用意义是在具体语境中获得的话语的临时意义，是话语的言外之意。语用意义的推导，是听话人根据合作原则中的某项准则，对话语进行分析、判断、推理，以获取语用意义的过程。

14. 语体

不同的交际领域和交际目的，使人们在交际活动中形成许多在运用语言材料和表现手段上具有不同特点的语言表达体系，这种根据不同交际领域和交际目的而形成的各具特点的语言表达体系就是语体。现代汉语的语体系统首先分为口头语体与书面语体两大类，书面语体内又可分为政论语体、科技语体、文艺语体和事务语体。

15. 风格

在语言学中，风格指的是语言风格。除语体即语言的功能风格外，主要的语言风格类型有以下几种：民族风格、时代风格、地域风格、表现风格、个人风格。

【强化训练】

一、填空题

1. 语体首先可以分为________语体和________语体。
2. 话语交际最重要的原则是________原则和________原则。
3. 会话合作原则包括数量准则、质量准则、________及方式准则等四条准则。
4. 对象指示分为________、________和空间指示。
5. 制约话语交际的因素主要有交际目的、交际者、________、交际方式、________、社会文化背景等6个方面。
6. 从宏观结构整体看，会话通常由“开头语列、________、________”这样一个模式构成。
7. 根据交际目的的不同，语体可分为科技语体、________语体、文艺语体和________语体。
8. 夸张包括扩大夸张、________和________。
9. 利用上下文的联系，把用于甲事物的词语巧妙地用于乙事物，这种辞格叫________。
10. 用一对字数相等、结构相同或相似的句子对称组合起来表意的辞格叫________。
11. “善者不来，来者不善”和“人不犯我，我不犯人”运用的辞格是________。
12. “我们的太阳能，让你随心所欲”运用的辞格是________。
13. “还未微笑，便在鹅蛋脸上漾出一对酒窝”运用的辞格是________。
14. “我们人穷志不穷”运用的辞格是________。

15. 语体是根据不同的交际领域和交际目的而形成的各具特点的________。

二、名词解释

1. 语境　2. 合作原则　3. 礼貌原则　4. 指示语
5. 语用意义　6. 口语　7. 比拟　8. 借代
9. 对偶　10. 反语　11. 顶真　12. 话轮
13. 话轮对　14. 科技语体　15. 文艺语体

三、单项选择题

1. 下列选项(　　)不是语用意义的特点。
   A. 依附性　B. 可推导性　C. 不确定性　D. 规约性
2. 添加在话轮或话轮对中间的话语是(　　)。
   A. 主体语列　B. 插入语列　C. 开头语列　D. 结束语列
3. 话语交际中要求所说的话简明扼要，有条不紊，不能晦涩、啰唆、混乱，这属于合作原则的(　　)准则。
   A. 质量　B. 数量　C. 方式　D. 关联
4. “长相知，才能不相疑；不相疑，才能长相知。”这句话运用的辞格是(　　)。
   A. 移就　B. 拈连　C. 比拟　D. 顶真
5. “工作需要你们，人民需要你们，中国需要你们，新的时代需要你们。”这句话运用的辞格是(　　)。
   A. 拟人、排比　B. 明喻、排比　C. 排比、反复　D. 反复、回环
6. “刘局长放声大笑，那笑声震得桌子上的公文、窗上的玻璃直至窗外的小叶杨树，都窸窸窣窣地发抖”一句含有(　　)。
   A. 兼用借代的夸张　B. 兼用比喻的夸张
   C. 兼用拟人的夸张　D. 兼用衬托的夸张
7. “严志和一见了土地，土地上的河流，河流两岸阴湿的涯田，涯田上青枝绿叶的芦苇，心上就漾着喜气。”这句话运用的辞格是(　　)。
   A. 拈连　B. 顶真　C. 层递　D. 反复
8. “五岭逶迤腾细浪，乌蒙磅礴走泥丸。”这句话运用的辞格是(　　)。
   A. 夸张兼对偶　B. 比喻兼对称　C. 借代兼对称　D. 拟人兼对偶
9. 下列诗句中，运用了谐音双关的是(　　)。
   A. 野火烧不尽，春风吹又生　B. 白日依山尽，黄河入海流
   C. 春蚕到死丝方尽，蜡炬成灰泪始干　D. 山重水复疑无路，柳暗花明又一村
10. 以下使用借喻辞格的一句是(　　)。

A. 最可恨的是那些毒蛇猛兽，吃尽了我们的血肉
B. 面对这一问题，白宫及时作出了回答
C. 决定历史命运的不是秦皇汉武、唐宗宋祖，而是人民自己
D. 江山如此多娇，引无数英雄竞折腰

11. 下列不属于对象指示的是(　　)。
A. 空间指示　B. 时间指示　C. 社交指示　D. 人称指示

12. 下列句子中含有比喻的是(　　)。
A. 我和他年纪仿佛
B. 老王看上去似乎是个粗人，其实不然
C. 他心里好像有什么事
D. 这项任务像千斤重担压在他心上

13. 在一段文字中连接使用同类或异类辞格，这是辞格的(　　)。
A. 兼用　B. 连用　C. 套用　D. 借用

14. 如果一个句子的肯定和否定形式都以一个句子的肯定式为前提，则另一个句子是该句子的(　　)。
A. 焦点　B. 话题　C. 指示　D. 预设

15. 以下不属于政论语体特点的是(　　)。
A. 运用对比　B. 运用反语　C. 运用歇后语　D. 运用长句

四、简答题

1. 简要说明语用意义的性质和特点。
2. 简要说明制约话语交际的几个主要因素。
3. 举例说明什么是借喻。
4. 举例说明辞格综合运用的三种情况。
5. 前提触发语的基本类型有哪些？举例说明。
6. 简要说明现代汉语的语体分类。
7. 简要说明语体渗透的三种情况。
8. 简要说明书面语的特点。

【强化训练参考答案】

一、填空题

1. 口语　书面　　2. 合作　礼貌

3. 关联准则
4. 人称指示　时间指示
5. 交际话题　交际场景
6. 主体语列　结束语列
7. 政论　事务
8. 缩小夸张　超前夸张
9. 拈连
10. 对偶
11. 顶真
12. 双关
13. 夸张
14. 拈连
15. 语言表达体系

二、名词解释

1. (邢本)语境是人们运用语言进行交际的言语环境。语用学要研究不同语境中语义的恰当表达和准确理解。

   (黄本)无。

   (邵本)语境就是语言使用的环境，就是言语行为发生的环境。

2. (邢本)合作原则是指交际双方为了使交际活动能够顺利进行而应遵守的基本准则。具体来说，它包括关联准则、真实准则、适量准则、简明准则和守序准则。

   (黄本)无。

   (邵本)会话合作原则由四条准则组成，按这四条准则进行的言语行为在信息传递上应该是效率最高且最为合理的。四条准则分别是数量准则、质量准则、关联准则、方式准则。

3. (邢本)礼貌原则是指在话语交际中，交际双方所应遵守的社会礼貌规范。礼貌原则主要包括损益准则、褒贬准则和趋同准则。

   (黄本)无。

   (邵本)礼貌原则要求我们在其他条件相同的情况下，尽量把不礼貌的表达方式降到最低程度。礼貌原则的三条准则：慷慨准则、谦虚准则、一致准则。

4. (邢本)指示语是指表示指示信息的词语，是反映话语同语境特征之间关系的语言成分。话语中指示信息是话语理解的重要方面，最常用的指示语有人称指示、时间指示和空间指示等。

   (黄本)无。

   (邵本)指示语是指以一次正在进行着的言语行为中的某要素(包括说话者、说话时间、说话地点等)为参照点而跟语境发生联系后才可能有确切词义所指对象的词语。

5. (邢本)语用意义指言语交际中的话语在具体语境中所获得的临时性含义。它是话语的言下之意、弦外之音。

   (黄本)无。

(邵本)语用意义是指话语在语言意义的基础上由于语言使用者及语境的作用而产生的意义。

6. (邢本)口语是指语言存在的口头形式，以语音为物质材料。

(黄本)无。

(邵本)应用于日常交际、为日常生活服务的口语在长期使用共同语的情况下，形成了独具特色的表达功能变体，这就是口头语体，也称“口语”。

7. (邢本)比拟是根据想象，把物当作人，把人当作物，或者把甲物当作乙物来描写。比拟可以分为拟人、拟物两类。

(黄本)根据想象把物当作人写或把人当作物写，或把甲物当作乙物写，这种辞格叫比拟。比拟可分为拟人和拟物两大类。

(邵本)运用联想，直接将本体当作拟体进行描写或陈述，从而体现表达者的喜爱或憎恶的情感态度，这种辞格叫比拟。

8. (邢本)借代不直接说出要说的人或事物，而借与之有密切关系的其他人或事物来代替。

(黄本)不直说某人或某事物的名称，借同它密切相关的名称去代替，这种辞格叫借代，也叫“换名”。

(邵本)用与描写的对象有直接关联的事物来指称描写对象，以突出对象的区别性特征，从而使表达简练并富于变化，这种辞格叫借代。

9. (邢本)用一对字数相等、结构相同或相似的短语或句子对称组合起来表意的辞格叫对偶。对偶有严对、宽对之分。

(黄本)结构相同或基本相同、字数相等、意义上密切相连的两个短语或句子对称地排列，这种辞格叫对偶。

(邵本)将字数相等、结构相同或相似、意义相关的两个句子(或短语)并举，以获得表达形式上的对称效果，这种辞格叫对偶。

10. (邢本)故意运用与本来意思相反的词语或句子来表意的辞格叫反语。反语可分为以正当反和以反当正两类。

(黄本)故意使用与本来意思相反的词语或句子来表达本意，这种辞格叫反语，也叫“倒反”或“反话”。反语分为以正当反和以反当正两类。

(邵本)故意违反表意的一般规律，使实际表达的意义与词句字面意义正好相反，以达到讽刺或风趣幽默的效果，这种辞格叫反语。

11. (邢本)用前一句结尾的词语做下一句的开头，使前后句子头尾递接的辞格是顶真。

(黄本)用上一句结尾的词语或句子做下一句的起头，使前后的句子头尾蝉联，上递下接，这种辞格叫顶真，也叫“联珠”。

（邵本）用前一个句子的结尾部分作后一个句子的开头，使相邻的两个句子头尾蝉联，以取得环环相扣、表意紧凑的效果，这种辞格叫顶真，也称“顶针”“联珠”。

12.（邢本）话轮是指会话过程中说话人从开始说话到停止说话所说的一个连续性的话语片段。

（黄本）无。

（邵本）会话是说话的参与者各方不断互换角色轮番说话的过程，每一个参与者一次连续说的话，就是一个话轮。

13.（邢本）会话中，由不同的说话人所说的两个或两个以上的话轮所构成的一个引答式话语片断叫话轮对。

（黄本）无。

（邵本）前后相邻、内容相关并且分别由会话双方的两个话轮构成的会话单位是话对。

14.（邢本）科技语体是记载、传播社会科学和自然科学研究成果时运用的一种语体。

（黄本）科技语体是适应科学技术的内容、范围交际需要而形成的。

（邵本）科学技术语体是指在社会性语境中关涉科学研究、教育等主题，运用语言进行交际所形成的言语表达特征体系。

15.（邢本）文艺语体是运用语言塑造艺术形象反映社会生活时运用的一种语体。

（黄本）文艺语体也称“艺术语体”，它是通过艺术形象来反映社会生活而形成的语文体式。

（邵本）文学艺术语体是指在以艺术形象表现社会生活、塑造人物形象、表达感情意念的过程中长期运用共同语所形成的言语表达特征体系，也可称“文艺语体”或“艺术语体”。

三、单项选择题

1-5：DBCDA　　　6-10：CBACA　　　11-15：CDBDC

四、简答题

1. 语用意义是指言语交际中的话语在具体语境中所获得的临时性含义。它是话语的言下之意、弦外之音。语用意义具有 4 个特点。(1)依附性：语用意义是依附于具体语境而获得的，不能脱离语境而存在，一旦脱离或改变了它赖以产生的语境，有的语用意义便会消失。(2)不确定性：因为语用意义是话语在特定语境下的特定含义，因而在不同的语境条件下，同样的话语也会产生不同的语用意义。(3)非规约性：语用意义虽然离不开话语的字面意义，但却是依靠具体语境临时获得的，因而它与话语的字面意义并无必然的固定的规约性联系。(4)可推导性：由于语用意义是说话人借助具体语境和特定话语所表达的真正含义和意图，因而一定能被受话人所推知，否则就无法实现交际目的。

2. 制约话语交际的因素主要有6个方面。(1)交际目的：交际目的是实施话语交际的内在驱动力，人们都是为了某一目的才参与话语交际的。可以说，一定的交际目的往往决定了话语交际的整个过程及其方式方法。(2)交际主体：交际主体即交际者，也就是交际双方。交际者对话语交际的方方面面起着决定性的作用。(3)交际话题：交际话题是谈话的轴心，它限定了交际者谈话的内容范围和话语选择。(4)交际方式：交际方式包括时空的设定、媒介的选择和交流模式的确定等方面。这些要素都对话语交际具有制约作用。(5)交际场景：交际场景就是指交际者所面临的即时环境，亦通常所谓场合。任何交际都是在一定的场景中进行的，因而任何话语交际都不可避免地要受到交际场景的制约。(6)社会文化背景：社会文化背景是话语交际所处的更广阔的交际场景，任何话语交际都不可能脱离或改变这个大的场景。

3. 借喻是比喻的一种，只出现“喻体”，本体和比喻词都不出现。例如：“都唱。歌撵人。人撵车。手如飞。歌声里，桶梢里堆满了红宝石。”(王明义《采菱女》)其中“红宝石”是喻体，本体“红菱”和比喻词“像”都未出现。

4. 辞格的综合运用主要有连用、兼用和套用三种情况。(1)辞格的连用：连用包括相同辞格的连用和不同辞格的连用。如“如果以乐器来对应四季，我想春天应该是小号，夏天是定音鼓，秋天是大提琴，冬天是圆号和长笛……”(连用4个暗喻)(2)辞格的兼用：兼用即在一个话语片段中同时运用两个或更多辞格，几个辞格融合在一起，形式浑然一体，特点兼而有之，从不同的角度看是不同的辞格。如“这时天已大亮，家人和街坊都已起床了。于是她尽情地刷牙漱口，她发出的声音非常之大，好像一列火车开进了她们的院子”(明喻兼夸张)。(3)辞格的套用：套用指从整体看是一种辞格，但其中的某一部分又用了别的辞格，即一个辞格中又包含有一个或几个其他辞格。如“那沉甸甸的稻谷，像一垄垄金黄的珍珠；炸蕾吐絮的棉花，像一厢厢雪白的珍珠；婆娑起舞的莲蓬，却又像一盘盘碧绿的珍珠”(排比中有明喻，最后一项还兼用了比拟)。

5. 前提触发语指的是触发前提的特定词语。前提触发语主要有以下几类：(1)助词“了”，“了”一般表示动作的完成和肯定事态出现了变化或即将出现变化，可以充当前提触发语；(2)某些表示状态变化的动词，如“开始”“停止”“改正”“纠正”“解决”等；(3)某些表示心理活动的动词，如“后悔”“懊悔”“忘记”等；(4)表示频率、时间等的副词，如“又”“再”“也”“还”“马上”“立刻”等；(5)疑问代词，如“为什么”“什么时候”等；(6)表示选择、假设、让步等关系的词语，如“要不是……就……”“是……还是……”等；(7)某些限定语和修饰语，如“参加工作的时候”“懂事体贴的”等。

6. 现代汉语的语体系统首先分为口头语体与书面语体两大类，书面语体内又可分为政论语体、科技语体、文艺语体和事务语体。政论语体是在论述政治、社会问题，进行政治鼓动时运用的一种语体。科技语体是记载、传播社会科学和自然科学研究成果时运用的一种语体。文艺语体是运用语言塑造艺术形象反映社会生活时运用的一种语体。事务语体是机关团体以及人民群众之间相互处理事务时运用的一种语体。

7. 语体渗透的方式主要有 3 种。(1)加合式渗透：为帮助甲类语体更好地完成交际表达任务，在甲类语体中加入乙类语体的体素，乙类语体的体素渗入之后，甲类语体的基本特征保持不变，这种形式的体素渗透称为加合式渗透。(2)融合式渗透：两种语体的体素整体性地相互渗透，形成一种体系性的相互融合，使两种语体浑然交融为一体，这种形式的融合称为融合式渗透。(3)框架借用式渗透：框架借用式渗透就是借用乙类语体的框架格式来完成甲类语体的交际任务，通俗地说，就是用乙瓶来装甲酒，如利用韵文格式写作的布告、公约，用公文形式写作的小说、杂文等。

8. 书面语有以下几个特点：(1)变化和发展比较缓慢，规范性较强而创新成分少；(2)运用时可以有较长的加工过程，因此比较细密、精确，长句和复句使用频率高；(3)可以突破时空限制用于间接交际，对实际语境的依赖较少，所以简化和省略的现象较少。

古代汉语基础知识

第一章
古代汉语基本知识

【学习提要】

1. 字典辞书的编排方式

(1)按音序排列;(2)按部首和笔画排列(部首检字法);(3)按号码排列(四角号码检字法)。

2. 注音方式

(1)直音法;(2)反切法;(3)注音字母和拼音字母注音;(4)叶音法。

3. 常用工具书

(1)《康熙字典》(张玉书、陈廷敬)。

(2)《中华大字典》(陆费逵、欧阳溥存):是在《康熙字典》的基础上整理、增删、修订而成的。

(3)《辞源》:最早的以语词为主,兼顾百科常识的大辞书。

(4)《辞海》:是一部综合性的辞书。

(5)《汉语大字典》:目前我国搜集汉字单字最多的字典。

(6)《说文解字》:东汉许慎著,是中国文字学的奠基之作,是我国第一部系统完备的字典。全书分汉字为540部,收字9353个,制定了按部首编排字书的体例。

(7)清代研究《说文解字》的四大家:段玉裁《说文解字注》(最佳注本)、桂馥《说文解字义证》、王筠《说文句读》、朱骏声《说文通训定声》。

(8)《经籍籑诂》：清代阮元主编，一部专门收集唐代以前各种古书注解的字典。

(9)《助词辨略》：清代刘淇著，一本有较高水平的研究古籍虚词的书。

(10)《经传释词》：清代王引之著，是一本着重研究先秦和汉代经传中虚词特殊用法的著作。

(11)《词诠》：杨树达著，包括虚词的通常用法和特殊用法，引例丰富，比较通俗易懂，适合初学者。

(12)《诗词曲语辞汇释》：张相著，是研究诗词曲中特殊词语的一部专著。

(13)《佩文韵府》：清代张玉书等编，按韵编排比较大的古代辞书。“佩文”是清代皇帝的书斋名。

(14)《十三经索引》：叶圣陶编，专为查检十三经语句出处而编的索引。

(15)《四库全书总目》：清代纪昀等编，是《四库全书》的书目和提要。

(16)《四库全书》：乾隆皇帝亲自组织的中国历史上规模最大的一部丛书，按经、史、子、集四部分类，基本包括了乾隆以前属于四部范围以内的我国古代重要著作。

4. 双声叠韵

双声是指两个字的声母相同，叠韵是指两个字的韵母相同。由于语音的发展变化，双声叠韵的关系也往往发生变化，不能把上古和现代的双声叠韵混为一谈。

5. 三十六字母

是古人总结的汉语的36个声母，是宋朝人在唐末和尚守温创制的三十字母的基础上增订而成，又称为“守温字母”。传统三十六字母大致反映了唐宋时期的汉语声母系统，根据发音部位，可以把三十六字母分为唇、齿、牙、喉、舌、半舌、半齿七类，而根据不同发音方法，又可以分为全清、次清、全浊、次浊、清、浊。

发音部位＼发音方法		全清	次清	全浊	次浊	清	浊
唇音	重唇（双唇音）	帮	滂	并	明		
	清唇（唇齿音）	非	敷	奉	微		
舌音	舌头（舌尖中）	端	透	定	泥		
	舌上（舌面前）	知	彻	澄	娘		
齿音	齿头（舌尖前）	精	清	从		心	邪
	正齿（舌叶音）	照	穿	床		审	禅

续表

发音部位 \ 发音方法	全清	次清	全浊	次浊	清	浊
牙音（舌面后音）	见	溪	群	疑		
喉音（舌根音、半元音）	影			喻	晓	匣
半舌音（舌尖旁音）				来		
半齿音（鼻齿音）				日		

6. 古音通假

古代汉语书面语言里同音或音近的字的通用和假借。古人在记录语言里的某一个词时，往往用声音相同或相近的字来书写，两个字形体和意义不同，只是由于声音相同或相近，古人就用甲字来代替乙字。

7. 古书基本体例

（1）传注体：用以解释古书正文。（传、注、笺）（2）义疏体："正义"，既解释古书正文，又解释前人注文。"疏"指疏通其义。（3）集解体：在同一本古书下集各家注释。（4）章句体："离章辨句"，分析章节句读的意思。

8. 衍文

用来说明古书中多出了文字的现象。

9. 脱文

用来说明古书中脱落了文字的现象。

10. 古代文体

散文、韵文（辞、赋）、骈文。

11. 诗体

唐以后的诗体，从格律上看大致可分为近体诗和古体诗。只要求押韵和句式大致整齐（五言或七言），就叫古体诗（或"古风"）。严格按律诗的格律要求写作，就叫今体诗（或"近体诗"）。近体诗形式特点：句数固定、押韵严格、讲究平仄、要求对仗。

12. 词

来自民间文学，本是配乐的歌词，所以被称为“曲子调”，别名之一叫“长短句”。词分为小令、中调、长调三类。

【强化训练】

一、单项选择题

1. 部首编排法始于(　　)。
   A.《史籀文》　B.《仓颉篇》　C.《尔雅》　D.《说文解字》
2. 我国目前收字最多的字典是(　　)。
   A.《康熙字典》　B.《汉语大字典》　C.《中华大字典》　D.《说文解字》
3.《说文解字》分析字形结构的术语“从某从某”或“从某某”，是说明该字属“六书”中的(　　)。
   A. 象形　B. 会意　C. 形声　D. 指事
4.《说文解字义证》的作者是(　　)。
   A. 段玉裁　B. 朱骏声　C. 桂馥　D. 王筠
5. 我国最早的韵书是(　　)。
   A. 李登的《声类》　B. 孙愐的《唐韵》
   C. 陆法言的《切韵》　D. 陈彭年的《广韵》
6. 下列工具书，用平水韵目编排的是(　　)。
   A.《正字通》　B.《广韵》　C.《佩文韵府》　D.《经传释词》
7. 下列字母中，重唇音是(　　)。
   A. 帮　B. 敷　C. 定　D. 彻
8. 下列字母中，舌头音是(　　)。
   A. 知　B. 从　C. 穿　D. 泥
9. 下列字母中，舌上音是(　　)。
   A. 知　B. 从　C. 穿　D. 泥
10. 下列字母中，齿头音是(　　)。
   A. 知　B. 从　C. 穿　D. 泥

二、填空题

1. 我国最大的类书是________，我国现存最大最完整的类书是________。

2. “清代说文四大家”指的是段玉裁、朱骏声、________、________。

3. 《康熙字典》共分为________个部首，这些部首以笔画为序，统领全书所收的________个字。

4. 《经籍籑诂》由清代________主编，采用________编排法。

5. 我国的第一部语源学著作是东汉人________的________。

6. 查找文言虚词的词典，较早而影响较大的有清代刘淇的《助词辨略》，清代________的《经传释词》和近人杨树达的________。

7. 《四库全书总目提要》简称________，是我国古代最大的官修书目。

8. “五音”是根据________来分的；清浊是根据________来分的。“五音”指的是唇、舌、________、________、喉五类音。“七音”就是“五音”再加上________和________。

9. 根据发音部位，中古三十六字母中的“帮滂并明属于”________音，“知彻澄娘”属于________音。

10. 许慎在《说文解字·叙》里对指事字下的定义是“指事者，________，上下是也”，对会意字下的定义是“会意者，________，武信是也”。

11. 汉字的变化表现在________和________方面。

三、简答题

1. 古代工具书的注音方法有哪几种？

2. 《说文解字》的释字体例是什么？

3. 请写出汉字字体演变的顺序，并简要回答隶变对汉字结构产生了哪些影响。

【强化训练参考答案】

一、单项选择题

1-5：DBBCA　　6-10：CADAB

二、填空题

1. 《永乐大典》《古今图书集成》　　2. 王筠　桂馥

3. 214　47035

4. 阮元　韵母

5. 刘熙　《释名》

6. 王引之　《词诠》

7.《四库提要》

8. 发音部位　发音方法　齿　牙　半舌　半齿

9. 唇　舌

10. 视而可识，察而见意　比类合谊，以见指撝

11. 笔势　结构

三、简答题

1. (1)读若法，借助人们熟悉的字词给陌生字注音的一种形式。这种注音例子在《说文解字》中较为常见，如《说文·玉部》："珣，读若宣。"(2)譬况法，汉魏以前人们给汉字注音采用的方法。如《淮南子·原道训》："蛟龙水居。"高诱注："蛟，读人情性交易之交，缓气言乃得耳。"(3)直音法，用一个同音字来给另一个字注音的方法。如《汉书·高帝纪》："高祖为人，隆准而龙颜。"颜师古注引服虔曰："准音拙。"(4)反切法，用两个字来拼出一个字的读音的注音方法。反切的基本原理是：上字取声，下字取韵。反切上字也简称"切上字"，反切下字也简称"切下字"。如《说文·一部》："天，颠也，至高无上。从一、大。他前切。"

2.《说文解字》的释字体例，一般在每字下先解字义，然后按"六书"分析形体结构，后注读音。《说文解字》解释的字义，一般是指该字的本义。在解释字形时，凡注明"象形"或"象某之形"的是象形字；指事字注明"指事"，有时也用"象某之形"来分析；凡注明"从某从某"或"从某某"的为会意字；凡注明"从某，某声"的为形声字；凡注明"从某从某，某亦声"的为形声字；凡注明"从某从某，某亦声"或"从某某，某亦声"的均为会意兼形声字；凡注"从某省的，为省形字"，凡注"从某省声"的为省声字。

3. 汉字字体演变主要经历了甲骨文、金文、小篆、隶书、楷书、草书、行书等几个阶段，演变总趋势是向着简单易写的方向发展。隶变对汉字结构产生的影响：(1)部首形体的变化，如"人"变为"亻"，"心"变为"忄"；(2)简省或讹变，如"春"，从节从日，屯声(上部讹变)，"更"，从支丙声(整体讹变)；(3)混同，是讹变的后果，有些原先不相同的偏旁，隶变后就混同了，如"服"从舟而不从月，"脍"从肉而不从月；(4)隶变使得汉字的象形特点消失，使得汉字进一步变成纯粹符号性质的文字；(5)隶变变圆笔为直笔和方笔，分化了小篆中形体不同的字。

第二章
古代汉语的字与词

【学习提要】

1. 六书

“六书”是古人总结的汉字的六种造字方法，即象形、指示、会意、形声、转注、假借。(用字法和造字法)

2. 形声字的结构形式

左形右声(基本形式)、左声右形、上形下声、上声下形、上形下声、内形外声、内声外形、形符和声符只占一个角或一部分。

3. 省形和省声

少数形声字，形符或声符已经简省，必须补全才能起表意或表声作用。

4. 亦声

文字学家把某些字看作会意字，其中一个偏旁又代表这个字的读音，实际上是会意兼形声。

5. 汉字的演变

甲骨文—金文—篆书(大篆、小篆)—隶书(秦隶、汉隶)—楷书—草书(今草、狂草)—行书(行楷、行草)。

6. 隶变

是汉字形体演变史上最重要的转折点，是古文字与今文字的分水岭。

7. 古今字

新造的字与原来兼表多项意义的字合称为“古今字”。例如“责—债”“舍—捨”。

(古今字与假借字的关系：二者有交叉现象。古今字立足于时代的不同和用法的分工，假借字则立足于文献中文字所表示的意义跟它的本义是否有关。)

8. 异体字

狭义的异体字指读音相同，意义相同，而形体不同的字。广义的异体字包括狭义异体字、假借字和古今字。

(异体字跟古今字的区别是：两个或两个以上的异体字的意义完全相同)，在任何情况下可以互相替代。

9. 异体字的形体类别

会意字与形声字的分别、意符不同、声符不同、意符声符都不同、变换各种成分的位置(改变声符和意符的位置、改变声符和意符的写法)。

10. 异体字的辨别(不能认为是异体字的三种情况)

(1)意义相近，后代读音相同，古音不同的字；(2)关系复杂，有相通之处，也有不通之处；(3)偶尔通用的字。

11. 同音替代字

简化字中有一些来源于原先意义不同的同音(或音近)字。例如，后(君主和皇后)—後(先代和后代)；適(shì，往、恰好)—适(kuò，疾速)。中国文字改革委员会1955年公布了《第一批异体字整理表》。简化字特指1956年国务院公布的《汉字简化方案》所颁布的简化字。

12. 词义异同的情况

(1)古今意义基本未变。(基本词汇)(2)古今意义完全不同。例如，该：完备—应该。(3)古今意义发生了变化。(同中有异)

13. 古今词义的差别

(1)意义的多少不同，例如：“池”。(2)词义的侧重点不同，例如：“再”和“又”。(3)词义所指的名物制度不同，例如：“布”。

14. 词义范围的差异

(1)词义的缩小：“宫”：(古)泛指房屋、封建帝王的住所；(今)指某些文化娱乐场所。
“瓦”：(古)土器已烧之总名；(今)陶器、盖屋顶的建筑材料。
“臭”：(古)气味；(今)专指臭的气味。
(2)词义的扩大：“菜”：(古)蔬菜，不包括肉类、蛋类；(今)包括肉类、蛋类等。
“睡”：(古)专指坐着打瞌睡；(今)意思较广，睡觉。
“皮”：(古)带毛的兽皮；(今)物体表层。
(3)词义的转移：“暂”(表示时间范畴)：(古)突然；(今)暂时的。
“汤”：(古)热水；(今)菜汤、米汤。

15. 词义感情色彩的差异

(1)褒贬意义不同：

	古义	今义	感情色彩
爪牙	勇猛得力的助手	走狗	古褒今贬
锻炼	冶炼、玩弄法律诬陷他人	劳动、运动	古贬今褒
谤	批评、议论	造谣、诽谤	古中今贬
客	外地人	客人、需要招待	古中今褒

(2)词义轻重不同：

	古义	今义	感情色彩
诛	责备	杀戮	古轻今重
恨	遗憾、不满	仇恨、愤恨	古轻今重
感激	愤激	感谢	古重今轻
怨	恨	埋怨、不满	古重今轻

16. 词的本义

词的本义指词的本来的意义。探求词的本义，可以依据以下几点：(1)借助词的书写形式，分析字形(向—窗户)；(2)考察文献语言用例(狱—诉讼)。

17. 词的引申义

词的引申义指由本义发展出来的意义。它是造成一词多义的根本原因。(1)直接引申义与间接引申义。例如：月(月亮)—表示时间的意义；城(城墙)—城市。(2)由直接引申义派生出来的意义，对本义来说，就是间接引申义。例如：朝(早晨)—朝(朝见)—朝廷—朝代。(3)引申的方式：以本义为起点，向着同一方向递相派生出几个意义的引申脉络，叫连锁式引申；以本义为中心向不同方向派生出数个直接引申义的词义引申脉络，叫辐射式引申。

18. 偏义复词

偏义复词指用两个单音的近义词或反义词作为词素组成的复音词，这个复音词的意义由其中一个词素来表达，另一个词素只起陪衬作用。

19. 词类活用

有些词可以按照一定的表达习惯而灵活运用，在句子中临时改变它的词性和基本功能，这种现象叫作词类活用。

20. 词类活用的类型

(1)使动用法——动词、形容词、名词

定义：是指谓语动词具有“使宾语怎么样”的意思，实质是以动宾结构的形式表达了递系(兼语句)结构的内容。

格式：主语+使+宾语+名、动、形。

例：焉用亡郑以陪邻？/项伯杀人，臣活之。

(2)意动用法——形容词、名词

定义：指谓语动词具有“认为(或以为)宾语怎么样”的意思。

格式：主语+认为+宾语+名、形。

例：吾妻之美我者，私我也；妾之美我者，畏我也；客之美我者，欲有求于我也。/渔人甚异之。

21. 人称代词

第一人称	我、吾、余、予、朕
第二人称	女(汝)、尔、若、而、乃
第三人称	彼、之、其

(1)人称代词单复数同形；(2)第一、二人称代词后，加“侪、辈、属、曹”表附属。

22. 指示代词

泛指；特指	之(定、宾)(这、那)；其(定)(那个、那种)
近指；远指	此、是、兹、斯(这)；彼、夫(那)
谓词性	尔、若、然(这样、那样)
特殊性	焉(指示+语气)；诸(之于、之乎)

23. 无定代词

“或”：表肯定	
“有的人”“某人”“有的(东西)”	今或闻无罪，二世杀之
前先行词，指代其中一个人或一些人	宋人或得玉
句中连续出现几个“或”，构成排比	或百步而后止，或五十步而后止
“莫”：表广泛的否定	
无先行词，表示一种不强调范围的否定，一般指人	保民而王，莫之能御
有先行词，表强调范围的否定，指人又指物	国人莫敢言，道路以目
否定副词禁止性的否定，“不要”。一般性否定，相当于“不”	童子莫对，垂头而睡

24. 代词

(1)辅助性代词：这类代词有“所”“者”，它们有一定指代作用，但不能单独充当句子成分。

a. 者：位于词或词组之后，构成“者”字结构，表示“……的人”“……的事物”。

b. 所：永在及物动词前和动词组成名词性词组，表示“所……的人”“所……的事物”。“所”指代的一般是行为的对象。

(2)疑问代词：

a. 谁、孰、何。

b. 安、恶、焉、胡、奚、曷。(只能用作宾语和状语)

25. 副词

副词是一种半实半虚的词，有一定的词汇意义，但不能表示具体事物、动作行为或性质状态。副词能独立作句中的次要成分，只能作状语。

(1)程度副词：

a. 表示程度深的：最、至、极、绝；特、殊、尤、良、颇。

b. 表示程度浅的：少、稍、微、略、颇。

c. 表示程度变化的：加、更、愈、益、弥。

(2)范围副词：皆、尽、毕、悉、咸、具、但、特、只、仅。

(3)时间副词：

过去发生的时间	向、乡、既、业、尝
正在进行的时间	方、正、适、会
将要进行的时间	行、将、且、垂
时间的久暂	俄、姑、暂、常

(4)情态副词：

a. 表示动作行为进行的方式：俱、并(一起)；间、微、窃(秘密地)；帮(故意地)；固(坚决地)。

b. 表示动作行为发生或进行的速度：暂、卒(急促)；立、即、旋(紧接着)；稍、渐(逐渐性)。

c. 表示动作行为进行的频率：数、亟、累、屡、仍(动作多次出现)；辄、每、复。

d. 其他常见情态副词：且、固、盖。

(5)语气副词：

a. 表示确认语气：乃、即、必、定、诚、信、果。

b. 表示猜测性语气：其、盖、殆(大概)。

c. 表示意外语气：曾不(竟然)。

d. 表示祈使语气：其(希望)。

e. 表示反诘语气：岂、其、庸、巨、宁(难道)。

(6)否定副词：不、弗、毋、勿、未、非、否。

(7)谦敬副词：

a. 表敬副词：请、敬、谨、幸、惠、辱、垂。

b. 表谦副词：敢、窃、伏、猥。

26. 连词

连词是连接词、词组或句子，以帮助表示两项或几项之间的语法关系或逻辑关系的虚词。常用连词：而、以、则、然而、然则、虽然。

27. 介词

介词是由动词虚化而来的词类，它在句中的作用仍带有动词性质的痕迹。它能带宾语，但不能单独进入句子结构，更不能充当谓语。常用介词：以、于、为、之。

28. 语气词

夫(句首发语词)、其(句中委婉语气)、惟(句首发语词)、唯(句首表希望或判断)。

29. 词头

词头、词尾不是一个词，只是词的构成部分，本身没有意义，只表示词性。常用词头：有、其、言、于、簿。

30. 词尾

然、乎、焉、如、尔。

【强化训练】

一、填空题

1. “太后之色少解”中“少”的词性是________词，“宋人或得玉”中“或”的词性是________词，“夸父与日逐走”中“与”的词性是________词，“不战而屈人之兵”中“而”的词性是________词。

2. 从本义到引申义，有的是直接引申，有的是间接引申。“解”的本义“解牛”和引申义“解体”之间是________引申，“月”的本义“月亮”和引申义“计时单位”之间是________引申。

3. “任重而道远”中“而”的词性是________词；“虽杀臣，不能绝也”中“也”的词性是________词；“死去元知万事空，但悲不见九州同”中“但”的词性是________词；“群臣莫对”中“莫”的词性是________词。

4. “瓦”的古义为“土器已烧之总名”，今义指“盖房顶用的建筑材料”，这一演变属于词义________现象；“暂”在汉代以前是“突然、一下子”的意思，后来意义变为“不久也”，这演变属于词义________现象。

5. “不可，直不百步尔，是亦走也”中“直”的词性是________词；“周勃厚重少文，然安刘氏者必勃也”中“然”的词性是________词；“是谁之过与?”中“与”的词性是________词；“若为庸耕，何富贵也”中“若”是________词。

二、简答题

1. 比较古今词义的异同，大致可以分为哪几种类型？请各举若干例证。

2. 说明古今词义在范围上的差异，并举例。

3. 说明古今词义在感情色彩上的差异，并举例。

4. 分析下列句子中的词类活用现象，说明活用后的意义及活用类型。

①登东山而小鲁，登泰山而小天下。

②左右欲刃相如，张目叱之。

③项伯杀人，臣活之。

④失期，法皆斩。

⑤会盟而谋弱秦。

5. 指出下列加点词的用法，总结古代汉语中的语序规律。

①公输盘九设攻城之机变，子墨子九距之

②吴是惧

③未吾亲

④何如

6. 根据下列各句，总结“以”的主要用法和特点。

①以羽为巢，编之以发(两个以)。

②骞以郎应募。

③太子扶苏以数谏故。

④以太初三年。

7. 字的本义是什么？字的本义和词的本义有什么关系？根据下列例子，说明《说文解字》针对不同结构的字是如何解释本义的？例子：斤，斫木也，象形。脑，之也，从定帝声，形声。

8. 根据下面例句，总结“焉”的各种词性和意义。

①陈相见许行而大悦，尽弃其学而学焉。

②积土成山，风雨兴焉。

③且焉置土石？

④天下之父归之，其子焉往？

⑤吴人焉敢攻吾邑？

⑥夫子言之，于我心有戚戚焉。

9. 总结句子中“而”的用法。

①敏于事而慎于言。

②学而时习之，不亦说乎？

③水浅而舟大。

④子产而死，谁其嗣之。

10. 分析下列句子中的特殊用法，指明其在句子中的意思并说明其活用现象。

①楚左尹项伯者，素善留侯张良。

②驴不胜怒，蹄之。

③俗之所贵，主之所贱也。

④强本而节用，则天不能贫。

⑤范雎至秦，秦王庭迎。

11. 总结下列句子中“与”的用法。

①君不与胜者，而与不胜者。

②公与之乘，战于长勺。

③杀人以梃与刀。

④独守丞与战谯门中。

⑤蹇叔之子与师。

【强化训练参考答案】

一、填空题

1. 副　代　连　介

2. 直接　间接

3. 连　语气　范围副　无定代　　　　4. 缩小　转移

5. 范围副　连　句末语气　人称代

二、简答题

1. 第一种是古今意义基本未变。例如，小、山、水、田、天、马、羊、日、月、火。第二种是古今意义完全不同。例如，绸，古代是缠绕的意思，现在指绸缎、丝绸类的东西；该，古代的常用意义是完备，而在现代汉语中是副词，具有应该、应当的意思。第三种是古今意义之间既有联系又有发展；既有某些相同之处，又有各种不同之处。例如，城，由城墙变化为城市的含义；国，由国都的城墙变为首都再变为国家的含义。

2. 古今词义在范围上的差异，有3种情况。(1)词义的扩大：词义的扩大是指表示的概念范围有了变化，即由指个别对象演变到指一般对象，由指具体事物演变到指抽象事物，由专指某一事物演变到通指一切事物。例如，响：(古)回声，(今)一般的声音；商：(古)运货贩卖的人，(今)泛指一切做生意的人；关：(古)专指函谷关，(今)通指一切关口、关卡；绪：(古)丝头，(今)指一切抽象事物的开端；理：(古)治玉，(今)一般治理。(2)词义的缩小。例如，禽：(古)飞禽走兽的总称，(今)鸟类；谷：(古)泛指粮食作物，(今)专指小米；辇：(古)挽车，不限于君主所乘的车，(今)专指皇帝乘的车；朕：(古)泛指第一人称，(今)专用于皇帝自称；瓦：(古)泛指用泥土烧制的器皿，(今)指盖房顶用的建筑材料。(3)词义的转移：由甲范围转移到乙范围，它的主要特点是新义产生后，旧义就不存在了。例如，交通：(古)交际、勾结，(今)客货和邮电往来；书记：(古)图书、官府主管文书者，(今)党团各级组织的主要负责人；中心：(古)心里，(今)正中，事情的主要部分；消息：(古)生灭、盛衰，(今)音讯，新闻报道；丈夫：(古)男子汉，(今)成年男子、妻子的爱人。

3. 古今词义感情色彩的差异表现在褒贬与轻重两个方面。(1)词义的褒贬不同，例如，复辟：(古)褒义，(今)贬义；爪牙：(古)褒义，(今)贬义；走狗：(古)褒义，(今)贬义；锻炼：(古)玩弄法律对人进行诬陷，贬义，(今)褒义；谤：(古)中性，(今)贬义。(2)词义的轻重不同，例如，诛：(古)责备，词义轻，(今)杀戮，词义加重；感激：(古)愤激，词义重，(今)感谢，词义轻。

4. 句①中“小”，形容词意动用法，意思是“认为……小”。形容词的意动用法所表达的含义：主语主观上认为宾语具备这个活用的形容词所表示的性质或状态。句②中“刃”，名词用如动词，意思是“杀”；“叱”，名词用如动词，意思是“瞪”。在古代汉语中，名词除了使动用法和意动用法以外，还经常活用为一般的动词，表达与这个名词意义相关的动词含义。句③中“活”，使动用法，意思是“使之活”。动词的使动用法所表达的含义：主语使宾语从事谓语动词所表达的动作。句④中“法”，名词作状语，意思是“按照法律”。在古代汉语中，普通名词可以不用介词的帮助，经常直接放在谓语中心语前面作状语，我们称之为“名词作状语”。句⑤中“弱”，使动用法，意思是“使秦弱”。

5.(1)数词置于动词前。一是一般的方法：将数词直接放在动词之前作状语，表示行为数量。与现代的差别：不用动量词；数词的位置在动词之前。例如“子墨子[九]距之”。二是强调的方法：在表示动作的词语后加“者”，将数词置于句尾作谓语，表示行为数量。例如“鲁仲连辞让者三”。(2)宾语前置：古代汉语中，在一定的语法条件下，宾语可以从谓语中心语的后面移至谓语中心语的前面，这种现象我们称为宾语前置。古代汉语中的宾语前置主要有下面几种。a. 疑问句中疑问代词作宾语。语法条件为：全句是疑问句或者反问句；宾语是疑问代词。如“敢问何谓也?”b. 否定句中代词作宾语。语法条件为：全句必须是否定句；宾语必须是代词。如“邻国未吾[亲]也”。c. 宾语用代词复指。语法条件为：用代词“是”“之”等复指宾语。如“今吴[是]惧而城于郢”。d. 宾语前置的凝固形式，如“[何]如”。e. 无标志的宾语前置，为了强调宾语，直接将宾语移至谓语中心语前，如“将子无怒，秋以为期”。

6. 句①中“以”引入行为动作凭借的工具、材料与依据。如“蛇出于其下，以肱击之”(《左传·奉之战》)，“以羽为巢，而编之以发”(《荀子·劝学》)，“儒以文乱法，侠以武犯禁”(《韩非子·五蠹》)。句②中“以”引入行为动作凭借的资格、身份或地位。如“以人民往观之者三二千人”(《史记·西门豹治邺》)，“骞以郎应募使月氏”(《汉书·张骞传》)。句③中“以”引入行为动作的原因。如“夫韩魏灭亡，而安陵以五十里之地存者，徒以有先生也”(《战国策·魏策四》)，“扶苏以数谏故，上使外将兵”(《史记·陈涉起义》)。句④中“以”引入行为动作的时间。如“文(指田文，即孟尝君)以五月五日生”(《史记·孟尝君列传》)，“以太初三年”。

7. ①斤，砍木头的斧子。字形像斧头的形状。所有与“斤”相关的字都采用“斤”作边旁。②适，前往。字形采用“辵”作为旁，“啻”作声旁。所谓词的本义，就是词的本来意义，但不一定都是原始意义，是与词形相应的能有文献资料证明的词的最古意义。例如，益，本义是水溢出，字形从水从皿。《淮南子》：“腌水暴益。”汉字作为表意文字，字形所反映的意义和词的本义基本一致，所以可以从字形出发研究词的本义。探求本义的步骤如下。第一步：分析字形。利用“六书”理论分析汉字的形体；结合甲骨文、金文、小篆等分析汉字的形体。例如，斤：斫木也，象形；戒：警也，从廾、戈，持戈以戒不虞；刃，刀尖也，象刀有刃之形；适：之也，从元，啻声。第二步：考核文献。查看古代文献中是否有这样的解释；查看古代文献中是否有这样的用法。例如，向，字形分析其本义是朝北的窗子。探求本义要注意的问题：当心字形的讹变，例如，臣；注意字形与意义之间的关系，例如，里。

8. 句①②⑥中“焉”是语气助词；句③④中“焉”是疑问代词，哪里；句⑤中“焉”是疑问代词，怎么。“焉”兼有指示代词、疑问代词与语气词三种词性：“焉”是一个特殊的指示代词，它所指代的范围或方面常与人物或处所有关，如“三人行，必有我师焉”；“焉”有时是疑问代词，相当于现代汉语的“哪里”，一般常用于状语，表示反问，如“且焉置土石？”；“焉”有时是语气助词，经常用于句末，如“可远观而不可亵玩焉”，有时还可用于句中，表示停顿，如“或师焉，或否焉”。

9. 连词“而”的用法主要有 4 种：(1)连接联合结构，连接形容词、动词或形容词性、动词性词组，表示两种性质或行为之间的联系，既可以是顺接，也可以是逆接，如“敏于事而慎于言”；(2)连接偏正结构，即连接状语与谓语动词，是一种顺接。如“学而时习之”；(3)连接主谓结构，即连接主语和谓语，是一种逆接，或是一种假设，如“子产而死，谁其嗣之”；(4)表转折，如“水浅而舟大”。

10. 古汉语中有些词可以按照一定的表达习惯而灵活运用，在句子中临时改变它的词性和基本功能，这种现象就叫作词类活用。以上 5 个句子中都出现了词类活用现象，可以归类如下。句①中“善”，形容词用作一般动词，表示“与……友善，交好”，整句话意思是“楚军的左尹项伯一向与留侯张良交好”。句②中“蹄”，名词用作一般动词，表示“用脚踢”，整句话意思是“驴非常生气，用蹄子踢老虎”。句③中“贵”“贱”是形容词的意动用法，表示“认为……尊贵”“认为……低贱”，整句话意思是“世俗之人认为尊贵的东西，就是君主认为低贱的东西”。句④中“强”“贫”是形容词的使动用法，表示“使……加强”“使……贫穷”，整句话意思是“如果能使农业生产加强，节约费用，那么上天不会使人贫穷”。句⑤中“庭”是名词用作状语，表示处所“在宫廷里”，整句话意思是“范雎来到秦国，秦昭王在宫廷里迎接”。

11. “与”是古代汉语中常用的虚词，原本是动词，后来虚化为介词和连词。作为连词，它一般用来连接并列的名词代词或者名词性词组；作为介词，它与后面的宾语组成介词结构，在句中做状语。以上 5 个句中“与”用法总结如下。句①⑤中的“与”是动词，表示“给予”，是它的本义，整句话意思是“你不把这个计谋给将要获得胜利的人，而给了注定要失败的人”。句⑤中“与”表示“参加，参与”，整句话意思是“蹇叔的儿子参加了军队”。句②④中的“与”是介词。句②中介词“与”的宾语是“之”，指上文的“曹刿”。“与”在句中引进动作行为的另一个实施者，译为“跟、同”，整句话意思是“鲁庄公跟曹刿同乘一辆战车，在长勺和齐军作战”；句④中“与”也是“跟、同”的意思，后面省略宾语，完整为“独守丞与(之)战(于)谯门中”，意思是“只有守丞在谯门中同起义军作战”。句③中的“与”是连词。这里用来连接两个并列的名词“梃”“刀”，译为“和”，整句话意思是“杀人用棍还是用刀，有什么区别吗？”

第三章 特殊句式

【学习提要】

1. 判断句定义

判断句以名词或名词性的词组为谓语，表示判断。

2. 判断句的主要类型

(1)“主+谓”，如“兵，凶器”。(2)“主+谓+也”，如“此王业也”。(3)“主+者+谓”，如“兵者，凶器”。(4)“主+者+谓+也”，如“陈胜者，阳城人也”。

3. 判断句的表达功能

(1)在逻辑上构成判断关系：a. 表示类属关系，如“陈胜者，阳城人也”；b. 表示等同关系，如“梁父即楚将项燕”。(2)判断句的活用：a. 表比喻，如“君者，舟也；庶人者，水也”；b. 表条件，如“父战，勇气也”；c. 表因果，如“良庖岁更刀，割也”。

4. 被动句定义

被动句指古代汉语叙述句的主语也可以是谓语动词所表示的行为的被动者，即主语是谓语动词所表示的行为动作的受事者、承受者，而不是发出者、施事者。

5. 被动句类型

(1)无标志被动句(也称作“意念被动句”)语义上表示被动关系。

（2）有标志被动句：

有标志被动句类型	特点	例句
“于”字句 及物动词+于+施事者	“于”和主动者出现在动词之后；不能没有主动者	楚怀王内惑于郑袖，外欺于张仪
“为”字句 为+施事+及物动词 为+施事+所+及物动词	“为”和主动者出现在动词之前；可以没有主动者；可以构成“为……所”表被动	父母宗族，皆为戮没。楚遂削弱，为秦所欺
“见”字句 见+及物动词 见+及物动词+于+施事者	“见”出现在动词之前；不能用“见”直接引出行为主动者	秦城恐不可得，徒见欺。以四百里之地见信于天下
“被”字句 被+施事者+及物动词	“被”出现在动词之前；能引出主动者	臣被尚书召问

6. 宾语前置

古代汉语的宾语在某些特定的语法条件下要置于动词之前。

7. 宾语前置的种类

（1）疑问句中疑问代词作宾语前置。（谁、何、奚、安）
语法条件：句子必须是疑问句；疑问代词在句中充当宾语。

宾语前置条件	例句
疑问代词充当动词宾语 （动词前有助动词）	彼且奚适也； 臣实不才，又谁敢怨
疑问代词充当介词宾语 （常见介词“以、为、与”）	先生何以幸教寡人
凝固形式：何如、如何、奈何、若何、如……何、奈……何	乡人皆好之，何如；先生助之奈何；如太行王屋何

（2）否定句中，指示代词或人称代词作宾语前置。
a. 否定句，有否定副词“不、未、毋（无）”等或无定代词“莫”。
b. 指示代词或人称代词在句中充当宾语。

(3)常用复指宾语的代词有“之”和“是”。另外有两种情况：a.“惟(唯)+宾语+是(之)+动词”，“惟(唯)”是表示强调或肯定的语气词，例如，唯利是图；b.“此(是)之谓……”，固定格式，表示“说的就是这个”。

8. 古代汉语的行为数量表示法

现代汉语表示法：“动词+数词+动量词”，如“看两遍”“踢三脚”。

古代汉语表示法：一般只用单个数词表示动作行为的量，数词可以处在两种语法位置上。

(1)数词在动词前作状语表示行为数量，如“三战三北”。

(2)在动词性成分后加上代词“者”，后面再加上数词，让数词作谓语，表示动作行为的量，如“范增数目项王，举所佩玉玦以示之者三”。

【强化训练】

一、简答题

1. 总结下面5个句子共同反映的古汉语语法现象及规律。

①张骞，汉中人也。

②兵者，不祥之器。

③荀卿，赵人。

④陈胜者，阳城人也。

⑤夫战，勇气也。

2. 总结下列句中现象和规律。

①蔓草犹不可除。

②臣被尚书召问。

③秦城恐不可得，徒见欺。

④以四百里之地见信于天下。

⑤父母宗族，皆为戮没。

3. 总结古代汉语中的语序规律。

①敢问何谓也?

②臣实不才，又谁敢怨?

③先生何以幸教寡人。

④今吴是惧而城于郢。

⑤邻国未吾亲也。

⑥非汝之为美，美人之贻。

二、给下列古文标点并解释画横线的词

1. 田单乃收城中得千余牛为绛缯衣画以五彩龙文束兵刃于其角而灌脂束苇于尾烧其端凿城数十穴夜纵牛壮士五千人随其后牛尾热怒而奔燕军燕军夜大惊牛尾炬火光明炫耀燕军视之皆龙文所触尽死伤五千人因衔枚击之而城中鼓噪从之老弱皆击铜器为声声动天地燕军大骇败走齐人遂夷杀其将骑劫燕军扰乱奔走齐人追亡逐北所过城邑皆畔燕而归田单兵日益多乘胜燕日败亡卒至河上而齐七十余城皆复为齐乃迎襄王于莒入临菑而听政襄王封田单号曰安平君

2. 伍子胥橐载而出昭关夜行而昼伏至于蔆水无以饵其口坐行蒲伏乞食于吴市卒兴吴国阖庐为霸使臣得进谋如伍子胥加之以幽囚终身不复见是臣说之行也臣何忧乎箕子接舆漆身而为厉被发而为狂无益于殷楚使臣得同行于箕子接舆漆身可以补所贤之主是臣之大荣也臣又何耻乎

3. 忌数与齐诸公子驰逐重射孙子见其马足不甚相远马有上中下辈于是孙子谓田忌曰君弟重射臣能令君胜田忌信然之与王及诸公子逐射千金及临质孙子曰今以君之下驷与彼上驷取君上驷与彼中驷取君中驷与彼下驷既驰三辈毕而田忌一不胜而再胜卒得王千金于是忌进孙子于威王威王问兵法遂以为师

【强化训练参考答案】

一、简答题

1. 以上5个句子都是判断句。古汉语的判断句不用判断词“是”，而是将判断句的主语与谓语直接联系在一起，靠判断句主语与谓语的语义关系进行判断。有时在主语后加代词“者”，复指主语，引出谓语，在谓语后加语气词“也”，表达判断语气，帮助判断。判断句的规律如下。(1)无“者”“也”句。这是古汉语判断句的最基本形式，句中既不出现“者”，也不出现“也”，仅靠主语与谓语的语义关系进行判断，如“荀卿，赵人”。(2)有“者”句。即在判断句主语的后面加代词“者”，复指主语，引出谓语，如“兵者，不祥之器”。(3)有“也”句。即在判断句谓语的后面加语气词“也”，帮助进行判断。这种判断句在文言文中十分常见，如“张骞，汉中人也”。(4)有“者”“也”句。即在判断

句主语的后面加代词“者”，复指主语，引出谓语，在判断句谓语的后面加语气词“也”，帮助进行判断。这是古汉语判断句的最完美形式，如“陈胜者，阳城人也”。(5)“夫战，勇气也”，是以动词作主语，该判断句在字面上主语和谓语不能直接构成判断，这是内容压缩了的判断句。

2. 上述例句表现的是古代汉语中的被动形式。所谓被动，即主语是谓语动词所表示的行为动作的受事者、承受者，而不是发出者、施事者。古代汉语中常见被动句式如下。(1)“于”字句。这是先秦时常用的被动句式。其构成：在谓语中心语的后面加“于”，“于”字后跟主动者。“于”的作用：“于”是介词，本身并不能表示被动，它的作用是引入行为动作的主动者，由于它引入了主动者，全句的被动含义更加明显了，如“以四百里之地见信于天下”。(2)“为”字句：在谓语中心语的前面加“为”，有时在“为”后再加主动者，后又可在动词之前再加“所”。“为”的作用：“为”本身可以表示被动，也可作介词引入行为动作的主动者，如“父亲宗族，皆为戮没”。(3)“见”字句。古代汉语中另一种常见的被动句式是“见”字句。“见”的作用：“见”是副词，本身表达“被”的意思，即直接表示被动，如“秦城恐不可得，徒见欺”。(4)“被”字句：在谓语中心语的前面加“被”，后来在“被”之后可以出现主动者。“被”的作用：“被”本身可以表示被动，后来也可作介词引入行为动作的主动者，如“臣被尚书召问”。(5)无标志被动句：靠上下文语义判断，如“蔓草犹不可除”。

3. 以上例句反映的是宾语前置的语序规律。宾语前置是指古代汉语中，在一定的语法条件下，宾语可以从谓语中心语的后面移至谓语中心语的前面。古代汉语中的宾语前置主要有下面几种。(1)疑问代词作宾语。语法条件：全句是疑问句或者反问句；宾语是疑问代词。如“敢问何谓也？”如果动词前有助动词，宾语一般要前置于助词之前，如“臣实不才，又谁敢怨？”疑问代词作介词的宾语时，也要前置。如“先生何以幸教寡人？”(2)否定句中代词作宾语。语法条件：全句必须是否定句；宾语必须是代词。如“邻国未吾亲也”。(3)宾语用代词复指。语法条件：用代词“是”“之”等复指宾语。如“今吴是惧而城于郢”。(4)无标志的宾语前置。有时候可以直接将宾语移至谓语中心语之前，以强调宾语。如“非汝之为美，美人之贻”。

二、给下列古文标点并解释画横线的词

1. 田单乃收城中得千余牛，为绛缯衣，画以五彩龙文，束兵刃于其角，而灌脂束苇于尾，烧其端。凿城数十穴，夜纵牛，壮士五千人随其后。牛尾热，怒而奔燕军，燕军夜大惊。牛尾炬火，光明炫耀，燕军视之皆龙文，所触尽死伤。五千人因衔枚击之，而城中鼓噪从之，老弱皆击铜器为声，声动天地。燕军大骇，败走。齐人遂夷杀其将骑劫。燕军扰乱奔走，齐人追亡逐北，所过城邑皆畔燕而归。

田单兵日益多，乘胜，燕日败亡，卒至河上。而齐七十余城皆复为齐。乃迎襄王于

莒，入临菑而听政。襄王封田单，号曰安平君。

绛：深红色。　　亡：逃跑。

畔：通“叛”，背叛。　　日：每日。

卒：撤退。

2. 伍子胥橐载而出昭关，夜行而昼伏，至于蔆水，无以饵其口，坐行蒲伏，乞食于吴市，卒兴吴国，阖庐为霸。使臣得进谋如伍子胥，加之以幽囚，终身不复见，是臣说之行也，臣何忧乎？箕子、接舆，漆身而为厉，被发而为狂，无益于殷、楚。使臣得同行于箕子、接舆，漆身可以补所贤之主，是臣之大荣也，臣又何耻乎？

橐：背，扛。　　饵：吃。

兴：使振兴。　　使：假如。

是：这。

3. 忌数与齐诸公子驰逐重射。孙子见其马足不甚相远，马有上、中、下辈，于是孙子谓田忌曰：“君弟重射，臣能令君胜。”田忌信然之，与王及诸公子逐射千金。及临质，孙子曰：“今以君之下驷与彼上驷，取君上驷与彼中驷，取君中驷与彼下驷。”既驰三辈毕，而田忌一不胜而再胜，卒得王千金。于是忌进孙子于威王。威王问兵法，遂以为师。

重射：下大赌注。　　辈：等级。

弟：只管。　　临质：临场比赛。

再胜：赢了两次。

中外文化及跨文化交际基础知识

第一章
简论及地理历史概况

【学习提要】

1. 文化的定义、文化的层次和特点。

2. 地理常识：四大高原、四大平原、长江和黄河。

3. 七大古都、中国文明、中国历代疆域。

4. 中国文化源头：直立人、仰韶文化、龙山文化。

5. 三皇：伏羲、神农、黄帝。五帝：少昊、颛顼、帝喾、尧、舜。

6. 春秋五霸：齐桓公、秦穆公、晋文公、吴王阖闾、越王勾践。战国七雄：齐、楚、燕、韩、赵、魏、秦。五胡十六国。

7. 近代中国的丧权辱国条约和主要内容。

【强化训练】

1. 汉代《说苑·指武》："凡武之兴，为不服也；文化不改，然后加诛。"这里的"文化"指与国家的________相对立的一个概念，即国家的文教治理手段。

2. 西方的"文化"一词，来源于拉丁文 Culture，意思是耕种、居住、练习、注意等。法文的 Culture 也是________之意，但又引申为人的性情的陶冶和品德的培养。

3. 1871 年，英国文化学家________在《原始文化》一书中给"文化"下的定义是：包括知识、信仰、艺术、道德、法律、习俗和任何人作为一名社会成员而获得的习惯在内的复杂整体。

4. 文化的核心是________。一般把文化分为四个层次：________________。

5. 中国文化的外在特点有________、________、________、________。

6. 中国文化的内在特点有________的"哲学特性说"、________的"宗教特性说"、________的"美学特性说"、________的"伦理特性说"。

7. ________为传统文化的主导成分。

8. 我国"四大高原"是________、________、________、________；"四大盆地"是________、________、________、________；"四大平原"指________、________、________、________。

9. 黄河是中国的第二大河，全长________公里，发源地在________，河流从这里开始，将冰雪的融水和雨水汇入两个高原湖泊：________和________，然后流于________之上，是世界上有名的地上河。

10. ________是我国最长的河流，发源于________主峰各拉丹东山西南侧。

11. 我国最大的淡水湖是________。世界上最大的淡水湖是________。

12. 在长江流域发现的新旧时代的文化遗址数量仅次于黄河流域地区，长江下游以________为中心，长江中游则以________为中心。长江中下游地区是以________作为代表的农业文化。

13. 中国有________个省，________个少数民族自治区，________个直辖市，________个特别行政区。________香港回归，________澳门回归。

14. 中国的"七大古都"：________、________、________、________、________、________、________。

15. 秦汉到隋代，大体实行________。汉袭秦制，但郡国并存。汉武帝为进一步加强中央集权，于元封五年将全国的郡国分为________（也称"十三州"），是中国行政区划史上设________的开端。

16. 1965 年 5 月在________发现________，距今 170 万年，是在我国境内最早活动的"直立人"。________已经懂得人工取火。

17. 广泛分布在黄河流域的________是________氏族文化。以________的________最为著名，出土的陶器多为彩陶，又被称为________。而山东省济南市章丘区龙山街道的龙山文化出土的陶器制作精美，黝黑而光亮，称为黑陶，________又被称为________。

18. 历代王朝所崇祀的三皇五帝是：三皇为________、________、________；五帝是________、________、________、________、________。

19. "皇"的本义是________，"帝"的本义是________，儒家以________为"三才"以三帝相配，以________为五行，故以五帝相配。

20. 历史上的"三王"指________、________、________。

21. 中国历史上的第一个王朝是________，其建立者是禹的儿子________，共传十七君，其最后一个君主是桀。

22. “春秋五霸”一般指____________________。

23. 以________三家分晋为起点，中国历史进入战国时代，许多诸侯国都被大国吞并，形成________七国，称为“战国七雄”。

24. 三国时曹丕建魏，都________；孙权建吴，都________；刘备建蜀，都________。中国历史进入了三国分立时期。

25. “五胡”指________等少数民族；“十六国”则指他们建立的前赵、后赵、前凉、后凉、南凉、北凉、西凉、夏、前燕、后燕、南燕、北燕、西秦、成汉、前秦、后秦等。

26. 铁木真建立元朝，取《易经》________之义，定都大都。

27. 明末抗清将领________领兵于 1662 年收复了台湾。

28. 《________》割让香港，开放广州、福州、厦门、宁波、上海等五个通商口岸。

29. 1860 年，清政府被迫与英法两国签订了《________》，除割让九龙给英国外，又增加赔款。1895 年清政府与日本签订《________》，割让台湾、澎湖列岛及辽东半岛等。

30. 1851 年，________在广西的金田村发动了规模浩大的农民起义，颁布了《________》，谋求实现“有田同耕，有饭同食，有衣同穿，有钱同使，无处不均匀，无人不饱暖”的理想社会。

二、判断题

1. 文化不是先天所有，而是后天习得的。
2. 黄河是我国第二条长河，发源于青海省唐古拉主峰各拉丹冬的西南侧。
3. 青藏高原被称为地球之巅，长江、黄河都发源于此。
4. 我国的母亲河是长江。
5. 海南岛是中国最大的岛。
6. 七大古都有五个位于黄河流域。
7. 香港特别行政区分为香港岛、九龙、新界三部分。
8. 上海西部地区在战国时为楚国春申君黄歇的封地，因此，上海又别称“申”。
9. 中国人口最多的少数民族是壮族。
10. 四川峨眉山—乐山风景名胜区是世界文化与自然双重遗产。
11. 九嶷山三峰相连：舜源峰、娥皇峰、女英峰。
12. 1945 年 8 月 14 日上午，日本仁裕天皇向全国广播了接受《波茨坦公告》、实行无条件投降的诏书，15 日，日本政府正式宣布投降。
13. 元朝把全国分为四等人：蒙古人、色目人、汉人、南人。

14. 大陆和台湾之间的政治联系至少从唐代就开始了。

15. 明清两代统治者对少数民族地区实行“改土归流”的政策，即改变当地的面貌以便于中央政府的管理。

16. 明朝之后，东北境内的女真族逐渐强大起来，努尔哈赤即位后改国号为“清”。

17. “老马识途”中管仲辅佐的是春秋五霸中的秦穆公。

18. 历史上周武王伐纣的一场著名的战争是涿鹿之战。

19. 公元1403年，明成祖朱元璋迁都，改称北京。

20. 到汉代，牛耕才逐渐推广。

21. 伏羲，是中国人的始祖，人首蛇身，与他的妹妹女娲结成夫妇，发明了八卦。

22. 神农在中国古代神话里是太阳神，牛头人身，还亲尝百草，发明医药。著名的神农架林区，据说就是神农采集草药的地方，故名“神农架”。

23. 在尧的时代已经出现了国家的雏形，出现了礼乐。

24.《史记》所载历史，就从夏开始，尧是我们的“人文始祖”。

25. 曹操，三国时期人，字孟德，小名阿瞒，中国古代杰出的政治家、军事家。

三、单项选择题

1. 讲到“文化”，人们常常引用“圣人观乎天文，以察时变；观乎人文，以化成天下”，此语出自(　　)。

   A.《论语》　　B.《周易》　　C.《荀子》　　D.《礼记》

2. 根据现有历史资料，东亚地区的人类文化(特别是文明)最早源于中国大陆，由大陆向周边地区、岛屿扩展，发端于中原的(　　)率先建立起自己的文明形态，并最终演变为东亚地区的主导性文化。

   A. 华夏文化　　B. 百越文化　　C. 塞北文化　　D. 南方文化

3. 中国古代父系社会最具有代表性的文化是(　　)。

   A. 屈家岭文化　　B. 仰韶文化　　C. 大汶口文化　　D. 河姆渡文化

4. 西藏在(　　)时被正式划入中国版图。

   A. 唐朝　　B. 宋朝　　C. 元朝　　D. 清朝

5. 秦始皇统一天下后，实行“郡县制”，将中国分为(　　)个郡县。

   A. 36　　B. 13　　C. 12　　D. 9

6. (　　)王朝的统一第一次奠定了中国版图的基础。

   A. 秦　　B. 南宋　　C. 唐　　D. 汉

7. (　　)是中国封建社会第一次大规模的农民起义。

   A. 大泽乡起义　　B. 绿林赤眉起义　　C. 黄巾起义　　D. 黄巢起义

8. 下列选项(　　)不属于五岳。

   A. 泰山　　B. 华山　　C. 衡山　　D. 黄山

9. 阿诗玛是(　　)的。

A. 白族　　B. 苗族　　C. 彝族　　D. 傣族

10. “风水”属于我国(　　)。

A. 山川地理学　　B. 堪舆地理学　　C. 风景地理学　　D. 以上三者都有

11. 唐朝最强盛的时期是在(　　)。

A. 唐太宗贞观时期　　B. 武则天时期

C. 唐玄宗天宝时期　　D. 唐太宗开元时期

12. 被著名历史学家范文澜评价为“近代中国睁眼看世界的第一人”的是(　　)。

A. 林则徐　　B. 梁启超　　C. 李鸿章　　D. 龚自珍

13. 历史上著名的“胡服骑射”改革是由(　　)推行的。

A. 赵惠文王　　B. 赵武灵王　　C. 赵孝成王　　D. 赵悼襄王

14. 标志辛亥革命爆发的起义是(　　)。

A. 武昌起义　　B. 南昌起义　　C. 秋收起义　　D. 百色起义

15.《马可波罗行记》中描写道：“外国巨价异物及百物之输入此城者，世界诸城无能与比。”“此城”是指(　　)。

A. 唐都长安　　B. 明朝北京　　C. 元朝大都　　D. 北宋东京

16. 推动日本侵华战争的日本天皇是(　　)。

A. 明治天皇睦仁　　B. 昭和天皇裕仁　　C. 平成天皇明仁　　D. 仁孝天皇文政

17. 公元960年，(　　)发动“陈桥兵变”，黄袍加身，夺取后周政权，改国号为宋。

A. 赵匡胤　　B. 赵匡义　　C. 赵光义　　D. 赵帧

18. 1900年6月，俄、日、英、法、德等八国组成“八国联军”，侵占北京。下列选项中，不属于“八国联军”的是(　　)。

A. 美国　　B. 意大利　　C. 奥地利　　D. 西班牙

19. “黄巾军起义”发生在(　　)时期。

A. 秦朝　　B. 东汉　　C. 西汉　　D. 南北朝

20. 古代皇帝(　　)的陵寝墓碑是无字碑。。

A. 秦始皇　　B. 隋炀帝　　C. 武则天　　D. 宋徽宗

【强化训练参考答案】

一、填空题

1. 军事手段　　2. 栽培、种植　　3. 泰勒

4. 人　物态文化层、制度文化层、行为文化层、心态文化层

5. 统一性　连续性　包容性　多样性

6. 冯友兰　任继愈　李泽厚　梁漱溟　　7. 儒学

8. 青藏高原　内蒙古高原　黄土高原　云贵高原　塔里木盆地　准噶尔盆地　柴达木盆地　四川盆地　东北平原　华北平原　长江中下游平原　珠江三角洲平原

9. 5464　巴颜喀拉山　扎陵湖　鄂陵湖　青藏高原

10. 长江　唐古拉山　　11. 鄱阳湖　苏必利尔湖

12. 太湖平原　江汉平原　水田农业文化

13. 23　5　4　2　1997 年 7 月 1 日　1999 年 12 月 20 日

14. 西安　南京　北京　洛阳　开封　杭州　安阳

15. 郡县制　十三刺史部　州　　16. 云南省　元谋猿人　北京猿人

17. 仰韶文化　母系　陕西省　半坡遗址　彩陶文化　龙山文化　黑陶文化

18. 伏羲　神农　黄帝　少昊　颛顼　帝喾　尧　舜

19. 大　王的称号　天地人　金木水火土　20. 禹　商汤王　周武王

21. 夏　启　　22. 齐桓公、秦穆公、晋文公、吴王阖闾、越王勾践

23. 韩、赵、魏　齐、楚、燕、韩、赵、魏、秦

24. 洛阳　建业　成都　　25. 匈奴、鲜卑、羯、氐、羌

26. 大哉乾元　　27. 郑成功

28. 南京条约　　29. 天津条约　马关条约

30. 洪秀全　天朝田亩制度

二、判断题

1-5：√××××　6-10：√√√√√　11-15：√×√×√

16-20：××××√　21-25：√√√××

三、单项选择题

1-5：BACCA　6-10：AADCB　11-15：DABAC

16-20：BAABC

第二章

汉字、姓氏与名、字、号

【学习提要】

1. 文字的发展史：甲骨文—金文—篆书—隶书—楷书—行书。

2. 许慎的《说文解字》和“六书”。

3. 姓代表母系血统，氏代表氏族分支；姓区别血统，氏区别子孙。男子称氏以别贵贱，女子称姓以别婚姻。

4. 古代文人士大夫的字号。

【强化训练】

一、填空题

1. ________的产生标志着社会文明有了划时代的进步，标志着人的思想、感情、意志可以累积为精神财富。

2. 我国现存最早的文字是________和________。

3. 甲骨文之后是________，又叫________，是商周时代刻在青铜器上的文字，其中以________金文为多。到了战国末年，字体逐渐接近小篆。

4. 汉字的演变史____________________。

5. ________是刻在十块骨形石上的文字，也就是我国现存最早的石刻文字。

6. 人们对汉字的研究，早在先秦时代就开始了，当时的研究成果有________，已失传。秦代有李斯的________，赵高的________，胡毋敬的________等。到汉代，将秦代的三书合一，仍称________，此外，又有史游的________，这些著作主要是给儿童识字用的，因而统称为________。

7. 许慎的《说文解字》一书，系统分析了汉字的六种结构，学术上称为________。“六书”一词最早见于《________》，但并未指出“六书”是什么，后世文字学家采用许慎的名称，________的次序。

8. “________者，画成其物，随体诘诎，日、月是也。________者，视而可识，察而见意，上、下是也。________者，比类合谊，以见指撝，武、信是也。________者，以事为名，取譬相成，江、河是也。________者，建类一首，同意相受，考、老是也。________者，本无其字，依声托事，令、长是也。”

9. 汉字结构体现了如下精神：________、________、________。

10. 统一母族分为若干支族迁往不同的地方居住和生活，每个支族都要有一个区别于其他支族的称号，这个称号就是________。________代表母系血统，________代表氏族分支；________区别血统，________区别子孙。男子称________以别贵贱，女子称________以别婚姻。

11. 姓与氏混合为一，大约在________时期。

12. 汉魏以来，盛行________，姓氏有了高低贵贱之分。东汉时，除皇帝“刘”姓为第一大姓外，还有所谓 ________，即外戚樊、郭、阴、马四姓。东晋时，原中原地区的一些豪门家族随晋元帝司马睿到了江南，称为当地的________，这主要有王、谢、袁、萧等；而当地还有朱、张、顾、陆等高门，称为________。

13. “彭城流芳”姓________，“颍川流芳”姓________，“太原流芳”姓________。这些牌匾都表示郡望所在。

14. ________的一位读书人编过一本《百家姓》，内收当时常见的单姓 408 个，复姓 76 个。

15.《左传》：“名有五：有信、有义、有象、有假、有类。”即以出生时的情况命名为“________”，以道德品行命名为“________”，以某一物的形象命名为“________”，借用某一物体的名称为“________”，取婴儿与其父相同之处命名为“________”。此外还规定不以国名、官名、山川、隐疾、畜牲、器帛等六种事物命名。

16. 杜甫号________；南宋史学家郑樵号________；元代冯子振号________；明末朱耷号________；李白号________；黄庭坚号________；祝允明号________；唐寅号________；郑燮号________。

二、判断题

1. 中国的姓氏大约产生于父系氏族社会时期。
2. 金文又称“钟鼎文”，是商周时期刻在青铜器上的文字。
3. 隶书是秦始皇统一六国后所采用的标准文字。
4. 象形、假借、会意、形声是古代汉语的四种造字法。
5. 汉字是记录汉语的书写符号系统，属于表意体系的文字。
6. 现行汉字的结构有两级：一是独体字，二是合体字。

三、单项选择题

1. 历史上第一次由中央政府领导的正字运动是秦代的(　　)。
   A.《说文解字》　B.“书同文”　C.“文字神赐”　D.“圣人造字”
2. 古代发现的石鼓文自属于(　　)体文字。
   A. 大篆　B. 小篆　C. 隶书　D. 楷书
3. 中国人民币上共有 5 种文字，汉字以外的其他 4 种分别为(　　)等少数民族文字。
   A. 蒙、满、回、藏　B. 蒙、藏、维、彝
   C. 蒙、藏、维、回　D. 蒙、维、藏、壮
4.《论语》中记载，孔子晚年喜欢读《易》，因为经常翻阅，以致“韦编三绝”，这表明当时书籍的主要形式是(　　)。
   A. 甲骨　B. 帛书　C. 简册　D. 纸卷
5. 图画文字产生后开始出现(　　)，它的产生标志着人类文明时代的开端。
   A. 楔形文字　B. 象形文字　C. 腓尼基字母　D. 拼音字母
6. 预言“21 世纪将是汉字发挥威力的时代”的是(　　)先生。
   A. 钱玄同　B. 袁晓园　C. 吕叔湘　D. 安子介

【强化训练参考答案】

一、填空题

1. 文字
2. 甲骨文　金文
3. 金文　钟鼎文　周代
4. 甲骨文—金文—篆书—隶书—楷书—行书

5. 石鼓文

6.《史籀文》《仓颉篇》《爰历篇》《博学篇》《仓颉篇》《急救篇》 小学

7. “六书” 《周礼》 班固

8. 象形 指事 会意 形声 转注 假借

9. 写实主义精神 人本主义精神 原始社会条件和精神生活的反映

10. 氏 姓 氏 姓 氏 氏 姓

11. 秦代

12. 门阀制度 四姓 侨姓 吴姓

13. 刘 陈 王

14. 宋代

15. 信 义 象 假 类

16. 少陵野老 溪西逸民 怪怪道人 八大山人 青莲居士 山谷道人 枝山六如居士 板桥

二、判断题

1-6：×√×√√√

三、单项选择题

1-6：BADCBD

第三章
学术、宗教、古代教育及科举制度

【学习提要】

1. 儒家、道家等学术思想流派和孔子、孟子等学术思想大家的名、字、学术主张和学术经典。

2. 宋明理学大家的世代称号、学术思想和学术作品。

3. 天地山川崇拜与祖先祭祀。

4. 五岳四渎四海。

5. 中国的佛教宗派：三论宗、三阶宗、天台宗、华严宗、法相宗、密宗、禅宗。

6. 佛教在11世纪中叶形成四大宗派的萨迦派。

7. 反佛的思想家：范缜(南北朝)、狄仁杰(唐)、韩愈(中唐)。

8. 中国历史上发生了四次大的灭佛事件，叫“三武一宗之厄”，即北魏太武帝拓跋焘、北周武帝宇文邕、唐武宗李炎、周世宗柴荣。

9.. 佛教四大名山以及道场、佛教四大名窟、中国第一大佛和佛经版本。

10. 五斗米教、全真道、伊斯兰教和基督教。

11. 官学的发展历程。

12. 北宋和南宋的四大书院。

13. 古代家庭教育的典故和经典启蒙教材。

14. 汉代的察举制和魏晋南北朝的九品中正制。

15. 隋朝、唐朝、宋朝、元朝的科举制及其考试前三名的称呼。

16. 明清时期的县试、府试、乡试、会试、殿试。

【强化训练】

一、填空题

1. 孔子名________，字________，春秋时期________人，中心思想是________，后世有人贬称其为“孔老二”。他的一些见解和谈话由弟子们记录和整理成________。

2. 孟子名________，字________，邹国人。他的思想集中表现在________一书中。孟子思想的核心是主张________和________。孟子从孔子“仁者爱人”的思想出发，提出了________的观念，即主张国家要养民。

3. ________，名况，字卿，________人，曾任齐________的祭酒。其思想反映在________一书中，他强调性本恶。

4. 汉代的________，以儒家思想为核心，杂糅阴阳五行、道、法诸家学说，将天事与人事相比附，建立起一个以________为中心的唯心主义思想体系，成为封建统治秩序的理论支柱。东汉________著《论衡》85 篇予以批驳。

5. 老子，姓李名________，字________，是________国人，著《道德经》。老子强调________、________。

6. 庄子名________，是________人。他的思想核心是自然无为，他在________、________等名篇中，表达了他超然物外的哲学思想。

7. 在战国时代与儒学并称两大“显学”的是________，其创始人墨子。墨家讲兼爱、非攻，在形式逻辑和自然科学方法方面也有突出成就，后期墨家提出了________、________、________为思维的三种基本形式，甚至还提出了推理的四种形式。

8. 法家代表人物________，与李斯同为荀子的学生，因李斯忌其才，被害，著《韩非子》。________主要讲“法”，________主要讲“术”，________主要讲“势”。

9. ________著《道德论》《论语集解》，________著《周易注》《老子注》，二人都主张“贵无”，认为天地万物以无为本，强调“返本归真，一任自然”。

10. 北宋“理学四大家”是________、________、________、________。

11. ________世称安定先生；________世称泰山先生；________世称横渠先生；________世称濂溪先生；________世称明道先生；________世称伊川先生；________世称紫阳先生；________世称白沙先生；________世称阳明先生；________世称甘泉先生。

12. 张载以“气”来解释各种食物的生灭变化，称他治学的目的是“为天地立心，为生民立命，为往圣继绝学，为万世开太平”，具有强烈的经世致用精神。因他居于关中，其学说被称为________。周敦颐著________，其学说被称为“濂学”。二程的学说被称为“洛学”。

13. ________是理学的集大成者，以“理”和“气”来解释宇宙和人生。他的学说和“二程”一脉相承，故合称________。

14. 训诂考据之学被称为________，简称________，也称________。

15. ________，世称亭林先生，清代儒林第一人，以考古求真为宗旨。他的著作________、________是几十年读书治学的结晶，被认为“无一字无来历”。

16. ________著________是第一部研究中国哲学断代史的著作，________为考古论今之作，突出表达了他的进步思想。

17. ________（船山先生），后人集其著作为________，他总结和发展了中国的古代唯物论和辩证思想，达到了中国古典哲学的高峰。

18. ________（习斋先生），一生只写了四篇文章《存学》《存治》《存性》《存人》，称为“四存之学”。

19. 在中国古代信仰中，天神称为“皇天上帝”，地神称为“后土”，合称________。“皇”是________意思，“后”是________的意思。中国古代祭祀天地的礼仪以________最为隆重。

20. 史书记载的第一个封禅的帝王是________，第二个是________。中国历史上最后一个封禅的皇帝是________。

21. 秦始皇封禅时遇雨而于泰山封________。汉武帝因首次封禅而改元，称为________。唐高宗曾三往封禅，耗资无数。武则天即位后改封嵩山，禅少室山，是年改年号为________，改阳城县为登封县，以驻跸地为告成镇。

22. 由于天阳地阴的缘故，后土神被塑造为女人像。历史上首次将祭祀后土列为大典的是________。

23. 春秋战国以后，由于五行学说渗入宗教信仰，天地的数目变多了，名称也混乱了，认为天神中最尊贵的是________，它有五个辅助神分别管理天的一方，分别为东方青帝（木），西方白帝（金），南方赤帝（火），北方黑帝（水），中央黄帝（土）。

24. 郊祭是在京城的郊外举行祭祀天地的仪式，史书上也称为________。据________载，周代已规定在冬至到南郊祭________，夏至到北郊祭________。

25. 北京现存的天坛、地坛、日坛、月坛等，都是________两代为祭祀________而建设的。

26. 四渎为________、________、________、________，是古代中国境内直接流入大海的四条大河。

27. 四海是________、________、________、________，古人认为中国居四海之

内，故又称________，而把国外称为________。

28. 周代规定，祭祖祖庙，天子________庙，诸侯________庙，大夫________庙，士只有________庙。

29. 一般认为，佛教是由释迦牟尼于公元前 6 世纪到前 5 世纪在古印度境内创立的，因此在我国又叫________，管和尚又叫________。

30. 三论宗：以研习________、________、________而得名。

31. 日本僧人________就学于慧果，回国后创立了真言宗。

32. 禅宗六祖是达摩、慧可、僧璨、道信、弘忍、慧能。六祖________主张“顿悟”，为南禅；神秀主张“渐悟”，为北禅。后来北禅衰落，南禅成为禅宗主流，并分成________，流传很广。

33. ________又称为“花教”，________又称为“黄教”。

34. ________和________是黄教两大活佛转世系统的称号。

35. 从基本理论和主张看，佛教有________和________之分。小乘佛教是指初始的、传统的教派，后来流行于东南亚各国，称为________。大乘佛教后来流传于中国、朝鲜和日本等，称为________。

36. 反佛的思想家：________（南北朝）、________（唐）、________（中唐）。

37. 中国历史上发生了四次大的灭佛事件，叫________，即北魏太武帝拓跋焘、北周武帝宇文邕、唐武宗李炎、周世宗柴荣。

38. 佛教四大名山：________、________、________、________，分别是四大菩萨________、________、________、________的道场。

39. 佛教四大禅林（“天下四大名刹”）指山东省济南市长清区________、浙江省天台县________、湖北省当阳市________和南京市________。

40. 四大石窟：________、________、________、________。

41. 中国第一大佛为________。

42. 现存最早、最完整的佛经版本是金代在山西解州雕印的________。

43. 东汉时________创五斗米教，又称________，其孙张鲁在汉中建立了政教合一的区域性政治达 30 多年。张角、张宝、张梁奉________为经典，创立________，尊崇黄帝和________，发动黄巾起义。

44. 道教一般把位于陕西省周至县的________当作最早的也就是第一座道观。天师道历代天师道场是上清宫。全真道第一丛林是北京的________。

45. 全真道创于金代，其创始人为________，号“重阳子”，本为金熙宗时的武举，因郁郁不得志，遁入空门。

46. 伊斯兰教创始人为________。伊斯兰教的教义集中在该教信奉的________里。

47. 基督教于公元 1054 年分裂为两派：以罗马教皇为首的________，即________；

以东罗马帝国首都君士坦丁为中心的________，即________。所依据的经典是________和________。

48. 中国历史上正式设立的第一所大学是始于________，以________为教官。________是________于光和元年(公元178年)设立的一所专科性质的学校，在校主要学习________，类似今天的文化艺术学院。

49. 汉代的地方官学也有一个发展过程，汉武帝时只有________，晋武帝时另设________，北齐时改国子学为________，隋炀帝时又改为________。

50. 宋初四大书院有：________、________、________、________。

51. 南宋四大书院指________主持的________，________主持的________，________主持的________，________主持的________。

52. 古代的家庭教育最著名的例子是________。从文献记载看，我国古代的家庭教育最早应当始于________。________以后，家训更为流行，最有代表性的著作是________的________。

53. 封建集权时代，统治阶级需要大批为它效命的人才，所以到汉代，便扩大了选拔的范围。其基本办法有两种：一是________，二是________。

54. ________继承、发展和完善了隋代开始的科举制。因其基本做法是设立科目，以考试举士，故称“科举”。唐代的考试方式主要分作两类：一是________，二是________。

55. “常科”就是每年举行的考试，设立的科目不下几十种。考试时间在每年春以进士科为例，规定经策全通为甲第，是朝廷特选人才的一种办法。参加常科考试的考生大体有两种：一种是中央及地方学校的学生，称为________；另一种是不在学校的读书人，可以向所在的州、县官府报考，经州、县考试合格后到京城参加考试，这些人称为________。

56. 考试合格被录取称为及第、擢第、登第、登科，考不上就叫________。进士及第就叫________，第一名叫________或________；新科进士互称同年，他们都是主考官的门生。

57. 及第以前，他们的身份都是平民，称为________或________；及第以后，就算有了出身，具备了做官的资格。下一步还要经过吏部的选试，才能授予官职。

58. 新进士都要到杏园去举行宴会，由两名年少英俊的进士去采集名花点缀盛宴，称为________，宴会则称为________。

59. 到宋太宗时，把殿试录取的进士按三等发榜，称为三甲：第一甲由皇帝赐以________名义，第二甲赐以________名义，第三甲赐以________名义，三甲都可直接授官，有的还能很快得到高官。殿试以后，皇帝于琼林苑赐宴，称为________。

60. 北宋时，殿试第一名称________，第二、三名称________，第一、二、三名都可以称________。

61. 南宋以后，专业第一名为________，第二名为________，第三名为________，其后历代成为定制。

62. 元代也实行科举考试，而且已经实行三级考试，即________、________、________。考题都出自朱熹的________。

63. 明清院试实际上要经过三次考试，即县试、府试、院试，合称________。参加考试的人，不论年龄大小，一律称为________，这三次考试及格以后，就叫生员，也叫“诸生”“庠生”，俗称________。

64. 县试及格称为________，第一名叫________。府试第一名称为________。院试及格就取得了秀才资格，被送入县学或府学学习，称为________，第一名就叫________。入学之后，就要换穿蓝袍，俗称________。

65. 明清乡试是一省范围内的考试，参加者必须是秀才，考生及格就称为________。乡试________年举行一次，时间在秋八月，故又称________，地点在各省城(包括京师)的贡院，贡院的外墙很高，上植荆棘，故又称________。发榜时正值桂花开放，因而叫作________。

66. 明清________是全国范围内的考试，也是每________年举行一次。发榜时正值杏花开放，故称________。会试取中后，通称________，第一名叫________。

67. 会试之后接着举行殿试，发榜时采用金榜，因而考中进士又叫________。殿试分三甲录取：第一甲取三名，一甲第一名为________，第二名为________，第三名为________。接见时，御旨宣布名次，同时宣布一甲赐________，二甲赐________，三甲赐________。如果一个人在乡试、会试、殿试中都考取第一名，就叫________。

68. 朝廷为了延揽人才，常在皇帝即位或其他国家大典时特别增加一次考试，这叫________。

二、判断题

1. “儒”最早是奴隶主贵族中管教道德教化、音乐礼仪的官员，后来这些人流落到民间，有的为诸侯执掌礼仪，称为小人儒；有的替人办理丧礼，称为君子儒。

2. 概括起来说，孔子的思想就是一个“仁”字。

3. 儒是中国文化史上的第一学说，佛是中国文化史上的第二学说。

4. 妇女节烈是孔子的观点。

5. 所谓“和而不同”就是不同质的事物和谐地融合在一起。

6. 汉代思想家王充提出了“罢黜百家，独尊儒术”。

7. 三纲是“君为臣纲，父为子纲，夫为妻纲”；五常是“温、良、恭、俭、让。”

8. 董仲舒把五行灾异说和天命观结合起来，提倡天人感应说。

9. “道生一，一生二，二生三，三生万物”出自《道德经》。

10. 在保护自然方面，中国古代有一重要观点值得注意，那就是孟子提出的“不违天时”观念。

11. 古代指那些可为万世师表的人为圣人，传统上圣人指孔子和老子两人。

12. 中国人崇尚多神信仰，对天地的崇拜尤其突出。

13. 唐代最后一个封禅的帝王是唐玄宗，由中书令张说主持封禅礼仪，管妻父称“泰山”或“岳父”据传即由此次封禅引发的小故事而来。

14. 祀后土是封建国家专门祭祀天神的仪式。

15. 妈祖信仰在海峡两岸，尤其是台湾，极其盛行。妈祖，也称“天妃”“天后”“天后娘娘”，是宋代初年的一位女性林默娘。

16. “大肚能容，容天下难容之事，开口常笑，笑天下可笑之人”描写的是观音菩萨。

17. 宗教是一种文化现象，是文化的重要组成部分。

18. 武当山是佛教旅游胜地。

19. 塔的用途最初是用来收藏佛经的，后来才用来收藏佛骨舍利。

20. 佛教从印度传入我国后，很多佛教词汇也成为汉语中的常用词，如“大千世界”等。

21. 唐代僧人慧能被尊为禅宗六祖，《坛经》是他主持翻译的一部佛教经典。

22. 佛教是在西汉初年已经广为流传于社会之中。

23. 明清时期的最高学府是太学。

24. 书院是我国古代的一种教育形式，其管理制度和教学方式与国子监、太学等没有很大的区别。

25. 汉代办有官学和私学两种形式，太学属于官学，郡国学属于私学。

26. 教育书院兴起于唐代。

27. 明清时代，经过三次考试，即县试、府试、乡试及格后，就叫生员，俗称“秀才”。

28. 科举制是为了巩固王权。

29. 科举制是中国历史上延续时间最长的制度之一。

30. 古人有“三十老明经，五十少进士”的说法，这表明在古代科举中人们更看重进士科。

31. 明清时，科举殿试地点在北京故宫的保和殿。

三、单项选择题

1. 修身、齐家、治国、平天下是(　　)提出来的。

A. 孟子　B. 孔子　C. 荀子　D. 墨子

2. “天行有常，不为尧存，不为桀亡”是(　　)的观点。

A. 荀子　B. 老子　C. 庄子　D. 墨子

3. “民为贵，社稷次之，君为轻”是(　　)的主张。

A. 孔子　B. 墨子　C. 荀子　D. 孟子

4. 下列主张中，属于墨子的是(　　)。

A. 知雄守雌　B. 先法后王　C. 兼爱非攻　D. 行王道施仁政

5. “君者，舟也；庶人者，水也。水则载舟，水则覆舟”是(　　)说的。

A. 孟子　B. 孔子　C. 荀子　D. 墨子

6. 中国土生土长的宗教是(　　)。

A. 佛教　B. 道教　C. 伊斯兰教　D. 天主教

7. “菩提本无树，明镜亦非台。本来无一物，何处惹尘埃”出自禅宗(　　)。

A. 达摩　B. 弘忍　C. 神秀　D. 慧能

8. 道教的创始人是(　　)。

A. 张道陵　B. 葛洪　C. 王重阳　D. 陶弘景

9. “不立文字，直指人心”是佛教(　　)的特点。

A. 禅宗　B. 天台宗　C. 密宗　D. 律宗

10. 东汉道教产生两个流派，太平道和(　　)。

A. 全真道　B. 正一道　C. 五斗米道　D. 天师道

11. 佛教传入的时间是(　　)。

A. 两汉之间　B. 魏晋南北朝时期　C. 隋朝　D. 唐朝

12. 道教史上，曾被成吉思汗接见，并被封为“长春真人”的著名道士是(　　)。

A. 丘处机　B. 张天师　C. 葛洪　D. 孙思邈

13. 以下不属于中国本土三大崇拜和信仰的是(　　)。

A. 天地山川崇拜　B. 祖先崇拜　C. 君师圣贤崇拜　D. 上帝崇拜

14. 民间流传的八仙传说取材于(　　)故事。

A. 佛教　B. 道教　C. 儒教　D. 黄教

15. 中国最大的清真寺位于新疆(　　)。

A. 乌鲁木齐　B. 克拉玛依　C. 喀什　D. 和田

16. 下面国家(　　)的居民以信仰伊斯兰教为主。

A. 新加坡　B. 泰国　C. 菲律宾　D. 印度尼西亚

17. 达赖和班禅都属于藏传佛教的(　　)。

A. 格鲁派　B. 宁玛派　C. 噶举派　D. 噶当派

18. 书院制度自唐朝开始，有官方和私人设置的两类，下列各书院属于官方创办的是(　　)。

A. 岳麓书院　　B. 嵩阳书院　　C. 集贤书院　　D. 白鹿洞书院

19. 从(　　)朝起，国子监开始成为中央教育行政机构，它本身又是最高学府。

A. 隋　　B. 唐　　C. 汉　　D. 宋

20. 我国最早的一部家庭教育专著是(　　)的《颜氏家训》。

A. 颜之推　　B. 颜渊　　C. 颜真卿　　D. 颜师古

21. 明代顾宪成、高攀龙以(　　)为活动中心，对当时以魏忠贤为代表的宦官集团进行了猛烈抨击。

A. 岳麓书院　　B. 白鹿洞书院　　C. 东林书院　　D. 石鼓书院

22. 国子监相当于今天的"教育部"而非最高学府是在(　　)统治时期。

A. 隋文帝　　B. 隋炀帝　　C. 唐太宗　　D. 唐玄宗

23. 西方认为："(中国)这一制度提供了这样一种保障，即政府将以个人的才能为基础，而非欧洲那样——为世袭权力所支配，该制度不失为一种民主和平等的制度。"该制度指的是(　　)。

A. 分封制　　B. 郡县制　　C. 察举制　　D. 科举制

24. 明清两代科举的正式考试分为院试、乡试、会试，会试之后，经过朝考才能分配官职。《儒林外史》中的"范进中举"就是对范进参加(　　)的描写。

A. 院试　　B. 乡试　　C. 会试　　D. 朝考

25. 中国历史上最后一次科举考试举行于(　　)年。

A. 1898　　B. 1904　　C. 1911　　D. 1919

26. 到了(　　)后期，出现了"上品无寒门，下品无士族"的现象，选士制度沦为门阀制度的组织保证。

A. 东汉　　B. 西汉　　C. 唐代　　D. 清代

【强化训练参考答案】

一、填空题

1. 丘　仲尼　鲁国　仁　《论语》　　2. 轲　子舆　《孟子》　性善　良知　仁政

3. 荀子　赵国　稷下学宫　《荀子》　　4. 董仲舒　天人感应　王充

5. 耳　聃　楚国　道法自然　无为而治　　6. 周　宋国　《逍遥游》《齐物论》

7. 墨家　名　辞　说　　8. 韩非　商鞅　申不害　慎到

9. 何宴　王弼
10. 周敦颐　张载　程颐　程颢
11. 胡瑗　孙复　张载　周敦颐　程颢　程颐　朱熹　陈献章　王守仁　湛若水
12. 关学　《太极图说》
13. 朱熹　程朱理学
14. 质朴之学　朴学　考据学
15. 顾炎武　《日知录》《天下郡国利病书》
16. 黄宗羲　《明儒学案》《明夷待访录》
17. 王夫之　《船山遗书》
18. 颜元
19. 皇天后土　大　厚　封禅
20. 秦始皇　汉武帝刘彻　宋真宗
21. 五大夫松　元封元年　万岁登封
22. 汉文帝刘恒
23. 太一
24. 郊　《礼记》　天　地
25. 明清　天地山川
26. (东)淮河　(南)长江　(西)黄河　(北)济水
27. 东海　南海　西海(青海湖)　北海(渤海)　海内　海外
28. 七　五　三　一
29. 释教　释子
30. 《中论》《百论》《十二门论》
31. 空海
32. 慧能　七宗
33. 萨迦派　格鲁派
34. 达赖　班禅
35. 小乘佛教　大乘佛教　南传佛教　北传佛教
36. 范缜　狄仁杰　韩愈
37. 三武一宗之厄
38. 山西五台山　四川峨眉山　安徽九华山　浙江普陀山　文殊　普贤　地藏　观音
39. 灵岩寺　国清寺　玉泉寺　栖霞寺
40. 云冈石窟　莫高窟　龙门石窟　麦积山石窟
41. 乐山大佛
42. 《大藏经》
43. 张陵　天师道　《太平经》　太平道　老子
44. 楼观台　白云观
45. 王重阳
46. 穆罕默德　《古兰经》
47. 罗马公教　天主教　希腊正教　东正教　《旧约全书》《新约全书》
48. 汉武帝时　“五经博士”　“鸿郡门学”　汉灵帝　辞赋书画
49. 郡国学　国子学　国子寺　国子监
50. 石鼓书院　岳麓书院　睢阳书院　白鹿洞书院(或嵩阳书院)
51. 张栻　岳麓书院　朱熹　白鹿洞书院　吕祖谦　丽泽书院　陆九渊　象山书院
52. 孟母三迁　西周　明清　朱柏庐　《治家格言》
53. 尊贤　选士
54. 唐代　常科　制科
55. 生徒　乡贡
56. 落第　进士第　状元　状头

57. 白衣　布衣

58. 探花使　探花宴

59. 及第　出身　同出身　琼林宴

60. 榜首　榜眼　状元

61. 状元　榜眼　探花

62. 乡试　会试　殿试　《四书章句集注》

63. 童生试　童生　秀才

64. 出案　县案首　府案首　进学　院案首　蓝衫

65. 举人　三　秋闱　刺闱　桂榜

66. 会试　三　杏榜　贡士　会元

67. 金榜题名　状元　榜眼　探花　进士及第　进士出身　同进士出身　连中三元

68. 恩科

二、判断题

1-5：×√××√

6-10：×√√√√

11-15：××√×√

16-20：×√××√

21-25：×××××

26-31：××√√√×

三、单项选择题

1-5：BADCC

6-10：BDAAC

11-15：AADBC

16-20：DACBA

21-26：CCDBBA

第四章

典籍、科技、传统建筑与古典文学艺术

【学习提要】

1. 我国现存最早的纸写本书籍是晋人写的《三国志》残卷。

2. “四书五经”的具体作品。

3. 熹平石经、正始石经、开成石经、乾隆石经。

4. “三礼”和“三传”。

5. 编年体、纪传体、纪事本末体相关的文学家和作品。

6. 其他类型的书：“三通”、《吴越春秋》、《洛阳伽蓝记》、《贞观纪要》、《列女传》。

7. 类书：《北堂书钞》《太平御览》《册府元龟》《永乐大典》。

8. 辞书：《说文解字》《尔雅》《广韵》《康熙字典》《佩文韵府》。

9. 方志：“一统志”和“通志”。

10. 明清两代著名的藏书楼有：浙江省宁波市的天一阁，现楼阁保存完好，是现存最古老的藏书楼；江苏省常熟市的汲古阁；浙江省湖州市的皕宋楼；山东省聊城市的海源阁。

11.《四库全书》。

12. 在承德避暑山庄仿天一阁式样建文津阁，接着在北京紫禁城内建文渊阁，在圆明园内建文源阁，在沈阳旧宫建文溯阁，合称“内廷四阁”或“北四阁”。另外，考虑到江浙文化发达，特在扬州建文汇阁，在镇江建文宗阁，在杭州建文澜阁，合称“宫外三阁”或“南三阁”。

13. 目录学：刘向《别录》，刘歆《七略》。

14. 张衡的浑天仪、候风地动仪和郭守敬的圭表。

15. 天干地支和《淮南子》的二十四节气。

16. 农学：《管子·地员》《尚书·禹贡》和北宋贾思勰《齐民要术》。

17. 算学：《周髀算经》、《九章算术》、圆周率、贾宪三角、正负开方术。

18. 医学：四诊八纲、《黄帝内经》、扁鹊、淳于意、张仲景、华佗、王叔和、葛洪、巢元方、孙思邈、李时珍、“三大针灸著作”。

19. 地理学：郦道元《水经注》、《徐霞客游记》。

20. 四大发明：蔡伦、毕昇。

21. 年代最早、规模最大、保存最好的古代都城遗址是西亳；我国历史上最大的古城是隋大兴城。

22. 汉三宫、唐三宫、“外朝”三大殿、“内廷”后三宫。

21. 古代桥梁：桥的种类、最早吊桥的建造者、灞桥、赵州桥、卢沟桥、宝带桥、五里桥。

22. 中国园林：园林种类、圆明园三园、北京三海、苏州四大名园、广东四大名园、“三台”、江南三大名楼。

23. 大型水利工程：都江堰(李冰)、郑国渠(郑国)、灵渠(史禄)、大运河。

24. 《诗经》：风雅颂、赋比兴。

25. 屈原和楚辞、乐府诗、建安七子、田园诗派和山水诗派、永明体、初唐四杰、新乐府运动和元和体、豪放派和婉约派、江西诗派和西昆体。

26. 诗仙、诗史、诗圣、温李、小李杜。

27. 散文：(1)《尚书》、贾谊《过秦论》、司马迁《史记》、班固《汉书》、曹丕《与吴质书》、阮籍《大人先生传》、嵇康《与山巨源绝交书》、李密《陈情表》；(2)骈体文：以韩愈、柳宗元为首的“古文运动”；(3)欧阳修发起第二次“古文运动”；(4)清代散文：龚自珍《病梅馆记》、梁启超《少年中国说》、康有为《强学会序》、章炳麟《邹容传》。

28. 辞赋：(1)贾谊《吊屈原赋》、淮南小山《招隐士》、枚乘《七发》；(2)司马相如《子虚赋》《上林赋》、班固《两都赋》、张衡《两京赋》；(3)曹植《洛神赋》、王粲《登楼赋》、左思《三都赋》、杜牧《阿房宫赋》、欧阳修《秋声赋》。

29. 元曲四大家：关汉卿、马致远、白朴、郑光祖。

30. 王实甫的《西厢记》被称为“天下夺魁”。

31. 纪君祥《赵氏孤儿》、马致远《汉宫秋》、白朴《梧桐雨》《墙头马上》、郑光祖《倩女幽魂》。

32. 四大传奇：《荆钗记》《白兔记》《拜月亭记》《杀狗记》。

33. 玉茗堂四梦：《紫箫记》《还魂记》《南柯记》《邯郸记》。

34. 南洪北孔：洪昇《长生殿》、孔尚任《桃花扇》。

35. 四大奇书：《金瓶梅》《西游记》《三国演义》《水浒传》。

36. 冯梦龙和凌濛初的“三言二拍”。

37. 刘义庆《世说新语》、干宝《搜神记》、蒲松龄《聊斋志异》、吴敬梓《儒林外史》、曹雪芹《红楼梦》、李汝珍《镜花缘》、吴趼人《二十年目睹之怪现状》、刘鹗《老残游记》、曾朴《孽海花》。

38. 著名书法家：王羲之（书圣）、张旭（张癫）。

39. 唐代四大书法家：虞世南、欧阳询、褚遂良、薛稷。

40. 北宋四大书法家：苏轼、黄庭坚、米芾、蔡襄。

41. 楷书四大家：赵孟頫、颜真卿、欧阳询、柳公权。

42. 晚明四大书法家：董其昌、米万钟、邢侗、张瑞图。

43. 著名画家：毛延寿、顾恺之、张僧繇、陆探微、吴道子、张择端。

44. 南宋四大画家：李唐、刘松年、马远、夏圭。

45. 元代四大画家：倪瓒、黄公望、王蒙、吴镇。

46. 吴派四大画家：文徵明、沈周、仇英、唐寅。

47. 在秦汉俳优的基础上，到唐代出现了参军戏，到宋代进一步发展为杂剧，后来南方杂剧演变成南戏，北方杂剧演变成元杂剧，明代中叶以后，南戏发展成传奇。

48. 主要剧种有：昆腔、弋阳腔、青阳腔、高腔。

49. 四大徽班、四大名旦、四小名旦。

50. 曲子词、变文、诸宫调、“五声”。

【强化训练】

一、填空题

1. 我国的纸写本书籍在________时已经出现了。

2. 所谓“五经”，始于汉代。汉武帝设立太学，置五经博士教授弟子，开始有五经的说法。五经包括________、________、________、________、________。“四书”的说法比较晚。南宋朱熹自注________、________、________、________，合称《四书章句集注》，作为儒学的入门读物，这才开始有“四书”之称。

3. 东汉熹平四年（公元 175 年），由蔡邕等人用隶书写《尚书》《仪礼》《论语》等七经，刻成 46 块石碑，立于洛阳南郊（今属河南省偃师市）的太学前，称为________或

________。到三国魏正始二年(公元241年)又刻《尚书》《春秋》等约27块石碑，立于洛阳南郊太学前，因经文用古文、小篆和汉隶三种字体写成，又叫________或________。________现存于西安碑林，是我国保存最早的石经；________是我国现存规模最大的石经刻书。

4. 三礼：________、________、________；三传：________、________、________。

5. 编年体：以________(鲁国史)为起始，以司马光的________为代表，是按历史编年分述历史事件。

6. 纪传体：________的________是这一类史书的开端，此后成为我国记载正史的主要体裁。

7. 西汉司马迁的《史记》，________的《汉书》，南朝宋________的《后汉书》，晋代________的《三国志》，唐代房玄龄等人的《晋书》，南朝________的《宋书》，南朝________的《南齐书》，唐代姚思廉的《梁书》《陈书》，北朝魏收的《魏书》，唐代李百药的《北齐书》，唐代令狐德棻的《周书》，唐代李延寿的《南史》《北史》，唐代魏徵的《隋书》，五代刘昫等人的《旧唐书》，宋代欧阳修等人的《新唐书》，宋代薛居正的《旧五代史》，宋代欧阳修的《新五代史》，元代脱脱等人的《宋史》《辽史》《金史》，明代宋濂等人的《元史》，清代张廷玉等人的《明史》，合称为通常所说的“二十四史”。

8. ________、________、________合称为“三通”。

9. 东汉________的《吴越春秋》，北魏________的《洛阳伽蓝记》，唐代________的《贞观纪要》，________的《列女传》。

10. 现存最早的类书是隋代末年虞世南编的________。唐代初年，________主编的《艺文类聚》是唐代的第一部类书。

11. 宋代著名的两大类书，一是________，二是________。

12. 明代规模最大的类书就是举世闻名的________，明成祖命解缙、姚广孝等人主持编撰，由________赐名《永乐大典》。

13. 东汉________编撰的《说文解字》，不但是我国最早的字典，恐怕也是世界上最早的字典，建立了中国的“文字学”。

14. ________是一本训诂性质的辞书，不但是我国最早的训诂学专著，而且是后世字典的雏形。

15. ________，宋代陈彭年、邱雍等编撰，是我国现存最早的韵书。

16. ________是康熙皇帝命________等人编撰的，是当时世界上收字最多的字典。

17. ________是查阅诗文典故的一部辞书，康熙皇帝命张玉书等人编成，因此用康熙皇帝在畅春园的书斋“佩文斋”命名。

18. 所谓________就是以行政区划为记述内容的历史书，“志”即“记”的意思。地方志的种类很多，全国性的叫________，如《大元一统志》《大明一统志》《大清一统志》等；一省的地方志叫________，郡、州、府、县的地方志则分别叫郡志、州志、府志、县志。

19. 现存最早的一部地方志是东晋常璩著的________。

20. ________是我国历史上第一部规模巨大的全国一统志。

21. 明清两代著名的藏书楼有：浙江宁波的________，现楼阁保存完好，是现存最古老的藏书楼。江苏省常熟市的________，浙江省湖州市的________，山东省聊城市的________。

22. 乾隆三十八年，诏令搜集天下珍贵典籍，编纂规模巨大的________。

23. 在承德避暑山庄仿天一阁式样建________，接着在北京紫禁城内建________，在圆明园内建________，在沈阳旧宫建________，合称“内廷四阁”或“北四阁”。另外，考虑到江浙文化发达，特在扬州建文汇阁，在镇江建文宗阁，在杭州建文澜阁，合称“宫外三阁”或“南三阁”。

24. 西汉时，刘向奉汉成帝的命令整理和校阅皇家图书，称为________，这就是我国最早的“目录学”专著。

25. 刘向的儿子________继承父业，在《别录》的基础上写成________，习惯上还是把它叫作“七分法”，这是我国最早的图书分类法。

26. 汉代天文学家张衡领导天文学研究十余年，写成天文学专著________、________，提出了“宇之表无极，宙之端无限”的科学见解，并创制了________和________。元代的天文学家________创建了观测日影的“圭表”。

27. 在中国古代天文学知识中比较重要的是人们常说的“七曜”和“二十八宿”，因为它们与我们的关系比较密切。所谓“七曜”，指日、月和________、________、________、________、________五大行星。

28. 古人纪月的方法，一般以序数为纪，但岁首的月份为正月，依次为二月、三月等。从春秋时起，以十二支纪月，称为________。

29. 天干(10)：____________________；地支(12)：____________________。

30. 从史料来看，中国最早出现的是“二分”与“二至”，即春分、秋分，冬至、夏至，后又出现了立春、立夏、立秋、立冬等节气。到西汉初年的________，则出现了全部的二十四节气。

31.《管子·地员》可以看作我国最早的土壤分类学文献；《尚书·禹贡》则记载了依据土壤肥沃程度划分土地等级的方法。北魏时的贾思勰所著的________成为中国历史上最重要的农学著作之一。

32. ________记载周代的商高提出了直角三角形的“勾三股四弦五”的关系，即所谓“勾股弦定理”。________记载了当时世界上最先进的四则运算和比例算法，书中运用了开平方、开立方及在此基础上求解一元二次方程、联立一次方程的方法。

33. ________在《九章算术注》中第一次提出了“极限思想”，并创造性地运用割圆术，计算出圆周率的精确值为3.1416。南北朝时的大数学家________进一步把圆周率精确到3.1415926至3.1415927之间，这在当时的世界上是最先进的。

34. 数学家________著《数书九章》，他被美国科学史家称为“所有时代最伟大的科学家之一”，他的“大衍求一术”被世界同行公认为“中国剩余定理”。

35. “四诊”即________、________、________、________；八纲即________、________、________、________、________、________、________、________。

36. 成书于春秋战国时期的________，全面奠定了中医理论的基础。

37. ________在中国医学史上首创病历。

38. ________和________一直是中国药王庙里供奉的鼻祖。

39. ________著________（即今________和________两部分）。他总结和创制的200余种处方，贯彻了“理、法、方、药”一致的原则，他被后人尊为“医圣”。

40. ________的贡献是首创中医外科，他发明的一种名叫________的中药，具有全身麻醉的作用。

41. 汉末成书的________，收载药物达360余种，大大推动了后世中药学的发展。

42. 晋代王叔和编写了________一书，详细描述了脉象所反映的各种病症；由晋代________编撰的《肘后备急方》，搜集了大量治疗有效的处方；隋代________等人编写的《病源候论》，专门描述病情，分析病理，对诸多病症确定了病名；唐代名医________则耗毕生精力从事治疗和著述，他先后编成的《千金要方》和《千金翼方》，载方6000余条，涉及中医百科，被称为中医百科式的巨著。

43. 唐朝政府组织人员在南北朝医学家陶弘景补充的基础上，将《神农本草经》扩编为________，并颁布天下，这就是我国第一部国家药典，也是世界上最早的国家药典。

44. 明代医学的伟大成就是李时珍著________。

45. 明代________著《针灸大成》，________著《针灸大全》，________著《针灸聚英》，称为明代“三大针灸巨著”。

46. 北魏________著《水经注》。

47. 中国地学史上的一位旷世奇人，明代末年的徐霞客，名弘祖，字振之，霞客是他的号。其一生的34年“旅泊岩栖，忍饥耐寒”，著________。

48. 蔡伦的伟大，在于他用树皮、麻头、破布等多种植物纤维造纸，并且大大提高了纸的质量，史称________。

49. 蔡伦之后，东汉末年又有一位造纸的能手，他的名字叫________，字子邑，因他所造的纸质量很高，备受世人称赞，所以南北朝时，萧子良在写给王僧虔的信中，称“子邑之纸，妍妙辉光”。

50. 早在________时期，人们利用天然磁石的特性制成了最初的“司南”。

51. 活字印刷的平民发明家________。他以其丰富的实践经验，经过不断的摸索，终于在宋庆历年间制成了胶泥活字，实行排版印刷，完成了印刷史上的一次伟大革命。

52. 近年在河南省偃师市发现的商代早期都城遗址，是迄今发现的年代最早、规模最大、保存最好的古代都城遗址。据研究，它可能是商汤建国后的第一个都城________。

53. 我国历史上最大的古城是________（后名唐长安城）。隋大兴城建于开皇二年，总设计师是________。唐朝建立后，沿袭旧制，改名“长安”。

54. 明清的________，是封建社会后期全国最大的城市。它是在忽必烈所建元“大都城”的基础上改建而成的。

55. 汉三宫：________、________、________。唐三宫：________、________、________。“外朝”（________、________、________）三大殿为朝会施政的场所；内廷后三宫（________、________、________）为帝后居所。

56. 据文献记载，最早修建长城的是南方的________。楚国为了防御齐国的进攻，已在齐楚边界修建了一道城墙，那时不叫长城，而叫________。

57. 我国最早的吊桥是建造都江堰的________建造的。

58. 我国桥梁的四种主要形式：________、________、________、________。

59. 历史上记载的较早的历史名桥首先是西安市东郊的________，建于春秋秦穆公时期。

60. 第二座历史名桥就是河北省赵县的________，本名“安济桥”，由隋代石匠李春建造，是全世界最早的敞肩拱桥。

61. 第三座历史名桥是北京的________，它是经________介绍到西方的第一座中国石拱桥，被称为“世界上最好的、独一无二的桥”。

62. 此外，江苏省苏州市的________，始建于唐元和十四年，是我国古代最长的石拱桥，全长317米，有53个桥洞。

63. 福建省晋江市的安子桥，建于南宋绍兴八年，长达2000余米，折合5华里，故俗称________，是我国现存最长的古桥。

64. 中国园林可分为四类：________、________、________和________。

65. 现存较大的寺庙园林是山西省太原市的________，最早是纪念晋国创始人________的祠庙，到北魏时已形成一定的园林规模。

66. 历史上闻名中外的皇家园林是________，包括圆明园、长春园、万春园，有“万园之园”“人间天堂”等美称。

67. 现存完好的三大皇家园林是________（中海、南海、北海）、________、________。

68. 南方私宅园林以________为最多，被称为“园林之城”。其中以________、________、________、________、________最负盛名，合称“苏州四大名园”。

69. 东莞________、番禺________、顺德________和佛山________合称清代“广东四大名园”。

70. 在西蜀建有________（后人称为“子云亭”），刘禹锡在《陋室铭》中所说的“西蜀子云亭”即此，为纪念________而建。

71. 现存亭子最多的地方是________，位于十七孔桥东头的________是全国最大的一座。

72. 秦汉以后，因朝廷的许多办公机构多建于台上，于是把台作为国家行政机构的名称，如“三台”，指汉代的________、________、________，唐代指________、________、________。

73. 江南三大名楼：________、________、________。

74. ________是封建官吏施政的场所，它的功能是政治性的；________是文人和商人活动的场所，它的功能是经济和文化性的。

75. 明代北京王府只剩下一个名字——________，前海西街的________是北京现存最完整的清代王府。

76. 秦始皇统一中国前后修建的三大水利工程：一是蜀郡太守________主持兴建的________，现在四川省成都平原的都江堰市；二是由韩国水工郑国修建的________，在现在陕西省泾阳县境内；三是由秦将________开凿的“灵渠”，在现在广西壮族自治区兴安县。

77. 大型水利工程就是贯通中国南北的________，它由________于大业元年开始修建，是世界上开凿最早、规模最大、里程最长的内陆运河。

78. ________是我国最早的一部诗歌总集。《诗经》中的作品本来都是合乐的歌词，因此按乐调分为三部分：________指地方乐调，即各地的民乐；________指周王朝直接统治地区的乐调；________则是用于宗庙祭祀的音乐。《诗经》的艺术表现手法一般分为三种：________是以客观事物来比喻诗人的思想感情；________是用声音、意义等类比关系引发诗歌内容；________则是直接铺陈和描写客观事物。

79. ________是继《诗经》之后出现的一种新诗体。

80. 屈原的《离骚》为楚辞的代表，故也称这种诗体为________。

81. 宋代________编辑的________收录了从汉代到隋唐的全部乐府作品。

82. ________完整地描写了一个爱情悲剧，塑造了栩栩如生的人物形象，是我国古代的长篇叙事诗之最。

83. 东汉末年出现了文人创作的五言诗，其中如________的《咏史诗》、________的《同声歌》和无名氏的《古诗十九首》。

84. 建安时期，以曹操、曹植父子和“建安七子”为代表的建安文人把五言诗推上一个高峰，形成一代诗风，即文学史上所称的________。其中尤以________的成就最高。他的《白马篇》《七步诗》《赠白马王彪》等格调高古，词情兼胜，征服了众多的古今读者。

85. 建安七子：________、________、________、________、________、________、________。

86. ________的《白马篇》《箜篌引》，________的《悲愤诗》《胡笳十八拍》，________的《咏怀诗》，________的《幽愤诗》，________的《咏史诗》，或以古喻今，都表现了诗人们困于艰难的英雄气概和情怀。

87. 南朝刘宋时期的诗人________则纵情于会稽、永嘉、庐山等地的山水，开辟了我国诗歌史上的“山水诗派”，其代表作《登池上楼》，抒发了作者对山水风光的非凡感受。

88. 南北朝时期可以说是我国诗歌发展的重大转变时期，其标志就是________的出现，代表人物是沈约、谢朓等。他们依据四声的规律，在诗歌创作中注意声、韵、调的相互配合和词语对偶形式的运用，创造了一种讲究声律和对仗的新诗体，因其活跃在南齐永明年间，故称为________。

89. 初唐四杰：________、________、________、________。

90. ________被奉为“诗仙”，________被誉为“诗圣”，________的诗被誉为“诗史”。

91. ________继承杜甫的现实主义传统，与________倡导“新乐府”运动，主张诗歌反映民生，针砭时弊，创作了许多浅显易懂的社会讽喻诗，尤以《秦中吟》《琵琶行》最著名，因其活跃在元和年间，被称为________，白居易也成为唐代第三大诗人。

92. 小李杜是指：________、________。

93. 晚唐诗人温庭筠主要作词，与李商隐并称________。温庭筠词风艳丽，与韦庄等人的作品被编入________，因而被称为________。

94. 宋初一些诗人模仿________互相酬唱，其作品被编为________，诗作辞藻艳丽而内容空虚，被称为________。

95. ________是我国最早的一部历史文献汇编。

96. 到了中唐，以大散文家________为首，掀起以复古为口号的“古文运动”。该运动所提出的基本口号是________。

97. 宋代________举起第二次“古文运动”的旗帜，并以他的道德文章彪炳当世，成为宋代文坛的领袖。

98. 唐宋八大家：________、________、________、________、________、________、________、________。

99. 汉赋四大家：________、________、________、________。________的《子虚赋》和《上林赋》，________的《羽猎赋》《长杨赋》，________的《两都赋》，________的

《二京赋》，都是汉代大赋的名篇。

100. 元曲四大家：________、________、________、________。

101. ________的________被誉为“天下夺魁”。西厢故事最早源于唐代元稹的传奇小说《莺莺传》，至金代而成董解元的说唱文学《西厢记诸宫调》。

102. 元末明初的重要传奇作品有________的《琵琶记》和被称为“四大传奇”的《荆钗记》、《拜月亭记》、《白兔记》、________。

103. 汤显祖，其生活的年代与英国大戏剧家莎士比亚恰好同时，作品只有五种传世，即________、________、________、________、________，其中________的影响最大。因后四种的剧情都涉及梦境，故被称为“玉茗堂四梦”。

104. 明末清初传奇创作成就比较高的作家是________，以“一（________）人（________）永（________）占（________）”为代表

105. 南洪北孔：________、________。________的《长生殿》，________的《桃花扇》。

106. 魏晋以后出现了所谓“六朝小说”，一类“志人”，主要记载士族阶层的遗闻逸事，其代表作为________的《世说新语》；一类“志怪”，主要记述神话故事和民间传说，多神仙鬼怪，其代表作为________的《搜神记》。

107. 宋元以来由于市民阶层的兴起，产生了与市民艺术趣味密切相关的白话小说________。其内容主要有“小说”和“讲史”两类。

108. 明代“四大奇书”：________、________、________、________。

109. 冯梦龙编纂的“三言”：________、________、________；和凌濛初创作的“二拍”：________、________。

110. 清代盛期，________的《聊斋志异》、________的《儒林外史》和________的《红楼梦》达到古典小说创作的高峰。

111. 书法艺术源远流长，应当说从________就开始了。但是从总体上讲，书法艺术是在________时期才真正形成的。在这个阶段，________定型，草书、行书、楷书也应运而生，终于形成隶书盛行、诸体皆备的辉煌局面。

112. ________这种书体在秦代只是使用，到汉代逐步定型为横扁形的，从起笔到结体都有一定的规格，到东汉，隶书成为官定标准字体。这一书体的变革，文字史上叫作________，这种隶变后通行的隶书，即为________。

113. ________被尊为“书圣”，与________并称“钟王”，与他的儿子________并称“二王”。

114. 唐初的四大书法家是：________、________、________、________。

115. ________被推为唐人楷书第一，与其子________并称“大小欧阳”。

116. ________以草书出名，因其为人及书法如狂如癫，世称________。

117. 宋代四大家________、________、________、________和________的瘦金体。

118. 晚明四大家：________、________、________、________。

119. 楷书四大家：________、________、________、________。

120. 汉代画家给王昭君画像的宫廷画师是________。

121. 东晋时的________是人物画大师，以画绝、才绝、痴绝被称为"三绝"。"画龙点睛"的故事是由________得来的；________所画人物极重笔法，描线如刀刻一般，这三个人合称________。

122. ________被尊为"画圣"，在艺术上的贡献是发展________，创造了"兰叶描"的线型，丰富了线条在中国画中的表现力。

123. 朝廷在宫内设立了翰林图画院，以科学考试吸收画家，形成________。宋徽宗赵佶身为帝王，是院体画的代表人物之一，流传下来的作品有________等。

124. ________时期反映社会生活的风俗画大量出现，举世闻名的________就是由宋代画家张择端创作的。

125. 南宋画院四大家：________、________、________、________。

126. 元代四大家：________、________、________、________。

127. 吴派四大家：________、________、________、________。

128. 秦汉俳优的基础上，唐代出现了________，到宋代进一步发展为________，后来南方杂剧演变成________，北方杂剧演变成________，明代中叶以后，南戏发展成________。

129. 戏曲的剧种主要有：________、________、________、________。

130. 四大徽班：________、________、________、________。

131. 四大名旦：________、________、________、________。

132. 四小名旦：________、________、________、________。

133. 所谓________，就是配词演唱的歌曲；所配的歌词称为________。

134. ________是一种说唱艺术，它起于佛教的讲经宣传，后来发展成为宋元的________。

135. 中国古代五个音阶总称"五声"，为：________、________、________、________、________。

136. 中国古代的乐器共分为________、________、________、________四大类。

二、判断题

1. 唐代留下的《金刚经》是目前世界现存最早有确切日期的印刷品(公元868年印)，比欧洲现存最早印刷的《圣克利斯托菲尔》画像要早600年。

2. 司马迁所著的《史记》是编年体史书的开端。

3. 汉代的“经学”根据研究依据的不同，可以分为“古文学派”和“今文学派”两大学派。

4. 世界上第一架测量地震方位的浑天仪是东汉张衡发明的。

5.《三国演义》为关羽刮骨疗毒的是仓公，至今仍为人们传诵。

6. 辛亥革命前我国采用的历法是农历。

7. 雕版印刷晚于活字印刷。

8. “太初历”产生于汉文帝时期。

9. 经络学说是唯见于中国的传统医学理论，而不见于世界其他国家的古代医学。

10. 著名水利工程都江堰修建于隋唐时期。

11. 秦长城东起山海关，西至嘉峪关。

12. 中国有四大名园，北京和苏州各有两座。

13. 北京阜成门内历代帝王庙是国内仅存的一座帝王庙，明嘉靖九年(公元1530年)仿南京帝王庙建。

14. 贯通中国南北的大运河是元朝时开始修建的。

15. 唐高宗和武则天合葬于定陵。

16. 我国的楹联起源于古代的桃符。

17.《步辇图》是唐朝画家吴道子的作品。

18. 中国古代“琴棋书画”的“棋”是指“象棋”，在古代叫作“弈”。

19. 毛笔“狼毫”的原料取自黄鼠狼。

20. 昆曲是我国现存最古老的剧种。

21. “八大山人”是清代八位著名的画家。

22. 中国画注重“神似”，以写意为主；西洋画注重“形似”，以写生为主。

23. 魏晋时期嵇康善弹，表现聂政刺韩王的故事的琴曲是《广陵散》。

24. 中国戏曲中，“中年以上刚毅正直，动作造型庄重，长发嗓音响亮”的人物属于人物分行中的净行角色。

25. 以“楷书第一”著称的书法家是颜真卿。

26. “卢沟晓月”为西湖八景之一、“断桥残雪”是燕京十景之一。

27. 山东省蓬莱市，传为八仙过海之地。

28. 据传《红楼梦》中所描写的大观园原型为拙政园。

29. 江西诗派主张诗作“无一字无来历”，提倡“点铁成金”“脱胎换骨”。

三、单项选择题

1. 北魏贾思勰所著的(　　)系统总结了黄河流域的农业科学技术知识，是古代重要的农学著作之一。

A.《齐民要术》　B.《农政全书》　C.《天工开物》　D.《农书》

2. 将图书分为经、史、子、集始于隋代，按照这种分类法，历史文学家的作品应该归为(　　)。

A. 经部　B. 史部　C. 子部　D. 集部

3. 在我国古代的图书分类中，儒家之外的兵、法、衣、医、大文等各家著作归入(　　)。

A. 经部　B. 史部　C. 子部　D. 集部

4. 四家诗中为古文经的是(　　)。

A. 毛诗　B. 齐诗　C. 鲁诗　D. 韩诗

5.《论语》在体裁上属于(　　)。

A. 论辩体　B. 语录体　C. 纪事本末体　D. 对话体

6. 钱谦益是著名藏书楼(　　)的主人。

A. 天一阁　B. 汲古阁　C. 绛云楼　D. 皕宋楼

7. 被法国《通用百科全书》誉为"18 世纪中国社会的一面镜子"的是(　　)。

A.《儒林外史》　B.《聊斋志异》　C.《日知录》　D.《红楼梦》

8. 成语"病入膏肓"和"讳疾忌医"都出自(　　)行医的故事。

A. 淳于意　B. 扁鹊　C. 华佗　D. 张仲景

9. 下列四大发明中曾受到朝鲜影响的是(　　)。

A. 指南针　B. 印刷术　C. 火药　D. 造纸术

10. 宋代毕昇发明了活字印刷术，当时他用的是(　　)。

A. 泥活字　B. 锡活字　C. 铅活字　D. 木活字

11. 南北朝时期的数学家祖冲之计算圆周率的精确程度领先欧洲(　　)年。

A. 100　B. 500　C. 800　D. 1000

12. (　　)是我国第一部国家药典，也是世界上最早的国家药典。

A.《神农本草经》　B.《伤寒杂病论》

C.《唐新修本草》　D.《本草纲目》

13. 四大发明之一的(　　)为航海事业带来划时代的发展。

A. 指南针　B. 造纸术　C. 火药　D. 印刷术

14. 我国私家园林多与历史名人有关，下列选项与陆游相关的是(　　)。

A. 苏州拙政园　B. 绍兴沈园　C. 扬州个园　D. 苏州留园

15. 据文献记载，最早修建长城的是春秋战国时期的(　　)。

A. 秦国　B. 楚国　C. 齐国　D. 魏国

16. 中国封建时代的宫殿建筑有着严格的等级规定，其中以殿顶形式及其装饰表现得最为明显，(　　)演变为种最尊贵的形式，只有皇家宫殿和一些特许的建筑物的主殿才能采用。

A. 悬山顶　B. 重檐庑殿顶　C. 卷棚顶　D. 攒尖顶

17. 日本奈良平城京仿造的是中国(　　)的建筑。

A. 唐代洛阳　B. 唐代长安　C. 汉代洛阳　D. 汉代长安

18. 隋炀帝时建成的大运河，北起今天的北京，南至今天的(　　)。

A. 广州　B. 潮州　C. 杭州　D. 苏州

19. 中国于1985年加《世界文化和自然遗产保护公约》，1986年开始申报世界遗产项目，最早被列为《世界遗产名录》的文物古迹是(　　)。

A. 故宫　B. 秦始皇陵　C. 莫高窟　D. 长城

20. 生活在我国云南西双版纳地区的傣族，传统上他们居住的是(　　)民居。

A. 土楼　B. 干栏式

C. 窑洞式　D. 三坊一照壁式

21. 我国古桥最多的城市是(　　)。

A. 扬州　B. 苏州　C. 绍兴　D. 杭州

22. “东南名园之冠”指的是(　　)。

A. 扬州的个园　B. 上海的豫园

C. 苏州的拙政园　D. 无锡的寄畅园

23. 楷书发展的鼎盛时期是(　　)。

A. 西晋　B. 隋唐　C. 汉　D. 宋

24. “瘦金体”出自(　　)皇帝之手。

A. 唐太宗　B. 唐玄宗　C. 宋徽宗　D. 李后主

25. 中国书法史上，有诸多不朽的佳作足以彪炳千秋，其中被称为“天下第一行书”的书法作品是(　　)。

A. 王羲之《兰亭序》　B. 米芾《蜀素帖》

C. 苏轼《寒食诗帖》　D. 颜真卿《祭侄文稿》

26. 中国绘画艺术历史悠久，源远流长。下列画家出生时间最早的是(　　)。

A. 阎立本　B. 文徵明　C. 唐寅　D. 郑板桥

27. 下列(　　)不是民国期间唱京剧的花旦。

A. 程砚秋　B. 梅兰芳　C. 周信芳　D. 尚小云

28. 唐代对绘画有4种评价标准，到宋代(　　)成为对画作的最高评价。

A. 逸品　B. 神品　C. 妙品　D. 能品

29. “吾师醉后依麻床，须臾扫尽数千张；飘风骤雨惊飒飒，落花飞雪何茫茫”，这首诗是对书法家(　　)的夸赞。

A. 欧阳询　B. 张旭　C. 怀素　D. 颜真卿

30. 以下名贵花木，不在“岁寒三友”之中的是（　　）。

A. 菊　　B. 松　　C. 竹　　D. 梅

31. 明代流行的戏曲形式是（　　），它是在南方流行的“南戏”的基础上发展起来的。

A. 传奇　　B. 说唱　　C. 杂剧　　D. 京剧

32. （　　）“十年增删，五易其稿”，创作了中国最伟大的古典长篇小《红楼梦》（又名《石头记》《金玉缘》）。

A. 曹雪芹　　B. 孔尚任　　C. 马致远　　D. 王实甫

33. （　　）的书法“兼撮众法，备成一家”，终于“贵越群品，古今莫二”。

A. 钟繇　　B. 虞世南　　C. 王羲之　　D. 王献之

34. （　　）反映了文成公主与藏王松赞干布联姻的历史事件，画中描绘了唐太宗接见吐蕃使者的情景。

A.《步辇图》　　B.《西域图》

C.《巫山高》　　D.《送子天王图》

【强化训练参考答案】

一、填空题

1. 东汉

2.《周易》《尚书》《诗经》《仪礼》《春秋》《论语》《大学》《中庸》《孟子》

3. 熹平石经　一体石经　正始石经　三体石经　开成石经　乾隆石经

4.《礼记》《周礼》《仪礼》《左传》《公羊传》《穀梁传》

5.《春秋》《资治通鉴》

6. 司马迁　《史记》

7. 班固　范晔　陈寿　沈约　萧子显

8. 杜佑《通典》　郑樵《通志》　马端临《文献通考》

9. 赵晔　杨衒之　吴兢　刘向

10.《北堂书钞》　欧阳询

11.《太平御览》《册府元龟》

12.《永乐大典》　明成祖

13. 许慎

14.《尔雅》

15.《广韵》

16.《康熙字典》　张玉书

17.《佩文韵府》

18. 地方志　一统志　通志

19.《华阳国志》

20.《元和郡县志》 21. 天一阁 汲古阁 皕宋楼 海源阁
22.《四库全书》 23. 文津阁 文渊阁 文源阁 文溯阁
24.《别录》 25. 刘歆 《七略》
26.《灵宪》《浑天仪注》 浑天仪 候风地动仪 郭守敬
27. 金 木 水 火 土 28. 月建
29. 甲、乙、丙、丁、戊、己、庚、辛、壬、癸 子、丑、寅、卯、辰、巳、午、未、申、酉、戌、亥 30.《淮南子》
31.《齐民要术》 32.《周髀算经》《九章算术》
33. 刘徽 祖冲之 34. 秦九韶
35. 望 闻 问 切 阴 阳 表 里 寒 热 虚 实
36.《黄帝内经》 37. 仓公(淳于意)
38. 华佗 张仲景
39. 张仲景 《伤寒杂病论》《伤寒论》《金匮要略》
40. 华佗 麻沸散 41.《神农本草经》
42.《脉经》 葛洪 巢元方 孙思邈 43.《新修本草》
44.《本草纲目》 45. 杨继洲 徐凤 高武
46. 郦道元 47.《徐霞客游记》 48. 蔡侯纸
49. 左伯 50. 春秋战国 51. 毕昇 52. 西亳
53. 隋大兴城 宇文凯 54. 北京
55. 长乐宫 未央宫 建章宫 太极宫 大明宫 兴庆宫 太和 中和 保和 乾清宫 交泰殿 坤宁宫
56. 楚国 方城 57. 李冰父子
58. 梁桥 浮桥 拱桥 吊桥 59. 灞桥
60. 赵州桥 61. 卢沟桥 《马可·波罗游记》
62. 宝带桥 63. 五里桥
64. 画家园林 私宅园林 寺庙园林 公共园林
65. 晋祠 唐叔虞 66. 圆明园
67. 北京三海 颐和园 承德避暑山庄 68. 苏州 沧浪亭 狮子林 拙政园 留园
69. 可园 余荫山房 清晖园 梁园 70. 玄亭 扬雄
71. 北京 廓如亭
72. 尚书台 御史台 谒者台 尚书省 门下省 中书省
73. 黄鹤楼 岳阳楼 滕王阁 74. 衙署 会馆
75. 王府井 恭王府 76. 李冰 都江堰 郑国渠 史禄
77. 大运河 隋炀帝 78.《诗经》 风 雅 颂 兴 比 赋

79. 楚辞　　80. “骚体”
81. 郭茂倩　《乐府诗集》　　82.《孔雀东南飞》
83. 班固　张衡　　84. 建安风骨　曹植
85. 孔融　陈琳　王粲　徐干　阮瑀　应玚　刘桢
86. 曹植　蔡琰　阮籍　嵇康　左思　　87. 谢灵运
88. 音律　永明体　　89. 王勃　杨炯　卢照邻　骆宾王
90. 李白　杜甫　杜甫　　91. 白居易　元稹　元和体
92. 李商隐　杜牧　　93. 温李　《花间集》　花间派
94. 李商隐　《西昆酬唱集》　西昆体　　95.《尚书》
96. 韩愈　文以载道　　97. 欧阳修
98. 柳宗元、韩愈、欧阳修、苏洵、苏轼、苏辙、王安石、曾巩
99. 司马相如　班固　扬雄　张衡　司马相如　扬雄　班固　张衡
100. 关汉卿　马致远　白朴　郑光祖　　101. 王实甫　《西厢记》
102. 高则诚　《杀狗记》
103.《紫箫记》《紫钗记》《还魂记》《南柯记》《邯郸记》《还魂记》
104. 李玉　《一捧雪》《人兽关》《永团圆》《占花魁》
105. 洪昇　孔尚任　洪昇　孔尚任　　106. 刘义庆　干宝
107. 话本
108.《三国演义》《水浒传》《西游记》《金瓶梅》
109.《喻世明言》《警世通言》《醒世恒言》《初刻拍案惊奇》《二刻拍案惊奇》
110. 蒲松龄　吴敬梓　曹雪芹　　111. 汉魏时期　汉代　隶书
112. 隶书　隶变　汉隶　　113. 王羲之　钟繇　王献之
114. 虞世南　欧阳询　褚遂良　薛稷　　115. 欧阳询　欧阳通
116. 张旭　张癫
117. 苏轼　黄庭坚　米芾　蔡襄　宋徽宗赵佶
118. 董其昌　米万钟　邢侗　张瑞图　　119. 赵孟頫　颜真卿　柳公权　欧阳询
120. 毛延寿　　121. 顾恺之　张僧繇　陆探微　六朝三杰
122. 吴道子　线描　　123. 院体画　《芙蓉锦鸡图》
124. 北宋　《清明上河图》　　125. 李唐　刘松年　马远　夏圭
126. 倪瓒　黄公望　王蒙　吴镇　　127. 文徵明　沈周　仇英　唐寅
128. 参军戏　杂剧　南戏　元杂剧　传奇
129. 昆腔　弋阳腔　青阳腔　高腔　　130. 三庆　四喜　春台　和春
131. 梅兰芳　尚小云　程砚秋　荀慧生

132. 李世芳　张君秋　毛世来　宋德珠

133. 曲子　曲子词

134. 变文　诸宫调

135. 宫　商　角　徵　羽

136. 吹　拉　弹　打

二、判断题

1-5：√×√√×

6-10：√××√×

11-15：√√√××

16-20：√√×√×

21-25：×√√××

26-29：×√×√

三、单项选择题

1-5：ABCAB

6-10：CDBBA

11-15：DCABB

16-20：BBCBB

21-25：CBBCA

26-30：ACACA

31-34：AACA

第五章
器物、风俗习惯与中外文化交流

【学习提要】

1. 新疆和田玉，辽宁岫岩玉，陕西蓝田玉，河南南阳玉。
2. 青铜器最大的是后母戊鼎，铭文最多的是毛公鼎。
3. 五大名窑：定、汝、官、哥、钧。
4. 文房四宝、吴兴三绝。
5. 最早的茶叶专著：陆羽《茶经》。
6. 袁枚《随园食单》。
7. “八大菜系”和“四大菜系”。
8. 明朝文官和武官不同品级袍服有不同的颜色和花纹。
9. 六礼、四灵、四君子、岁寒三友、梅花五瓣。
10. 古代的春节、灯节、三月三、清明节、端午节、乞巧节、中秋节、重阳节、腊八节等节日。
11. 十二生肖、三公、三少、三台、三学、三馆、三准、三才、五行、五方、五兽、五色、五器、五味、五德、五常、五官、五脏。
12. 古代中外文化交流的主要人物：张骞、班超、鉴真、玄奘、阿倍仲麻吕、郑和、马可·波罗。
13. 介绍中国历史和地理的相关著作：《中华大帝国史》《中国历史十卷》《中国通史》《中华帝国全志》。

【强化训练】

一、填空题

1. 五大名窑：________、________、________、________、________。

2. 文房四宝：________、________、________、________。

3. 吴兴三绝：________、________、________。

4. 世界饮茶发源于________；中国饮茶发源于________。

5. 我国最早的一部茶叶专著是唐代出现的________。________被尊为“茶圣”“茶仙”。

6. 在我国古代还产生了茶礼，作为男女结婚时的媒介，即男女定亲后，男方用茶给女方送聘礼，叫作________；女方接受聘礼，叫作________。

7. 清代文学家________写了《随园食单》。

8. “八大菜系”：________、________、________、________、________、________、________、________，也可分为“四大菜系”：________、________、________、________。

9. 从周代起，规定嫁娶时须行“六礼”：________、________、________、________、________、________。

10. 四灵：________、________、________、________。

11. 四君子：________、________、________、________。

12. 岁寒三友：________、________、________。

13. 古人还把梅花的五瓣比为：________、________、________、________、________。

14. 三大传统节日：________、________、________。

15. 十二生肖：________、________、________、________、________、________、________、________、________、________、________、________。

16. 三公：________、________、________；三少：________、________、________；三台：________、________、________；三学：________、________、________；三馆：________、________、________（宋另有广文、太学、律学三馆，为中央教育机构，亦称“三馆”）；把文章的________、________、________称为“三准”；三才：________、________、________；五行：________、________、________、________、________；五方：________、________、________、________、________；

五兽：________、________、________、________、________；五色：________、________、________、________、________；五器：规、衡、绳、矩、权；五味：________、________、________、________、________；三纲：________、________、________；五常：________、________、________、________、________；五官：耳、目、口、鼻、舌；五脏：肝、心、脾、肺、肾。

17. 中外交通史上最伟大的事件之一就是明代________。

18. 最早的一本介绍中国历史和地理的著作是西班牙人________于1585年在罗马出版的《马可·波罗游记》。

19. 介绍中国历史和地理的相关著作有西班牙人________的《中华大帝国史》，接着又有意大利人________的《中国历史十卷》，法国人________的《中国通史》，法国人________杜撰的《中华帝国志全》。

20. ________与古时"寒食节"相合而成。在我国的传统节日中，它是唯一同节气合一的节日。

21. ________又称"端阳节"。

二、判断题

1. 软玉的产地区中，和田玉是新疆的，岫岩玉是辽宁的，蓝田玉是陕西的，南阳玉是河北的。

2. 宋代白瓷标志着白瓷的真正成熟，唐三彩也是出现在这个时代。邢窑白瓷是河北地区的。

3. 春节又称"年节"，古称"元日"、"元旦"、"三元"(岁之元、时之元、月之元等)，是我国最大、最隆重的传统节日。

4. 扬州大明寺僧鉴真应日本僧人邀请，六次冒死东渡，成了日本律宗的始祖。

5. 应劭就写成《风俗通义》一书，这恐怕是世界上最早的民俗学著作了。

6. 阿倍仲麻吕(中国名字姚衡)，随第八次遣唐使入唐，与李白、王维等大诗人交厚。

7. 唐装是在中国唐代流行服装的基础上改造而成的。

8. 帝王的郊祭是祭祀祖先。

9. "独在异乡为异客，每逢佳节倍思亲"反映了中秋节的习俗。

10. 我国最大最隆重的传统节日是国庆节。

11. 中国古代服饰不是自由与灵性的体现，而是等级和礼度的象征。

12. 黑色之所以成为中国古代最尊贵的颜色，主要是古人对地神的崇拜，同时也受到了阴阳五行学说的影响。

13. 中国三大悼亡节中，最主要的是清明节。

14. 每年农历腊月二十三(腊月二十四)，中国人一般要举行祭灶仪式，吃灶糖，唱

《祭灶歌》。

15. 明朝时，郑和率领庞大船队先后 7 次下西洋，到达 50 多国，最远至非洲东海岸。

16. 在唐代，日本留学生被叫作遣唐使。

17. 明朝时，意大利传教士汤若望来到中国，与徐光启合作翻译了欧几里得的《几何原理》。

18. 汉武帝派遣张骞开辟了中西交通的丝绸之路。

19. 明朝时，意大利传教士利玛窦将“四书”译为拉丁文。

20. 1916 年鲁迅发表《吾人最后之觉悟》这一著名论文，将明清以来中外文化第二次大交汇的历程分为 7 个阶段。

三、单项选择题

1. 迄今出土最大的青铜器是后母戊鼎，迄今铭文最多的青铜器是(　　)。

   A. 毛公鼎　　B. 后母戊鼎　　C. 四羊方尊　　D. 大克鼎

2. 陶渊明又字“元亮”，是中国酒文化特色最突出的代表者之一，故有“陆羽茶经元亮酒”的说法，至于(　　)的“斗酒诗百篇”更是家喻户晓的事。

   A. 陶渊明　　B. 李白　　C. 苏轼　　D. 陆游

3. 明朝规定文官用鸟，一品(　　)，二品锦鸡，三品孔雀，四品云雁，五品白鹇，六品鹭鸶，七品鸂鶒，八品黄鹂，九品鹌鹑，杂职练鹊，风宪官(执法官)第考。

   A. 喜鹊　　B. 信鸽　　C. 燕子　　D. 仙鹤

4. 灯节即正月十五放花灯，古称(　　)，或称“元宵节”，起源于古代的祭祀遗风，跟天地崇拜有一定关系。

   A. 上元节　　B. 中元节　　C. 春节　　D. 下元节

5. 腊八节即农历十二月初八，这是受佛教影响而形成的一个节日，佛家称之为(　　)。

   A. 成道节　　B. 卫塞节　　C. 浴佛节　　D. 盂兰盆节

6. 汉武帝派张骞出使西域，开辟了一条中西交通的“丝绸之路”。东汉永平十六年，班超也出使西域，其副使甘英还远至(　　)。

   A. 红海　　B. 波斯湾　　C. 阿拉伯　　D. 埃及

7. 海上丝绸之路最早见于史书记载的海上航线，是(　　)所记的从西汉帝国的南疆到达印度洋的海路，即从今越南北部，我国广东、广西港口出发，经东南亚抵达今印度东岸和斯里兰卡。

   A.《中国历史十卷》　　B.《中国通史》

   C.《汉书·地理志》　　D.《中华帝国全志》

8. 玄奘到达古印度境内，研习讲学，周游印度，著(　　)详述亲所历见的各国风土人情，成为中外文化交流史上的不朽之作。

A.《西域考古记》　B.《西域文化史》

C.《西域传》　D.《大唐西域记》

9. “孟春”是指(　　)。

A. 一月　B. 二月　C. 三月　D. 十二月

10. 节气是中国古代订立的一种用来指导农事的补充历法，二十四节气中第一个和最后一个节气分别是(　　)。

A. 春分、大寒　B. 立春、冬至　C. 立春、大寒　D. 春分、冬至

11. 在汉语称谓系统中，将妈妈的弟弟的哥哥的妻子称为(　　)。

A. 姨妈　B. 姑妈　C. 舅妈　D. 嫂子

12. 下列(　　)不是清明节的习俗。

A. 扫墓　B. 到郊外踏青　C. 荡秋千　D. 系长命缕

13. 某人的 QQ 签名改成了“庆祝弄瓦之喜”，他最近有(　　)喜事。

A. 新婚　B. 妻子生了女孩　C. 妻子生了男孩　D. 考试通过

14. 中国古代宗法制度的基础是(　　)。

A. 血缘　B. 地缘　C. 亲亲　D. 同门

15. 我国的民俗传统节日起源于(　　)。

A. 庆贺　B. 祭祀　C. 农事　D. 社交

16. 农历五月初五是中国的传统节日(　　)。

A. 清明节　B. 端午节　C. 重阳节　D. 乞巧节

17. 中国自古以(　　)两个方向为尊。

A. 东、南　B. 东、西　C. 西、北　D. 西、南

18. “天葬”属于(　　)地区的葬俗。

A. 汉族　B. 壮族　C. 藏族　D. 回族

19. 新春佳节时题写楹联约形成于(　　)。

A. 晋　B. 唐　C. 五代　D. 宋

20. 文明冲突论的提出者是(　　)。

A. 杜维明　B. 汤一介　C. 福山　D. 亨廷顿

21. 下列人物(　　)没有出使过西域。

A. 张骞　B. 班超　C. 郑和　D. 班固

22. 中华人民共和国第一个出使外国的使节郭嵩焘于 1876 年出使的国家是(　　)。

A. 美国　B. 德国　C. 英国　D. 法国

23. 不是由汉代丝绸之路传入的是(　　)。

A. 石榴　　B. 玉米　　C. 黄瓜　　D. 玻璃

24. 从明清之际到近代(　　)传入中国，是中国文化与世界文化的第二次交汇。

A. 日本文化　B. 欧洲西方文化　C. 韩国文化　D. 美国文化

【强化训练参考答案】

一、填空题

1. 定　汝　官　哥　钧
2. 笔　墨　纸　砚
3. 钱选的画　赵孟頫的字　冯应科的笔
4. 中国　四川
5. 《茶经》　陆羽
6. 下茶　受茶
7. 袁枚
8. 鲁　川　粤　闽　苏　浙　徽　湘　鲁　淮　川　粤
9. 纳采　问名　纳吉　纳征　请期　亲迎
10. 龙　凤　麟　龟
11. 梅　兰　竹　菊
12. 松　竹　梅
13. 寿　福　康宁　好德　善终
14. 春节　端午节　中秋节
15. 鼠　牛　虎　兔　龙　蛇　马　羊　猴　鸡　狗　猪
16. 司马　司徒　司空　少师　少傅　少保　尚书　御史　谒者　国子学　太学　四门学　昭文馆　集贤院　史馆　情　事　辞　天　地　人　金　木　水　火　土　东　南　中　西　北　苍龙　朱雀　黄龙　白虎　玄武　青　赤　黄　黑　白　酸　苦　甘　辛　咸　君臣　父子　夫妇　仁　义　礼　智　信
17. 郑和下西洋
18. 马可·波罗
19. 门多萨　卫匡国　冯秉正　杜赫德
20. 清明节
21. 端午节

二、判断题

1-5：××√√√　6-10：×××××　11-15：√×√√√

16-20：√×√√×

三、单项选择题

1-5：ABDAA　6-10：BCDAC　11-15：CDBAB

16-20：BACCD　21-24：CCBB

第六章

外国上古、中古、近代和现当代文化

【学习提要】

1. 原始文化：猿人和智人、结绳记事和契刻记事、图腾崇拜和祖先崇拜。

2. 两河流域文化：美索不达米亚平原、苏美尔人、钉头文字、苏美尔文学。

3. 古巴比伦文学：宗教最重要女神伊什坦尔、法律、史诗、《亡灵书》。

4. 古尼罗河流域文化：最高的神、历法、纸草卷。

5. 古希伯来文化：犹太教教义、《旧约》四部分、摩西五经、《创世记》的神话、希伯来律法的核心。

6. 古印度河流域文化：唐玄奘《大唐西域记》、世界最古老的四大文明、“吠陀”四部、种姓制度和婆罗门教、《吠陀》三大主神—三大纲领—四个种姓、佛教、印度两大史诗、“印度莎士比亚”。

7. 爱琴海文化：荷马史诗、主要悲剧作家及其作品、阿里斯托芬、《伊索寓言》、苏格拉底、哲学(苏格拉底、柏拉图、亚里士多德)、几何学。

8. 古罗马文化：罗马法律、塞内卡、维吉尔、奥维德、奥古斯丁、《新旧约全书》。

9. 中古欧洲文化：宗教分裂、三大宗教、基督教(《圣经》、节日、骑士文学)、奴隶制成文法典。

10. 中古阿拉伯文化：伊斯兰教(根本经典、“五功”、节日)。

11. 中古东亚和南亚文化：中古朝鲜文化(李裪训民正音、《桂苑笔耕》)、中古日本文化(大化革新、万叶假名、町人、宗教、艺道、文学)、东南亚文化(吴哥古城遗址、越南文字)。

12. 欧洲文艺复兴时期文化：英国(文学三杰、拉伯雷、蒙田、乔叟、四大悲剧)、意大利(但丁、彼特拉克、薄伽丘、布鲁尼、艺术三杰)、德国宗教改革。

13. 启蒙运动：孟德斯鸠、伏尔泰、卢梭、狄德罗。

14. 法国古典主义文学：马雷伯、法国三大古典主义戏剧家。

15. 启蒙主义文学：英国(丹尼尔·笛福、乔纳森·斯威夫特)、法国(狄德罗、卢梭)。

16. 巴洛克风格、传教士对中国文化的传播及其著作。

17. 19世纪至20世纪初的欧洲文化：自然科学(三大重要发现、化学元素周期表、细胞学说)、西方文学艺术(拜伦、雨果、海涅、司汤达、福楼拜、罗曼·罗兰、狄更斯、哈代、简·奥斯丁、夏洛蒂·勃朗特、艾米丽·勃朗特、普希金、果戈理、列夫·托尔斯泰、马克·吐温、欧·亨利、德莱塞、鲍狄埃、波德莱尔)、西方绘画雕塑艺术(戴奥多席里科、德拉克洛瓦、列宾、马奈、莫奈、凡·高、罗丹)、西方音乐艺术(贝多芬、韦伯、舒曼、门德尔松、罗伯特·舒曼、舒伯特、约翰·施特劳斯、肖邦、李斯特、柴可夫斯基)。

18. 近代日本文化：夏目簌石、芥川龙之介。

【强化训练】

一、填空题

1. 原始文化反映了原始人类在人类文明的________。

2. 在国际上，人们通常将早期的人类分为________和________，生活在旧石器的晚期智人克鲁马农人已经能发出短促的声音。

3. 最早的记事形式是________和________。

4. 古代两河流域主要指幼发拉底河与底格里斯河之间的________，其希腊文原意是“河间之地”，史称________。

5. 苏美尔人最早发明的________是两河流域文明中重大的成就之一，最初见到这种文字的阿拉伯人称之为________。

6. ________是巴比伦宗教中最重要的女神，涉及作品《伊什姐尔下冥府》《吉尔伽美什》。

7. ________又称《埃及亡灵书》或《死亡之书》，是古代埃及的抄录者为亡灵准备的所有经文，包括咒语、赞美诗、祈祷文、各种礼仪等。

8. 1904 年，康有为游历埃及后，在其________中明确称之为“金字塔”，一直沿用至今。

9. 埃及的________是人类历史上第一部比较精确的历法。

10. 医学知识都记录在后人发现的古埃及人的纸草卷中，其中最长最有名的是________。

11. 犹太教的主旨表现为________、________、________（犹太精神的出发点）和________四个方面。

12.《旧约》是犹太教的经典，包括 4 个部分：________、________、________、________。

13. 律法书又称________，通常称为________，律法书包括________、________、________、________、________。

14. 神话主要体现在《创世纪》前 11 章，包括________神话，________神话，________神话和________神话。

15. 婆罗门教是由________演化而来，以________为最古经，奉________、________、________为三大主神，并认为它们分别代表了宇宙的________、________和________，主张________、________和________三大纲领，将人分为________、________、________、________四个种姓，前三者为________族，后者为________族。

16. ________和________是反对婆罗门宗教的宗教，佛教创始人________，原名乔达摩·悉达多。

17. 三法印：________、________、________；四圣谛：________、________、________、________。

18. ________是印度国内外享有极高声誉的古典梵语诗人和戏剧家，被西方评论家称为“印度的莎士比亚”，代表作《沙恭达罗》。

19. 阿拉伯数字是________发明，经阿拉伯人传入欧洲。

20. ________被称为“悲剧之父”，代表作有《波斯人》《普罗米修斯三部曲》。

21. 索福克勒斯代表作有《安提戈涅》________。

22. 喜剧分为旧喜剧、中期喜剧、新喜剧三个时期，旧喜剧的代表是________，代表作品是《阿卡奈人》。

23. 公元前 450 年颁行的第一部成文法________，罗马法源于此。

24. 悲剧代表人物是________，代表作品为《特洛伊妇女》。

25. 贺拉斯的________是最重要的文学批评著作，被古典主义文学视为经典。

26. 奥维德的代表作是________。

27. 中世纪中期发生了两件大事：1054 年发生的东、西教会大分裂，分裂为________和________；1096—1291 年，罗马教皇所发动、支持的________。

28. 相传耶稣基督于星期日复活，故称该日为________。基督教的主要节日有________（春分后的第一个星期日），________（复活节后的第五十天），________（每年的 12 月 25 日是耶稣基督诞生的纪念日）。

29. 骑士文学分为________和________，前者以法国的________为中心，以________最为著名。

30. 伊斯兰教的五大宗教任务在中国通称为“五功”，即________、________、________、________、________。

31. 伊斯兰教的三大节日分别为________（伊斯兰教历 10 月 1 日）、________（伊斯兰教历 12 月）、________（伊斯兰教历 3 月 12 日）。

32. 东方文化的源头是上古四大文明：________、________、________和________。

33. 公元前后，朝鲜半岛出现________和________两个政权，公元 4—7 世纪，形成________、________和________“三足鼎立”的局面。676 年，________统一了朝鲜半岛。

34. 1419 年，李朝第四代王世宗________进行了文字改革，设立了________，公布了________，即谚文，而李祹也被称为“朝鲜文字之父”。

35. 8 世纪的奈良时期出现了用汉字做音符拼写日语的方法，这种用汉字写日语的文字被称为________。

36. 幕府政治后期出现了手工业者，这些新兴市民阶层在历史上被称为________。

37. 平安时代，________、________和________并称为日本“三笔”。

38. 8 世纪出现的________是日本的第一部书面文学作品，它与________一起，合称“记纪文学”。

39. 日本第一部抒情诗集________是一部和歌总集，内容分为相闻、挽歌和杂歌。

40. 日本传统文化包括________、________、________、________以及与文学艺术有关的歌谣，简称“艺道”。

41. 紫式部的________代表了日本古典文学的高峰，在世界小说史上也是最早的长篇杰作。

42. 柬埔寨的________遗址被西方人称赞为东方的“所罗门神庙”。

43. 13 世纪越南本民族的文字________出现。

44. ________是第一个用字喃写诗的人。

45. 文学三杰：________、________、________，他们标志着文艺复兴的开始。

46. 艺术三杰：________、________、________。

47. 四大悲剧：________、________、________、________。

48. 但丁的第一部作品抒情诗集________，其代表作是被人们称为“百科全书”的叙事长诗________，由________、________、________三部组成。

49. 布鲁尼最早在史学领域打出人文主义旗帜，著有________ 12 卷。

50. 1517 年 10 月 3 日，________发表________揭开了宗教改革的序幕。

51. 法国重要的启蒙思想家有________、________、________、________。

52. 法国三大古典主义戏剧家：________、________、________。其中________著有《安德洛玛刻》《费德尔》；________著有《伪君子》。

53. ________《鲁滨逊漂流记》、________《格列佛游记》、________《新爱洛绮丝》《爱弥儿》《忏悔录》。

54. 巴洛克艺术最初产生于 16 世纪后期的________。巴洛克艺术风格最早出现在________和________中。

55. 有关中国知识的三大名著：________、________、________。

56. 19 世纪自然科学领域的三大重要发现________、达尔文________和________。________提出了元素周期表。________和________提出了细胞学说。

57. 拜伦因长诗《恰尔德·哈洛尔德游记》成名，诗体小说________被称为“讽刺的百科全书”。他塑造的一系列具有强烈叛逆性格的忧郁的个人主义者形象，被称为________。

58. ________著有《巴黎圣母院》《悲惨世界》。

59. 1830 年司汤达的小说________发表，标志着现实主义文学在法国的成熟。小说主人公是________。

60. ________的代表作《包法利夫人》，他的学生________有“短篇小说之王”的美誉，代表作《羊脂球》《项链》；________以贝多芬为原型的“长河式”小说《约翰·克利斯朵夫》1915 年获诺贝尔文学奖。

61. ________的《雾都孤儿》《双城记》；________的《德伯家的苔丝》《无名的裘德》；________的《傲慢与偏见》；________的《简·爱》；________的《呼啸山庄》；________的《钦差大臣》《死魂灵》；________的《竞选州长》《汤姆·索亚历险记》；________（短篇小说之王）的《麦琪的礼物》《警察与赞美诗》《白菜与皇帝》；________的《嘉莉妹妹》《珍妮姑娘》《美国的悲剧》；________的《国际歌》；________的《恶之花》。

62. 诗体小说《叶普盖尼·奥涅金》是俄国第一部现实主义文学作品，其同名的主人公是俄国第一个________形象。

63. 浪漫主义画派的代表人物是戴奥多·席里科和________，前者代表作是________；后者被视为________，代表作是________。

64. 现代绘画之父：________。

65. ________的代表作是《思想者》《巴尔扎克》《青铜时代》《雨果》。

66. 贝多芬的________（又称________）是九部交响曲中最杰出的一部。

67. ________（德）的《蝴蝶》、《狂欢曲》、交响曲《春》；________（奥地利）的《冬

之旅》《死神与少女》；________（奥地利）的《蓝色多瑙河》《维也纳森林的故事》《春之声》；________的《第六交响曲》（《悲怆进行曲》）、《天鹅湖》（舞剧）。

68. 日本近代文学的形成是以________、________、________三位作家登上文坛为标志的。

69. ________的《我是猫》；________的《罗生门》。

二、判断题

1. 象形文字的产生标志着人类文明时代的开始。

2. 原始宗教的崇拜仪式中主要和重要的是图腾崇拜和祖先崇拜。

3. 苏美尔人是两河流域的最早居民。

4. 古巴比伦文学堪称世界上最早有文字记录的文学。

5. 两河流域最初的法律是成文法。

6.《汉穆拉比法典》是两河流域众多法典中的典型之作。

7. 苏格拉底是思想史上最伟大的人物之一，是一系列哲学家有智能的鼻祖。

8. 奥维德被称为“桂冠诗人”，成名作为《牧歌》，代表作为《埃涅阿斯纪》。

9. 每年的 12 月 24 日是耶稣基督诞生的纪念日。

10. 法国的《贝奥武甫》是欧洲最早的一部用本民族语言写成的史诗，是用古英语写成的。

11.《查士丁尼民法大全》是欧洲历史上第一部系统完备的奴隶制成文法典。

12. 新罗时代薛聪发明利用汉字作为朝鲜音符的吏读方法。

13.《桂苑笔耕》是朝鲜流传至今的最早的文学作品集，其作者崔致远被公认为朝鲜汉文文学的奠基人。

14. 16 世纪作家阮远写的越南第一部汉语小说《传奇漫录》被称为“越南诗歌艺术的高峰，是使用民族语言的卓越范例”。

15. 1789 年法国资产阶级革命是欧洲资产阶级反对封建制度的一次最彻底的革命。

16. 孟德斯鸠对启蒙运动最大的贡献是撰写了《论法的精神》，其中以政体分类说和三权分立说最为著名，他认为英国的君主立宪制最为优越。

17. 狄德罗的《社会契约论》是对旧制度最有力的批判，宣告了旧时代的结束和新时代的来临。

18. 列夫·托尔斯泰是俄国浪漫主义的主要代表，现实主义文学的创始人。

19. 韦伯被视为德国浪漫乐派歌剧的创始人，代表作是《自由射手》，被视为德国第一部浪漫主义歌剧。

20. 门德尔松《e 小调小提琴协奏曲》，为莎士比亚喜剧《仲夏夜之梦》在音乐会上演奏，其中《婚礼进行曲》响遍世界。

21. 当代教育史上最伟大的幼儿教育思想家和改革家玛利亚·蒙台梭利是意大利人。

22. 在伊斯兰国家，左右手有严格的分工。左手干净，用以待客甚至抓饭吃；右手肮脏，不能拿东西给人。

23. 古希腊诗人荷马创作的两部长篇史诗是《伊利亚特》和《奥德赛》。

24.《汉穆拉比法典》是现存最早的完整成文法典，也是古巴比伦人馈赠给人类的最宝贵的遗产。

25. 英雄史诗《吉尔伽美什》代表了古巴比伦文学的最高成就。

26. "冬天来了，春天还会远吗?"是英国诗人雪莱《东风颂》中的诗句。

27. 英国国旗由蓝色背景、红色"米"字构成，因此也被叫作"米字旗"。

三、单项选择题

1. 代表古巴比伦文学最高成就的史诗是(　　)。

A.《伊什坦尔下冥府》　　B.《梨俱吠陀》

C.《吉尔咖美什》　　D.《摩诃婆罗多》

2. 在用梵文写成的作品中，印度两大史诗《摩诃婆罗多》和(　　)居于最重要的地位。

A.《奥赛德》　　B.《罗摩衍那》

C.《吉尔咖美什》　　D.《伊什坦尔下冥府》

3. 最早的文献是宗教诗和圣歌的汇编，被称为吠，分为(　　)(诗歌集，婆罗门教的根本经典)、(　　)(可配曲演唱的、祭祀用的歌词集)、(　　)(祭祀)、(　　)(驱邪避灾)。

A.《梨俱吠陀》《娑摩吠陀》《耶柔吠陀》《阿闼婆吠陀》

B.《梨俱吠陀》《娑摩吠陀》《阿闼婆吠陀》《耶柔吠陀》

C.《娑摩吠陀》《梨俱吠陀》《耶柔吠陀》《阿闼婆吠陀》

D.《耶柔吠陀》《梨俱吠陀》《娑摩吠陀》《阿闼婆吠陀》

4. 荷马史诗包括《伊利亚特》和(　　)。希腊悲剧起源于酒神祭奠，由"酒神颂"演变而来。

A.《奥赛德》　B.《奥德赛》　C.《塞奥德》　D.《德奥塞》

5. (　　)被誉为"舞台上的哲学家"，是最具有民主倾向的剧作家，代表作有《美狄亚》《特洛亚妇女》，人们还认为他是"社会问题剧"的创始人。

A. 埃斯库罗斯　B. 欧里庇得斯　C. 埃斯库罗斯　D. 阿里斯托芬

6. 数学方面最重要的成就是(　　)创立了几何学。阿基米德是另一位数学家，他的杠杆原理得到了广泛运用。

A. 欧几里得　B. 欧拉　C. 笛卡尔　D. 高斯

7. 奥维德的代表作是(　　)。

A.《父与子》　B.《自由与爱情》C.《尤利西斯》　D.《变形记》

8. 新罗时代(　　)发明利用汉字作为朝鲜音符的吏读方法。

A. 李祹　B. 薛聪　C. 阮屿　D. 空海

9. (　　)是朝鲜流传至今的最早的文学作品集，其作者崔致远被公认为朝鲜汉文文学的奠基人。

A.《桂苑笔耕》　B.《古事记》　C.《传奇漫录》　D.《金云翘传》

10. (　　)被称为“越南诗歌艺术的高峰，是使用民族语言的卓越范例”。

A.《桂苑笔耕》　B.《古事记》　C.《传奇漫录》　D.《金云翘传》

11. (　　)(法)的《巨人传》、(　　)(法)的《随笔集》、(　　)(英，被誉为“英国诗歌之父”)的《坎特伯雷故事》。

A. 拉伯雷　蒙田　乔臾　B. 乔臾　拉伯雷　蒙田

C. 蒙田　拉伯雷　乔臾　D. 拉伯雷　乔臾　蒙田

12. (　　)的《最后的晚餐》《岩间圣母》《蒙娜丽莎》；(　　)的《大卫》《摩西》；(　　)的《西斯廷圣母》《雅典学院》。

A. 达·芬奇　米开朗琪罗　拉斐尔

B. 米开朗琪罗　达·芬奇　拉斐尔

C. 拉斐尔　达·芬奇　米开朗琪罗

D. 拉斐尔　米开朗琪罗　达·芬奇

13. (　　)的《伏尔加河上的纤夫》；(　　)的《日出印象》；(　　)的《向日葵》。

A. 莫奈　列宾　凡·高　B. 凡·高　列宾　莫奈

C. 列宾　莫奈　凡·高　D. 莫奈　凡·高　列宾

14. 印象画派的开创者(　　)的《草地上的午餐》被认为是第一幅著名印象的印象派作品。

A. 凡·高　B. 马奈　C. 莫奈　D. 列宾

15. (　　)(德)的《蝴蝶》、《狂欢曲》、交响曲《春》；(　　)(奥地利)的《冬之旅》《死神与少女》；(　　)(奥地利)的《蓝色多瑙河》《维也纳森林的故事》《春之声》；(　　)的《第六交响曲》(《悲怆进行曲》)、《天鹅湖》(舞剧)。

A. 舒曼　舒伯特　施特劳斯　柴可夫斯基

B. 舒伯特　舒曼　施特劳斯　柴可夫斯基

C. 舒曼　舒伯特　柴可夫斯基　施特劳斯

D. 施特劳斯　舒曼　舒伯特　柴可夫斯基

16. 贝多芬是(　　)人。

A. 奥地利　B. 英国　C. 德国　D. 匈牙利

17. 世界著名童话作家安徒生是(　　)人。

A. 奥地利　B. 英国　C. 丹麦　D. 匈牙利

18. (　　)作家帕特里克·莫迪亚诺获2014诺贝尔文学奖。

A. 荷兰　B. 德国　C. 英国　D. 法国

19. 下列企业中,(　　)不是德国企业。

A. 大众汽车　B. 慕尼黑再保险集团

C. 麦德龙　D. 联合利华

20. 突尼斯的官方语言是(　　)。

A. 葡萄牙语　B. 西班牙语　C. 阿拉伯语　D. 英语

21. 古希腊神话中统治众神万民,至高无上的神是(　　)。

A. 宙斯　B. 河神　C. 太上老君　D. 太阳神

22. 印度河文明、美索不达米亚文明、中国文明、(　　)并称为世界上最古老最辉煌的"四大文明"。

A. 巴比伦文明　B. 印第安文明　C. 埃及文明　D. 希腊文明

23. 笛卡尔是(　　)哲学家兼数学家、物理学家、生理学家。

A. 英国　B. 法国　C. 意大利　D. 德国

24. 马克·吐温是美国现实主义文学的杰出代表,以幽默讽刺著称,其作品不包括(　　)。

A.《竞选州长》　B.《镀金时代》

C.《汤姆·索亚历险记》　D.《警察与赞美诗》

25. 德国国家男子足球代表队是世界上历史最悠久、战绩最辉煌的球队之一,球星辈出。下列选项中(　　)不是德国球星。

A. 贝肯鲍尔　B. 马特乌斯　C. 克林斯曼　D. 罗纳尔迪尼奥

26. "二战"期间,德国法西斯建造的规模最大的集中营和灭绝营是(　　)。

A. 奥斯威辛集中营　B. 日内瓦集中营

C. 巴黎集中营　D. 慕尼黑集中营

27. 下面(　　)国家是葡萄牙语国家。

A. 墨西哥　B. 巴西　C. 乌拉圭　D. 阿根廷

28. 瑞士的首都是(　　)。

A. 日内瓦　B. 苏黎世　C. 洛桑　D. 伯尔尼

29. 以下国家中(　　)属于王国。

A. 意大利　B. 法国　C. 比利时　D. 奥地利

【强化训练参考答案】

一、填空题

1. 朦胧时期
2. 猿人　智人
3. 结绳记事　契刻记事
4. 美索不达米亚平原　肥沃的新月地带
5. 楔形文字　钉头文字
6. 伊什坦尔
7.《亡灵书》
8.《海程道经记》
9. 太阳历
10.《埃伯斯纸草卷》
11. 一神观　契约观　选民观　救赎观
12. 律法书　历史书　先知书　文集
13. 托拉　摩西五经　《创世纪》《出埃及记》《利未记》《民数记》《申命记》
14. 创世　乐园　洪水　人神相争
15. 吠陀　《吠陀》　梵天　毗湿奴　湿婆　创造　护持　毁灭　吠陀天启　祭祀万能　婆罗门至上　婆罗门　刹帝利　吠舍　首陀罗　再生族　一生族
16. 耆那教　佛教　释迦牟尼
17. 诸行无常　诸法无我　涅槃寂静　苦　集　灭　道
18. 迦梨陀娑
19. 印度人
20. 埃斯库罗斯
21.《俄狄浦斯王》
22. 阿里斯托芬
23.《十二铜表法》
24. 塞内卡
25.《诗艺》
26.《变形记》
27. 东正教　罗马公教　十字军东征
28. 圣日　复活节　圣灵降临节　圣诞节
29. 骑士抒情诗　骑士传奇　普罗旺斯　《破晓歌》
30. 念功　斋功　礼功　课功　朝功
31. 开斋节　吉尔邦节　圣纪
32. 古埃及文明　古巴比伦文明　古印度文明　中国文明
33. 百济　新罗　高句丽　百济　新罗　新罗
34. 李祹　谚文局　训民正音
35. 万叶假名
36. 町人
37. 空海　橘逸势　嵯峨天皇
38.《古事记》《日本书纪》
39.《万叶集》
40. 武士道　茶道　花道　书道
41.《源氏物语》
42. 吴哥窟
43. 字喃
44. 阮诠
45. 但丁　彼特拉克　薄伽丘
46. 达·芬奇　米开朗琪罗　拉斐尔

47.《哈姆雷特》《奥赛罗》《李尔王》《麦克白》

48.《新生》《神曲》《地狱》《炼狱》《天堂》

49.《佛罗伦萨史》

50. 马丁·路德 《九十五条论纲》

51. 孟德斯鸠 伏尔泰 卢梭 狄德罗

52. 高乃依 拉辛 莫里哀 拉辛 莫里哀

53. 丹尼尔·笛福 乔纳森·斯威夫特 卢梭

54. 意大利 宗教建筑 雕塑作品

55.《耶稣会士书简集》《中华帝国全志》《北京耶稣会士中国纪要》

56. 细胞学说 生物进化论 能量守恒和转化定律 门捷列夫 施莱登 施旺

57.《唐璜》 拜伦式英雄

58. 雨果

59.《红与黑》 于连

60. 福楼拜 莫泊桑 罗曼·罗兰

61. 狄更斯 哈代 简·奥斯丁 夏洛蒂·勃朗特 艾米丽·勃朗特 果戈理 马克·吐温 欧·亨利 德莱塞 鲍狄埃 波德莱尔

62. 多余人

63. 德拉克洛瓦 《梅杜萨之筏》 浪漫主义狮子 《自由引导人民》

64. 保罗·塞尚

65. 罗丹

66.《第五交响曲》《命运交响曲》

67. 舒曼 舒伯特 施特劳斯 柴可夫斯基

68. 坪内逍遥 二叶亭四迷 森鸥外

69. 夏目簌石 芥川龙之介

二、判断题

1-5：×√√××　6-10：√√×××　11-15：√√√×√

16-20：√××√√　21-25：√×√√√

26-27：×√

三、单项选择题

1-5：CBABB　6-10：ADBAD　11-15：AACBA

16-20：CCDDC　21-25：ACBDD　26-29：ABDC

第七章
课外知识拓展

【中国文化】

1.《考工记》成书于春秋战国时期。

2. 儿童识字的教材《三字经》作者是宋朝王应麟。

3. 财神爷指的是赵公明。

4. 官至大司马骠骑将军的是霍去病。

5. 汉武帝说"匈奴未灭，何以为家"指的是霍去病。

6. "司空见惯"的典故说的是刘禹锡。

7. 昆曲是百戏之祖。昆曲有《牡丹亭》《长生殿》《桃花扇》等代表作品；京剧有《霸王别姬》《贵妃醉酒》等代表作品；越剧有《梁山伯与祝英台》《西厢记》《孔雀东南飞》等代表作品；豫剧有《花木兰》《穆桂英挂帅》等代表作品；黄梅戏有《天仙配》《牛郎织女》等代表作品。

8. "刻舟求剑"的寓言故事出自《吕氏春秋》。

9. 成语"一鼓作气"出自《左传》。

10. "乐不思蜀"这个典故涉及的历史人物是刘禅(小名阿斗)。

11. "东床快婿"原本是指王羲之。

12. "凿壁偷光"的典故与匡衡有关。

13. "金屋藏娇"的故事历史上跟汉武帝有关。

14. "司空见惯"是说司空见惯了美女。

15. "推敲"的典故与贾岛有关。

16. “十四从师，有人辱其师，杀之，逃于外方”说的是夏侯惇。
17. 布达拉宫最初是为文成公主建造的。
18. 武则天为自己立了一块《无字碑》，以供后人评说。
19. 中国封建帝王即位时间最长的是清圣祖玄烨。
20. 春联正式起于明太祖。
21. 在京剧的角色中，李逵、张飞是黑脸，关羽是红脸，曹操是白脸。
22. “沉鱼落雁，闭月羞花”，“羞花”指的是杨玉环。
23. 陈桥兵变是赵匡胤发动的。
24. 以养士知名的战国四公子中，信陵君是魏国人。
25. 苏步青是数学家，在日本留过学。
26. 《尔雅》是最早的辞典。
27. 《永乐大典》是世界上最大最早的百科全书。
28. 王昌龄《出塞》中“龙城飞将”指的是卫青、李广。
29. “圣人观乎天文，以察时变；观乎人文，以化成天下”出自《周易》。
30. “白马非马”是先秦哲学家公孙龙提出的。
31. “现代的《儒林外史》”指的是钱锺书的《围城》。
32. 我国现存的一部最早的完整的农书是《齐民要术》。
33. 中国最早提出《十二气历》以立春为岁首的科学家是沈括。
34. 宋应星的著作是《天工开物》。
35. 我国第一部断代史书是班固的《汉书》。
36. 被称为近代中国了解西方的第一部著作的是《瀛环志略》。
37. 我国首次在国际上获奖的影片是《渔光曲》。
38. 中华民国第一任教育总长是蔡元培。
39. 戊戌变法中创办的中国近代最早的一所体制完备的高等学府是京师大学堂。
40. 扁鹊是最早采用“四诊法”诊断病的医生。
41. 香港电影《花样年华》在第53届戛纳国际电影节上获最佳男主角奖，在该片中饰演男主角的是梁朝伟。
42. 北朝的四个朝代中齐国统治时间最短。
43. 曾在家门贴上“画不卖给官家”的画家是齐白石。
44. 中国人结婚时喜欢贴红双喜，这个习俗与王安石有关。
45. 中国历史上第一家证券交易所成立在北京。
46. 我国第一部写在纸上的书是《三国志》。
47. 干果中核桃的脂肪含量最高。
48. 我国最早的女史学家是班昭。

49. 四史：《史记》《汉书》《后汉书》《三国志》。

50. 四大古都：西安、洛阳、北京、南京。

51. 四大名亭：醉翁亭、陶然亭、爱晚亭、湖心亭。

52. 十大名花：梅花、菊花、牡丹、兰花、月季、杜鹃花、山茶、荷花、桂花、水仙。

53. 浔江现叫九江。

54. 结婚 1 周年为纸婚，2 周年为棉婚（布婚），3 周年为皮婚，16 周年为锡婚，50 周年为金婚，55 周年为翠玉婚，60 周年为钻石婚，70 周年为白金婚。

55. 人的年龄 77 岁为喜寿，88 岁为米寿，99 岁为白寿，108 岁为茶寿。

56. 上寿指的是 90 以上的老者，中寿指的是 80 以上的老者，下寿指的是 60 以上的老者。

57. 古代女孩 12 岁为金钗，13 岁为豆蔻，15 岁为及笄，16 岁为碧玉，20 岁为桃李，24 岁为花信或梅之年。古代男子 15 岁为束发，16 岁为二八，20 岁为加冠。儿童襁褓不满周岁，孩提为 2—3 岁，黄口表示 10 岁以下，幼表示的是 10 岁。

58. 京剧女性角色里，净俗称“花脸”，丑俗称“小花脸”。

59.《水浒传》中一些人物的绰号：“入云龙”公孙胜，“花和尚”鲁智深，“行者”武松，“母大虫”顾大娘，“一丈青”扈三娘，“拼命三郎”石秀。

60.《水浒传》里面卖刀的是杨志。

61.《水浒传》水泊梁山杏黄大旗上写的是“替天行道”。

62.《红楼梦》中“浓淡由它冰雪中”是邢岫烟写的。

63. 四大名著里有两位行者，它们分别是《西游记》中的孙悟空和《水浒传》中的武松。

64.《三国演义》中有这样一句话“譬犹驽马并麒麟，寒鸦配鸾凤耳”赞颂的是诸葛亮。

65. 红楼梦中“粉面含春威不露，丹唇未启笑先闻”说的是王熙凤。

66. “才高八斗”最初是指曹植。

67. 十大名茶：西湖龙井、碧螺春、信阳毛尖、君山银针、六安瓜片、黄山毛峰、祁门红茶、都匀毛尖、铁观音、武夷岩茶。

68. 最有名的武夷岩茶是大红袍。

69. 铁观音是乌龙茶。

70.《江格尔》是蒙古族的作品，《格萨尔》是藏族的作品，《玛纳斯》是柯尔克孜族的作品。

71. 新疆维吾尔自治区成立时间是 1955 年，西藏自治区成立时间是 1965 年，广西壮族自治区成立时间是 1958 年，宁夏回族自治区成立时间是 1958 年，内蒙古自治区成立时间是 1947 年。

72. 五大经济特区：深圳、珠海、厦门、汕头、海南。

73. 中国最高的行政机关是中华人民共和国国务院，中国最高的立法机关是全国人民代表大会。

【中国作家及其作品】

1. 郭沫若的《女神》《屈原》；田汉的《义勇军进行曲》；冼星海的《黄河大合唱》；张恨水的《金粉世家》；闻一多的《红烛》《死水》；艾青的《大堰河——我的保姆》；赵树理的《小二黑结婚》《李有才板话》；钱锺书的《谈艺录》；陈忠实的《白鹿原》；莫言的《丰乳肥臀》《红高粱》；池莉的《生活秀》；吴敬梓的《放牛郎王冕画荷花》。

2. 我国国歌《义勇军进行曲》是《风云儿女》影片的插曲。

3. 中国现代小说《太阳照在桑干河上》的作者丁玲获斯大林文学奖。

4. 《朝花夕拾》的原名是《旧事重提》。

5. 小说《明天》中的女主人公是单四嫂子。

6. 抗日歌曲《大刀进行曲》是麦新的作品。

7. 三毛是漫画家张乐平笔下的人物。

【诗　　词】

1. 王维《终南别业》中，“行到水穷处”的下句是“坐看云起时”。

2. 诗歌风格被概括为“沉郁顿挫”的是杜甫。

3. 被评价为“文起八代之衰”的唐代古文家是韩愈。

4. 日本桂离宫的月波楼得名于唐朝白居易的诗句。

5. 清代人蘅塘退士编选的诗集是《唐诗三百首》。

6. 诗体：正始体（嵇康、阮籍）；太康体（潘岳、陆机、张载、张协）；元嘉体（颜延之、鲍照、谢灵运）；宫体（梁简文帝）；玉台体（南朝陈徐陵）；上官体（上官仪）；元和体（元稹、白居易）；香奁体（韩奁）；西昆体（杨亿、刘筠、钱惟演）；元祐体（宋哲宗元祐）；

7. 诗词派别：南唐词派（李璟、李煜）；韩孟诗派（韩愈、孟郊）；边塞诗派（高适、岑参、王昌龄）；田园诗派（王维、孟浩然、储光羲、常建）；花间词派（温庭筠、韦庄）；

8. 豪放派（范仲淹、苏轼）；前七子（李梦阳、何景明）；后七子（李攀龙、王世贞）；唐宋派（王慎之、唐顺之、归有光、茅坤）；临江派（汤显祖）；公安派（袁宗道、袁宏道、袁中道）；竟陵派（钟惺、谭元春）；浙西词派（朱彝尊）；台阁体（杨士奇、杨荣、杨溥）；桐城派（刘大櫆、姚鼐）。

9. “诗仙”李白，“诗圣”杜甫，“诗豪”刘禹锡，“诗魔”白居易，“诗佛”王维，“诗囚”孟郊，“诗鬼”李贺，“酒圣”杜康，“文圣”孔子，“史圣”司马迁，“医圣”张仲景，“武圣”关羽，“书圣”王羲之，“画圣”吴道子，“茶圣”陆羽。

10. “国色朝酣酒，天香夜染衣”诗句是赞美牡丹。

11. “举杯邀明月，对影成三人”出自李白的《月下独酌》。

12. 我国最大的诗歌集是《全唐诗》。

13. 唐人诗句“千山万壑赴荆门，生长明妃尚有村”的作者和句子中的人物分别指：杜甫，王昭君。

14. 李白的诗句“疑是银河落九天”描绘的是中国的庐山瀑布。

15. “不到黄河不死心”这句话是指要到黄河看壶口瀑布。

16. 我国古代作品最多的诗人是陆游。

【外国文化】

1. 《一千零一夜》又名《天方夜谭》，“天方”是指古阿拉伯。

2. 现代奥林匹克运动创始人皮埃尔·德·顾拜旦是法国人。

3. 1840 年 5 月 6 日英国发行了世界上第一枚邮票，被称为“黑便士”。

4. 使用裁判最多的球类竞赛项目是羽毛球。

5. 3 月 12 日为植树节，5 月的第 2 个星期日为母亲节。

6. “计算机之父”是冯·诺伊曼。

7. 第一个获得诺贝尔奖奖金的是发现 X 射线的伦琴，第一个获得奖金的女科学家是玛丽·居里。诺贝尔奖获得最多的是居里夫妇一家。

8. 诺贝尔奖是每年的 12 月 10 日下午颁奖。

9. “科幻小说之父”是凡尔纳（法国）。

10. 歌剧源于意大利。

11. “我思故我在”是笛卡尔提出的。

【外国作家及其作品】

1. 《鲁滨逊漂流记》中的主人公的仆人是星期五。
2. 电影《阿甘正传》原著作者是温斯顿·葛伦。
3. 创作了《情人》《广岛之恋》等作品的当代著名女作家是法国人。
4. 文学名著与世界著名文学家如下。

小林多喜二(日本):《蟹工船》《为党生活的人》;
村上春树(日本):《挪威的森林》;
青山刚昌(日本):《名侦探柯南》;
川端康成(日本):《千只鹤》;
东野圭吾(日本):《白夜行》;
冢治虫(日本):《铁臂阿童木》《怪医秦博士》《森林大帝》;
马尔克斯(哥伦比亚):《百年孤独》;
世界最早的寓言集:《伊索寓言》;
莎士比亚(英国):《哈姆雷特》《罗密欧与朱丽叶》《威尼斯商人》;
弥尔顿(英国):《失乐园》《复乐园》;
济慈(英国):《夜莺颂》;
菲尔丁(英国):《汤姆·琼斯》;
简·奥斯丁(英国):《傲慢与偏见》;
萨克雷(英国):《名利场》;
劳伦斯(英国):《查特莱夫人的情人》;
雪莱(英国):《西风颂》;
狄更斯(英国):《大卫·科波菲尔》;
萧伯纳(英国):《伤心之家》;
柯南道尔(英国):《福尔摩斯探案全集》;
伏尼契(英国):《牛虻》;
拉封丹(法国):《寓言诗》;
巴尔扎克(法国):《人间喜剧》《高老头》;
大仲马(法国):《三个火枪手》《基督山伯爵》;
小仲马(法国):《茶花女》;
左拉(法国):《萌芽》;

萨特(法国):《恶心》;
普鲁斯特(法国):《追忆逝水年华》;
席勒(德国):《阴谋与爱情》《强盗》;
格林兄弟(德国):《格林童话》;
加缪(法国):《鼠疫》;
海涅(德国):《德国——一个冬天的童话》《西里西亚的纺织工人》;
托马斯·曼(德国):《布登勃洛克一家》;
塞万提斯(西班牙):《堂吉诃德》;
安徒生(丹麦):《安徒生童话选》;
易卜生(挪威):《玩偶之家》;
拉格洛夫(瑞典):《骑鹅旅行记》;
卡夫卡(奥地利):《变形记》;
乔伊斯(爱尔兰):《尤利西斯》;
屠格涅夫(俄国):《父与子》;
陀思妥耶夫斯基(俄国):《罪与罚》;
契诃夫(俄国):《装在套子里的人》《变色龙》;
高尔基(苏联):《母亲》《海燕》;
马雅可夫斯基(苏联):《列宁》;
法捷耶夫(苏联):《毁灭》《青年近卫军》;
奥斯特洛夫斯基(苏联):《钢铁是怎样炼成的》;
肖洛霍夫(苏联):《静静的顿河》;
裴多菲(匈牙利):《自由与爱情》;
惠特曼(美国):《草叶集》;
马克·吐温(美国):《哈克贝利·费恩历险记》;
杰克·伦敦(美国):《马丁·伊登》;
福克纳(美国):《喧哗与骚动》;
海明威(美国):《永别了,武器》《老人与海》;
霍桑(美国):《红字》;
柴可夫斯基(俄国):《天鹅湖》《睡美人》《胡桃夹子》;
施特劳斯(奥地利):《蓝色多瑙河》《维也纳故事》;
萨尔瓦多·波提切(西班牙):《记忆的永恒》;
毕加索(西班牙):《格尔尼卡》《亚维农的少女》;
勃朗特(荷兰):《守夜人》。

5. 音乐家的美誉:巴赫(德国)——“音乐之父”;亨德尔(德国)——“音乐神灵”;

卡拉扬(德国)——“指挥之王”；贝多芬(德国)——“乐圣”；斯卡拉蒂(意大利)——“音乐之猫”；柴可夫斯基(俄国)——“旋律之王”；舒伯特(奥地利)——“音乐魔王”；海顿(奥地利)——“交响乐之父”；李斯特(匈牙利)——“钢琴之王”；肖邦(波兰)——“钢琴诗人”；施特劳斯(奥地利)——“圆舞曲之父”；帕格尼尼(意大利)——“小提琴之王音乐家”。

6. 奥黛丽·赫本主演过的电影主要有《罗马假日》《盲女惊魂记》《罗马丽人行》《修女传》《龙凤配》等。

7. 文学史上有 4 部《变形记》，其中写人变成甲虫的遭遇那一部的作者是卡夫卡。

【地　　理】

1. 少林寺的地址在河南省登封市中岳嵩山西麓。
2. 钱塘江的最佳潮期在 8 月。
3. 1279 年宋朝军队与蒙古军队进行大规模海战的地点是崖山。
4. 长江流经我国 11 省自治区直辖市。
5. “朱雀桥边野草花，乌衣巷口夕阳斜”说的是南京。
6. 有中国“草原钢城”之称的是包头。
7. 被誉为中国海洋城的城市是青岛。
8. 太湖县位于我国安徽省。
9. 洪湖市位于我国湖北省。
10. “明修栈道，暗度陈仓”中的陈仓在现在的陕西宝鸡。
11. 朱自清著名散文《梅雨潭》中所记的“梅雨潭”在浙江省。
12. 我国最大的咸水湖是青海湖，也是我国最大的内陆湖。
13. 我国境内最长的内流河是塔里木河。
14. 我国最大的盐区长芦盐区在河北省。
15. 世界上最长的山是安第斯山。
16. 世界上透明度最大的海是马尾藻海。
17. 世界上最大的湖中之湖位于加拿大。
18. 世界上海拔最低的湖泊是死海。
19. 世界上最深的湖是贝加尔湖。
20. 世界上最大的湖是里海。
21. 世界上最年轻的海是红海。

22. 海运最繁忙的大洋是大西洋。
23. 世界上最高的岛屿是新几内亚岛。
24. 世界上最长的海峡是莫桑比克海峡。
25. 世界上石油运输最繁忙的海峡是霍尔木兹海峡。
26. 世界上最大的地下海位于撒哈拉沙漠。
27. 世界上通过船只量最多的运河是基尔运河。
28. 我国属北冰洋水系的唯一河流是额尔齐斯河。

【生活常识】

1. 能把太阳的 7 种颜色全部吸收的是黑色。
2. 鳄鱼最害怕的颜色是黄色。
3. 动物俗称"四不像"，它的学名叫麋鹿。
4. 太阳系几大行星中最亮的一颗是金星。

【总统、国家、首都及其官方语言】

1. 拥有兰博基尼、古驰、阿玛尼等知名品牌的国家是意大利，其货币名称是意大利里拉。
2. 拥有宜家、爱立信、沃尔沃等国际知名品牌的北欧国家是瑞典，其货币名称为克朗。
3. 比利时和瑞士使用的官方货币是法郎。
4. "文化冲突论"是塞穆尔·亨廷顿提出来的。
5. 汽车靠左行驶的国家有：英国、澳大利亚、日本、印度、爱尔兰、泰国等。
6. 法国国旗的颜色依次是：蓝、白、红。
7. 日本皇室国花是菊花，埃及的国花是睡莲。
8. 缅甸的首都是内比都，柬埔寨的首都是金边，加拿大的首都是渥太华。
9. 美国任期最长的总统是罗斯福，美国国父是华盛顿，美国第一任总统是华盛顿。
10. 特朗普是共和党人。
11. 俄罗斯、土耳其、巴拿马、埃及国家国土跨越两个大洲。

12. 音乐城在奥地利。

13. 被称为“欧洲的农村”的国家是指爱尔兰。

14. 格陵兰岛是丹麦的领土。

15. 国中之国是梵蒂冈。

16. 有“风车之国”美誉的国家是荷兰。

17. 欧元区国家有奥地利、比利时、法国、德国、芬兰、荷兰、卢森堡、爱尔兰、意大利、葡萄牙、西班牙、希腊、斯洛文尼亚、塞浦路斯、斯洛伐克、马耳他、爱沙尼亚等。

【体育文化】

1. 被称为“球王”的足球运动员是贝利，他出生于巴西。

2. 梅西出生于阿根廷，现效力于巴塞罗那足球俱乐部。

3. 巴塞罗那足球俱乐部位于西班牙；皇家马德里足球俱乐部位于西班牙。

4. 被称为“爵爷”的足球教练是弗格森。

5. 被称为“银狐”的足球教练是里皮，出生于意大利。

6. 夺得第一届世界杯冠军的国家是乌拉圭。

7. 篮球始创于 1891 年的美国，排球始创于 1895 年的美国，网球始创于 1873 年的英国，现代足球开始于英国。

8. 2020 年 11 月 25 日，一代“球王”马拉多纳去世。

对外汉语教育学引论

第一章

绪　论　篇

【学习提要】

1. 语言教学中有关语言的几个基本概念

第一语言：人出生以后首先接触并获得的语言。
第二语言：人们在获得第一语言以后再学习和使用的另一种语言。
母语：本国、本民族的语言。
外语：外国的语言。
本族语：本民族的语言，这一术语有时可以与“母语”通用。
非本族语：本族以外的语言，可能是外语，也可能是指本国其他民族的语言。
目的语：人们正在学习并希望掌握的语言。

2. 学科名称

(1)对外汉语教学；(2)汉语教学；(3)汉语作为第二语言教学(Teaching of Chinese as a Second Language)；(4)应用语言学；(5)外语教学(法)；(6)外语教育学和教育语言学；(7)第二语言教学。

3. 对外汉语教育学科体系

理论基础：语言学、心理学、教育学、文化学、社会学、横断学科及哲学。
基础理论：对外汉语语言学、对外汉语教学理论、汉语习得理论、学科研究方法学。

应用研究：总体设计研究、教材编写、课堂教学、测试评估、教学管理、师资培训研究。

教育实践：主要是教学实践，它是学科理论服务的对象，也是学科理论产生的土壤。

4. 对外汉语教学的性质

(1)对外汉语教学首先是语言教学。(2)对外汉语教学是第二语言教学。(3)对外汉语教学是汉语作为第二语言的教学。(4)对外汉语教学是对外国人进行的汉语作为第二语言的教学。

5. 对外汉语教学的特点

以培养汉语交际能力为目标；以技能训练为中心，将语言知识转化为技能；以基础阶段为重点；以语言对比为基础；与文化要素紧密结合；集中强化的教学。

6. 对外汉语教育的学科定位与争论

(1)“小儿科”论。(2)“对外汉语文化教学学科”论。(3)“应用语言学学科”论。(4)学科定位——语言教育学科。

【强化训练】

一、填空题

1. 在美国出生的孩子，父亲和母亲都是中国人，孩子的母语是________。
2. 语言教学包括第一语言教学、________和双语教学。
3. ________是教学活动的主体，教材是反映教学内容的客体。
4. 狭义的应用语言学指的是________。
5. 对外汉语教学的目标是________。
6. 汉语作为第二语言教学的英文翻译是________。
7. 第二语言教学的内部因素是指语言学习和教学活动的________、________和本身。
8. 我国正式出版的第一部对外汉语教材是________。

9. HSK是为测试________、________和________的汉语水平而设立的国际汉语能力标准化考试。

10. 1962年成立的________是第一所以对外汉语教学为主的高校，也是北京语言大学的前身。

11. 中国第一个对外汉语教学的专业刊物为________。

12. 第二语言学习分在目的语环境中和________两种情况。

13. 根据对外汉语教学的性质，我们可以知道对外汉语教学的特点是以培养汉语交际能力为目标，以________训练为中心，以基础阶段为重点，以语言对比为基础。

14. HSK（三级）考试主要面向按每周2—3课时进度学习汉语3个学期（一个半学年），掌握________最常用词语和相关语法知识的考生。

15. 第一所孔子学院开在________。

16.《国际汉语教师标准》由五部分组成，包括汉语教学基础、________、教学组织与课堂管理、中华文化与跨文化交际和职业道德与专业发展。

17. 汉语作为第二语言教学有着悠久的历史，据史书记载，早在________时期就已经有一些国家和少数民族派人到长安学习汉语和汉族文化，这应该是最早的对外汉语教学。

18. 汉语水平________考试（HSKK）主要考查学生的汉语口头表达能力，考试采用录音形式。

19. ________年清华大学成立东欧交换生中国语文专修班，是我国第一个对外汉语培训机构。

20. 随着汉语国际推广事业的发展，将会有越来越多的国家将汉语教学纳入正规的________，在中小学开展汉语教学。

二、判断题

1. 对外汉语教学就是对外汉语，也指对外国人进行的汉语教学。

2. HSK属于一种语言单技能的考核。

3. 孔子学院以传播中国语言及文化为基本任务。

4. 关于汉语国际教育的学科名称，国内学者多有争论，最初，人们使用“对外汉语教学”来进行指称，后来大家倾向使用“汉语作为第二语言的教学”。其实这只是随着社会变化而产生的称说上的不同，两个名称指代的含义是一样的。

5. 第一位到国外教授中国语文的专家是吕叔湘。

6. 狭义的应用语言学指的是语言教学。

7. 母语是从亲属关系的角度命名的，外语则是从国别的角度命名的。

8. 除第一语言以外的语言就是外语。

9. 科学主要通过思想理论和技术手段来对教育施加影响。

10. “教师的语言”指的是第二语言老师为了达到交际的目的，对该语言的非母语学习者在课堂教学中有意识使用的目的语系统的变体。

三、单项选择题

1. 第二语言教学的全过程和全部教学活动包括总体设计、教材编写、课堂教学和测试等 4 个环节，中心环节是(　　)。
   A. 总体设计　　B. 教材编写　　C. 课堂教学　　D. 测试
2. 国内少数民族的汉语教学属于(　　)。
   A. 第一语言教学　　B. 第二语言教学　　C. 外语教学　　D. 对外汉语教学
3. 对外汉语教学成为一个独立的学科始于 20 世纪(　　)。
   A. 50 年代　　B. 60 年代　　C. 70 年代　　D. 80 年代
4. HSK (　　) 设有考场。
   A. 只在中国各大城市　　B. 只在北京
   C. 在世界上很多城市　　D. 在中国和世界上很多城市
5. 中国少数民族成年人学习汉语属于(　　)的范畴。
   A. 母语学习　　B. 外语学习　　C. 第一语言学习　　D. 第二语言学习
6. 第二语言课堂教学的根本缺陷在于(　　)。
   A. 课时量限制　　B. 师生互动难以充分
   C. 难以提供真实的交际情境　　D. 难以选择最佳教科书
7. 母语为非汉语的学习者来到中国学习汉语，在这种环境下，汉语应该称为(　　)。
   A. 外语　　B. 母语　　C. 第一语言　　D. 第二语言
8. 我国第一个对外汉语教学的专门研究机构是(　　)。
   A. 中华文化研究所　　B. 语言信息处理研究所
   C. 语言教学研究所　　D. 中国对外汉语教学学会
9. (　　)不属于《汉语水平等级标准》的主要内容。
   A. 话题内容　　B. 语言测试　　C. 言语能力　　D. 语言范围
10. 对外汉语教学的主要目的是(　　)。
   A. 传授汉语知识　　B. 训练汉语能力
   C. 传播中华文化　　D. 包括以上三个方面

四、简答题

1. 对外汉语教学学科基础理论包括哪几个方面？

2. 你选择汉语国际教育专业的原因是什么？你觉得学好这个专业需要哪方面的知识储备？如果让你向一个欧洲年轻人介绍中华人民共和国成立至今取得的辉煌成就，你会重点介绍哪些？为什么？

3. 请简述对外汉语教学和汉语国际教育两个概念的区别和联系。

4. 对外汉语教学研究有哪四个层面？它们之间的关系怎样？

【强化训练参考答案】

一、填空题

1. 汉语　2. 第二语言教学　3. 学生　4. 语言教学
5. 培养语言交际能力　6. Teaching of Chinese as a Second Language(TCSL)
7. 主体　客体　8.《汉语教科书》　9. 外国人　华侨　中国国内少数民族
10. 外国留学生高等预备学校　11.《汉语教学与研究》
12. 非目的语环境中　13. 技能　14. 600个
15. 韩国首尔　16. 汉语教学方法　17. 汉代
18. 口语　19. 1950　20. 学校教育

二、判断题

1-5：××√××　6-10：√√×√√

三、单项选择题

1-5：CBCDD　6-10：CACBD

四、简答题

1. 答：(供参考)对外汉语学科理论基础包括：对外汉语语言学、汉语习得理论、对外汉语教学理论、学科研究方法学。

对外汉语语言学：是作为第二语言来教学和研究的汉语语言学，包括语音、词汇、语法、汉字、语义、语用、话语、功能和文化因素等方面。

汉语习得理论：是对外汉语教学的主体之一——学习者的研究，即侧重从心理学的角度研究教学对象的学习过程和学习规律。随着认知心理学和教育心理学的发展和语言习得研究本身的进展，人们逐渐意识到“教”的成功与否的决定性的因素还在“学”的方面，对“学”的研究是对“教”的研究的基础和前提。

对外汉语教学理论：是把上述两个方面——对教学内容和对教学对象的研究结合起来，即研究如何通过教学活动使教学内容为学习者迅速、有效掌握的规律和原理，有时也称为“教学论”“教学原理”或“教学法”。

学科研究方法学：是指受哲学方法论普遍规律的指导，用来探讨对本学科最具针对性的方法论原则，并着重研究适用于本学科的一般方法，特别是本学科的特有方法。

2. 答案：(供参考。此题目无标准答案，只提供答题思路)

(1)选择汉语国际教育专业的原因是什么。这个问题可以从主客观两方面来看。主观包括个人的兴趣爱好、专业知识、个人能力等因素；客观包括本专业的特性、国家政策、国家发展需要等。

(2)学好本专业需要哪些知识储备。此处我们要联想到汉语国际教育学的四大基础学科——语言学、文化学、教育学和心理学，这四方面应该是必须具备的基本知识储备，要展开详细解答。

(3)介绍中华人民共和国成立至今取得的辉煌成就。可以从政治、经济、文化等方面回顾中华人民共和国成立后取得的辉煌成就。此外，还可以将一些新的内容介绍给他们，比如5G等。

3. 答：(供参考)(1)对外汉语教学是指对外国人的汉语教学，实际上也包括对第一语言不是汉语的海外华人进行的汉语教学。这一名称基本体现了这个学科的特点和内涵，一直以来得到大众的广泛接受，但这个名称具有一定的局限性，它只突出了主要教学对象，未能全面、准确地反应学科性质——第二语言教学。对外汉语教学原本是针对国内教外国人汉语这一事业所起的名字，明显带有从中国人的视角来称述这一学科的色彩。“对外”二字无法为国外从事汉语教学的同行所使用，因此它只适用于中国。

(2)汉语国际教育出现于汉语加快走向世界新形势的21世纪初，这个时期孔子学院在全球各地如雨后春笋般发展起来，更多汉语教师从中国走向世界各地，世界汉语教学形势发生了巨大改变，这时候需要较多地考虑和研究“走出去”在国外的汉语教学。因此，汉语国际教育这一名称应运而生，这是汉语走向世界的过程中做出的顺应时代的改变，反映了汉语教学逐渐实现了从“引进来”到“走出去”的变化。

(3)对外汉语教学与汉语国际教育是同一事业和学科的前后两个阶段，学科性质未变，两者之间是继承与发展的关系。汉语国际教育这一名称纠正了长期以来对外汉语教学这一“俗称”的不科学、不规范的问题，解决了本科对外汉语专业这一名称与汉语教育的学科性质不一致的问题。更重要的是，今天的汉语国际教育所面临的和所要研究的问题，比当年的对外汉语教学要多得多、复杂得多。如海外汉语教学的发展和需求，海外中小学汉语教育以及多样化的汉语教育形式等。

4. 答：(供参考)(1)对外汉语教学研究的四个层面。

对外汉语教学属于应用语言学研究范畴，它是语言学、心理学、教育学、计算语言学和现代教育技术的交叉地带。

对外汉语教学包括 4 个层面的研究：

a. 本体论，即从事汉语本体研究，其理论基础为语言学；

b. 认识论，即从事汉语习得与认知研究，其理论基础是心理学；

c. 方法论，即从事教学理论与方法研究，其理论基础是教育学；

d. 工具论，即从事现代科技手段应用于教学与学习的研究，其理论基础为计算语言学和现代教育技术。

(2) 四者间的关系。

我们认为应走出对外汉语教学研究的单向模式，走向四个层面研究相结合的系统研究格局，研究思路与研究视野应有开拓性、原创性，把对外汉语研究看成一个系统工程。

a. 本体论，即从事汉语本体研究，其理论基础为语言学，主要解决教什么的问题。

b. 认识论，即从事汉语习得与认知研究，其理论基础是心理学，主要解决如何学的问题。

c. 方法论，即从事教学理论与方法研究，其理论基础是教育学，主要解决怎样教的问题。

d. 工具论，即从事现代科技手段应用于教学与学习的研究，其理论基础为计算语言学和现代教育技术，主要说明用什么技术手段的问题。

总之，各领域间是相通的，不是封闭的，四者间是相互联系、相互影响的。

第二章
基　础　篇

【学习提要】

1. 语言的基本特征

语言是一种符号系统；语言存在于言语之中；语言有生成性；语言是人类最重要的交际工具；语言是人类的思维工具；语言产生于特定的社团并体现该社团的文化；语言是人类独有的，只有人类才具备学习和运用语言的特殊生理基础。

2. 语言学的发展

(1)历史比较语言学：出现于 18 世纪末、19 世纪初，中心在德国。该派采用历史比较的方法，通过语音和词形的比较研究语言的发展和演变，发现了语言之间的亲缘关系，并建立了语言的谱系分类。其代表人物有丹麦语言学家拉斯克、德国语言学家格里姆和葆朴。历史比较语言学的兴起，使语言成为一门独立的学科。其局限在于强调语言的历史比较，忽视了语言的共时研究；孤立地研究语言单位，缺乏对语言系统性的研究。

(2)结构主义语言学：索绪尔被公认为现代语言学的奠基人。他的学生整理出版了他的讲稿《普通语言学教程》，这本书被奉为语言学的“圣经”。其语言理论的核心是：语言是符号系统，这一系统由很多小系统组成；符号由“能指”(形式)和“所指”(概念)两部分构成，这两部分的关系是任意的，一旦形成以后又具有约定性；符号系统内部语言单位之间存在“组合关系”和“聚合关系”；区分了“语言”和“言语”，区分了“内部语言学”（语言本身的结构）和“外部语言学”（语言与社会、民族、文化、政治等的关系），提出区分“历时语言学”（研究语言在不同时期演变的“动态语言学”）和“共时语言学”（研究语言在某一时期状态的“静态语言学”），主张对语言进行共时研究。

（3）转换生成语法：1957 年美国麻省理工学院乔姆斯基的《句法结构》出版，标志着转换生成语法学派诞生。乔姆斯基在语言研究的对象和研究目的上猛烈抨击结构主义语言学，认为传统语言学和结构主义语言学都不能回答“语言是什么”这一根本问题，不能解释语言是如何为人所掌握的，反对结构主义语言学只以人们的实际话语为对象，以语言的描写和分析为目的。他提出区分“语言能力”——人们内化了的语言规则体系和“语言表现”——语言能力的实际运用，即人们实际说出来的话，认为语言表现不能全面反应语言能力，只就有限的话语进行结构分析不能揭示语言的本质，无法解释人类语言的创造性特征。他认为，语言学需要研究的是能使人掌握语言的规则体系，说出无限话语的人类的认知结构中的语言能力。此外，他还提出“语言习得机制”“普遍语法”假说和“深层机构”、“表层结构”的理论。

（4）功能主义语言学：20 世纪 60 年代末 70 年代功能主义语言学兴起，标志着语言研究重点由语言形式转向语言功能，主张从功能角度研究语言。其代表人物有英国的韩礼德、法国的马丁内等，中心在欧洲。

3. 言语活动在大脑皮层上的机能定位

布罗卡区：主管说、写的运动言语中枢。韦尼克区：听觉言语中枢。

4. 语言习得关键期假说

伦尼伯格于 20 世纪 60 年代提出语言习得的关键期假说（或称“临界期”）。所谓语言习得的关键期，就是指在青春期（12 岁左右）以前，由于大脑语言功能侧化尚未完成，左脑和右脑都能参与语言习得的这段时期。

5. 跨文化交际的特点

文化的差异与交际障碍；交际原则和价值观念；母语文化思维定式和对异文化的成见；交际过程中的相互趋近和求同趋向；交际的结果是文化的相互影响。

6. 跨文化交际中文化的冲突和适应

A. 蜜月阶段；B. 挫折阶段；C. 调整阶段；D. 适应阶段。

7. 跨文化交际中对待不同文化的态度

尊重不同文化；理解与适应目的语文化；求同存异对待文化冲突；外为我用，发展本国文化。

8. 对外汉语教学中文化教学的原则

(1)要为语言教学服务，与语言教学的阶段相适应，与学生语言水平和实际需要相适应，由浅入深、由远及近、由简到繁、循序渐进、适度；(2)要有针对性——针对外国学习者在跨文化交际中出现的障碍和困难；(3)要有代表性——主流文化、国家文化，或者说是中国人共通的文化；有一定教养人身上反映的文化；(4)要有发展变化的观点——在年轻人身上所反映的习俗文化已经有很大变化；(5)要把文化知识转化为交际能力。

9. 对外汉语教学中文化教学方法

(1)通过注释法直接阐述文化知识；(2)文化内容融汇到课文中；(3)通过语言实践培养交际能力。

【强化训练】

一、填空题

1. 汉语没有严格意义上的形态变化，主要借助________和语序的变化来表示语法关系和语法意义。
2. 语言形式是指语言结构，包括________。
3. ________认为语言不是习惯的总和，而是抽象的规则的复杂系统。
4. 乔姆斯基提出区分语言能力和________。
5. 语言作为人类的交际工具，其最本质的是________功能。
6. 第二语言记忆过程包括识记、保持、________和重现。
7. 美国语言学家卡纳尔将交际能力具体归纳为：语法能力、社会语言能力、________和策略能力。
8. 美国社会语言学家海姆斯(D. H. Hymes)首次提出________。
9. 现代认知心理学把记忆系统分为________、短时记忆和长时记忆。
10. 艾宾浩斯遗忘曲线显示，遗忘是有规律的，其规律是________。
11. 关于遗忘的两种理论解释，一是干扰说，二是________。
12. 10—12岁前，大脑的可塑性好，学习能力强，因为是用左右脑运作语言；10—

12 岁以后，大多数人的语言功能逐步转移到左脑，语言学习的能力减退，这就是所谓的________假说。

13. ________是对认知的认知。

14. 两种文化的人们之间相互学习、相互交流的行为被称作________。

15. 语言是民族文化的载体，对外汉语教学不能脱离汉语所体现的________。

16. “萨丕尔—沃尔夫假说”探讨了语言和________的关系。

17. 由舒曼提出的________从文化与语言的关系出发，把第二语言习得的过程看作逐步适应目的语文化的过程。

18. 当外语学习者在学到一定阶段时便出现止步不前的现象，很难再有突破，这种现象被称为“________”。

19. 完形测试中“完形”来源于________心理学。

20. 记忆按内容可以分为形象记忆、________记忆、情绪记忆和运动记忆。

21. ________理论认为，人和动物的学习都是受环境支配的被动的行为改变。

22. 一个较长的学习内容，首尾部分记忆较好，中间部分遗忘较多，这是因为受到了________和后摄抑制的干扰。

23. 文化适应指学习者与________的社会和心理的结合。

24. 大脑的布罗卡区是主管说、写的运动言语中枢，韦尼克区是________言语中枢。

25. ________记忆的广度是 7±2。

二、判断题

1. 瑞士语言学家索绪尔(F. de Saussure)对语言(langue)和言语(parole)的区分，认为言语是对语言的抽象和概括，语言是言语的表现形式。

2. 语言是一套复杂的符号系统，具有交际功能、思维功能和文化功能。

3. 记忆过程包括识记、保持、再认和输出四个基本环节。

4. 如果把超过刚能背诵程度的继续学习称为“过度学习”，那么过度学习达 150%时遗忘最少。

5. 大脑左半球侧重形象思维，如空间关系、艺术、情感等。

6. 有些外国人来中国很多年，还是搞不懂一些现象，是因为他们适应能力不行。

7. 语言交际能力，包括知识和使用两个方面，前者是后者的前提，后者是前者存在的体现。

8. 历史比较语言学的兴起，使语言学成为一门独立的学科。

9. 格式塔心理学家认为，学习的过程就是个不断构建完形的过程。

10. 儿童时期如果右脑损伤，左脑可以取而代之，对语言功能不会产生太大影响。

11. 长时记忆又称“操作记忆”，是对信息进行操作的系统，是动态系统。

12. 启发性原则是指在教学中教师以学生是学习的主体，注意调动他们的学习主动性，引导他们独立思考，积极探索，生动活泼地学习，提高分析问题和解决问题的能力。

13. 理想的第二语言教学是使学习者同时掌握目的语和目的语的文化。

14. 功能、意念、交际场合、社会地位、语体等因素属于语言学能力。

15. 外语学习者由于对文化不适应而产生的心理上的深度焦虑感，如孤独、气恼、悲伤、思乡、浑身不适乃至生病，被称为“文化休克”。

16. 语言是文化的载体，而文化是语言教学内容的一部分。

17. 交际风格与深层文化完全没有相关性。

18. 年龄是第二语言学习最大的影响因素。

19. 对外汉语教学过程的模式大体包括传授式、活动式、发现式和发展式。

20. 教学过程的性质，是学生的认识过程，而且是一种特殊的认识过程。

三、单项选择题

1. 语言符号系统以(　　)分支系统为核心。

A. 语音　　B. 词汇　　C. 语义　　D. 语法

2. 语言是一种包括语音、词汇、语法、文字等要素的(　　)。

A. 功能　　B. 符号　　C. 意义　　D. 系统

3. 根据难度差异等级，第二语言习得难度最大的是(　　)。

A. 第一语言中的某个语言项在第二语言中不存在

B. 第一语言中的某个语言项在第二语言中有不同的分布

C. 第一语言的语言项和第二语言没有相似之处

D. 第一语言中一个语言项，在第二语言中有两个或多个语言项与之对应

4. 对外汉语教学必须做到(　　)。

A. 以语言教学为主　　B. 语言和文化教学并重

C. 以文化教学为主　　D. 语言与文化教学融合

5. 下列特点不属于成功的第二语言学习者的是(　　)。

A. 表达中既注意语言功能又注意语言形式

B. 积极用所学语言进行交际

C. 重视逐句逐字翻译，以保证言语的准确性

D. 善于把学习和习得结合起来

6. 艾宾浩斯发现的遗忘规律是遗忘的进程不均衡，表现为(　　)。

A. 时快时慢　　B. 均匀递减　　C. 先慢后快　　D. 先快后慢

7. 人们在拨打电话时记住了刚查找的号码，打完电话马上就忘掉了，这种情况属于(　　)。
A. 短时记忆　　B. 长时记忆　　C. 无意识记忆　　D. 意义识记忆
8. 记忆的内容因消退原因，完全不能再认或回忆叫(　　)。
A. 暂时性遗忘　　B. 永久性遗忘　　C. 干扰性遗忘　　D. 逆向性遗忘
9. 短时记忆会遗忘是因为(　　)。
A. 受干扰　　B. 受抑制
C. 信息提取出现困难　　D. 信息得不到重视
10. 储存于大脑，以个人亲身经历的、发生的一定时间地点的条件或特定情境为内容的记忆是(　　)记忆。
A. 词汇　　B. 语义　　C. 情景　　D. 抽象
11. 长时记忆中储存信息的记忆代码主要是(　　)的。
A. 形状　　B. 运动　　C. 语言　　D. 色彩
12. 凭借事物的具体形象和表象的联想解决问题的思维是(　　)。
A. 动作思维　　B. 形象思维　　C. 抽象思维　　D. 发散思维
13. 知觉物体的空间关系、欣赏音乐和艺术等功能主要定位在(　　)。
A. 大脑左半球　　B. 大脑右半球　　C. 脑干　　D. 小脑
14. 心理学家提出了发展的关键期或最佳时期的概念，其依据是身心发展的(　　)。
A. 顺序性　　B. 阶段性　　C. 不平衡性　　D. 互补性
15. 一个留学生在口语中常用“寒舍”“高见”“贵国”等词语，听起来不够得体，原因在于他对中文的(　　)理解、掌握得不够好。
A. 语义文化　　B. 语用文化　　C. 语构文化　　D. 国情
16. 有的人判断客观事物时容易受外来因素的影响和干扰，这种认知方式属于(　　)。
A. 反思型　　B. 冲动型　　C. 场依存型　　D. 场独立型
17. 教育的基本功能是它对(　　)发展所起的作用。
A. 身体和智力　　B. 思想和行为　　C. 经济和文化　　D. 社会和个人
18. 下面学习活动中，(　　)属于有意义的接受学习。
A. 科学家发明了抗癌新药
B. 学生们听讲座，理解概念之间的关系
C. 儿童尝试错误走迷宫
D. 小学生通过编打油诗背诵圆周率的小数点后十位
19. 思维是以(　　)为基础，反映的是事物的本质特征和事物之间的联系。

A. 感性材料　　B. 理性材料　　C. 推理　　D. 表象

20. 按人们获得语言的先后顺序，语言分为(　　)。

A. 目的语和非目的语　　B. 母语和外语

C. 第一语言和第二语言　　D. 本族语和非本族语

四、简答题

1. 什么是语言的内化？
2. 留学生"洋腔洋调"形成的主要原因有哪些？
3. 有学者认为，汉语作为第二语言教学要注重培养学生运用汉语进行交际的能力，这是一条总原则，它体现了语言教学的根本任务，对于这个问题，你怎么看？谈谈你的认识。
4. 现在持续的汉语热的状况是否代表中国文化被认同呢？为什么？请谈谈你的观点。
5. 请从跨文化交际的角度探讨对目的语文化的态度。

【强化训练参考答案】

一、填空题

1. 虚词　　2. 语音、语法、词汇等语言的结构体系

3. 乔姆斯基　　4. 语言表现　　5. 社会

6. 再认　　7. 话语能力　　8. 交际能力

9. 感觉记忆　　10. 先快后慢　　11. 衰退说

12. 关键期　　13. 元认知　　14. 跨文化交际

15. 中国文化　　16. 思维　　17. 文化适应假说

18. 僵化(化石化)　　19. 格式塔　　20. 逻辑

21. 行为主义学习　　22. 前摄抑制　　23. 目的语社团

24. 听觉　　25. 短时记忆

二、判断题

1-5：×√×√×　　6-10：×√√√×　　11-15：×√√×√

16-20：√××√√

三、单项选择题

1-5：CDDDC　　6-10：DABAC　　11-15：CBBCB
16-20：CDBAC

四、简答题

1. 答：详见刘珣的《对外汉语教育学引论》(北京语言文化大学出版社 2000 年版)第161 页。

2. 答：(供参考)“洋腔洋调”是指母语为非汉语的学习者在用汉语进行口头表达的过程中，语流中出现的一种十分常见的语音语调偏误现象，表现在外国学生汉语口语表达的单字音节、语流音变、语调模式和意义配合关系等各个层面，用母语语音代替目的语语音的现象是“洋腔洋调”最直接的表现。

(1)主观方面来说，年龄是“洋腔洋调”产生的最主要的原因。由于对外汉语教学的对象多为成年人，他们的口腔肌肉早已失去弹性，发音习惯的定型也使他们错过了语言习得的关键期。于是他们会选择用母语中相近的发音去代替目的语中的某个发音，使得变音、增音、缺音等现象层出不穷，因而产生“洋腔洋调”的问题

(2)客观方面来说，学习者母语语音系统的干扰和影响是产生“洋腔洋调”的重要原因，汉语中很多因素是其他语言没有的，留学生在发音时容易用母语中相似的因素来代替，此外，当一些因素和学生母语中的某些因素相似时，也会使学生产生混淆。

(3)语音教学方法不恰当，也能造成留学生“洋腔洋调”的问题，具体包括对外汉语教材中声调描写滞后，对于音变、轻声和儿化这些复杂语音现象，都只是在练习中一带而过，学生对声调没有任何认知。再加上教材的介绍过于简单，学习者在缺乏对汉语声调系统的整体认知之下，仅仅依靠跟随教师机械地重复和模仿是远远不够的，更无法在语流交际中灵活运用。

另外，声调教学缺乏一定的层次性和系统性，教学方法过于单一。在学习的初级阶段，学习者仅仅是跟着老师不断进行模仿训练，无法立刻把声调运用到交际中，影响了学习后的巩固。在中高级阶段，声调教学早已结束，但学习者学习更高层次的词汇和语法时，并没有配合一定的声调练习，因此他们的声调准确度停滞不前，甚至倒退。

(4)从学习者的日常经验来看，在没有掌握好声调的情况下，使用“洋腔洋调”依然能和他人进行交流，因为母语者可以根据说话者的语境和语句来判断说话者要表达的意思。教师在课堂或者平时的生活中为了能与学生进行交流，也会忽视学习者声调上的错误，久而久之，学生就会认为自己的发音很准确，没有问题，最终导致这些偏误化石化，“洋腔洋调”也愈演愈烈。

3. 答：(供参考)我同意这一观点。

(1)从语言教学的目标来看：语言教学的目标是培养学习者的语言能力，对外汉语教学的目标自然是让学习者学会正确地使用汉语，在这一目标的指导下，对外汉语的教学任务自然也就是培养学生运用汉语进行交际的能力。

(2)从对外汉语教学的性质来看：对外汉语教学首先是语言教学。语言教学的根本任务是教好语言。语言教学必然涉及一定的文化内容，也必须包括一定的文化因素的教学，但文化因素的教学必须为语言教学服务。语言教学不同于语言学的教学。语言是交际工具，教语言就是让学习者掌握这个交际工具，培养运用汉语进行交际的能力。

(3)从对外汉语教学的特点来看：对外汉语教学的首要特点就是以培养汉语交际能力为目标，因此要求以技能训练为中心，将语言知识转化为技能。

4. 答：(供参考)在我看来，现在持续的汉语热的状况确实代表了中国文化得到了广泛的认同，原因如下。

(1)语言和文化密切联系。语言是文化的重要组成部分，语言与文化是部分和整体的关系，二者不可分割，语言和文化相互依存、促进和制约。当前，学习汉语的人数迅速增长，教学规模不断扩大，现代汉语教学日益受到重视，也就体现了中国文化越来越为人们所了解，汉语学习受到欢迎也体现了中国文化受到认同和欢迎。

(2)从中国的角度来看，汉语是中国文化的重要载体，现在，汉语受到世界的欢迎，而人们对中国文化也会越来越了解。当前，世界各国之间的交流空前广泛和密切，中国文化也希望走出国门，走向世界，民族的就是世界的，中国文化和其他文化相互交流，相互理解，中国文化会以其自身独特的魅力受到世界各族人民的欢迎和认同。

(3)从其他国家的角度来看，正是出于更多地了解中国、了解中国文化的目的，其他国家的人民才会学习汉语，以致掀起“汉语热”，这也体现了对于中国文化的认同。

(4)现今的“汉语热”对中国文化走向世界既是机遇又是挑战，我们要把握机遇，迎接挑战，以更加积极的姿态推进对外汉语教学，促进中国文化与世界文化的交流，相互学习，取长补短，促进世界文化的共同繁荣。

5. 答：(供参考)第二语言教学是一种外语教学，也是一种跨文化的教学。第二语言教学不仅要教授语言知识，还要教授这种语言所依托的文化因素。但文化教学最终还是为语言教学服务的，因此在教学中要分清二者之间的关系。文化教学的最终目的是让学生了解、掌握不同的文化差异，达到顺畅地交际。

第二语言教学的跨文化教学，是属于第二语言教学学科体系建设中学科基本理论范畴内的概念。要求第二语言教学在知识教学的同时还要进行交际文化教学。在交际文化教学中需要遵循以下原则。

(1)适时性。根据学习者的学习情况、学习动机等进行恰当的文化教学，切忌不顾场合、不顾时机盲目地灌输文化。

(2)适度性。对外汉语教师要善于根据不同学习者的学习策略、学习目标等进行一定量的文化教学，切忌在课堂上灌溉式的大量教授，增加学习者的学习压力，这样反而适得其反，失去文化教学的作用。

（3）敏感性和包容性。教师应该增强跨文化意识的敏感性，当面对不同的差异和冲突时要有一定的包容性，这样才能更好地将相应的知识教授给学生，也培养学生的跨文化意识。此外，教师和学生之间还需要相互尊重、理解，在尊重各国文化差异的基础上，教师要学会将这些差异巧妙地融入教学活动，从而增强学生对中华文化的兴趣。

第三章
习 得 篇

【学习提要】

1. 学习理论两大流派

1）行为主义学习理论

行为主义学习理论认为，学习是人和动物受环境支配获得经验而被动形成的行为的改变，在这一过程中完全排斥人的主观思想或思维活动。其重要理论有桑代克的“尝试—错误学习理论”和斯金纳的“操作学习理论”。

2）认知学习理论

认知学习理论认为，学习是学习者对环境和客观事物的主动认识和行为的主动改变，是主体的认知过程，而不是在外界环境支配下被动地进行刺激—反应的联结和行为习惯的改变，强调学习中认知机制所起的作用，着重探讨学习者内部心理结构的形成和改变。其重要理论有格式塔心理学的“完形说”和布鲁纳的“认知—发现说”。

2. 习得与学习的不同

（1）习得，特别是儿童第一语言习得，是从本能的要求开始，与其生理和心理的自然发育、成熟同步进行，儿童是在不知不觉中获得第一语言的。成年人的习得也是一种潜意识行为。学习则是为了掌握一种新交际工具所进行的目的性非常明确的活动，伴随督促、考试、竞争等外部因素的作用，是一种有意识的行为。（2）习得一般是在使用该目的语环境中进行的，学习主要在课堂环境下进行。（3）习得时注意力主要集中在语言的功能和意义方面，集中在语言如何有效地表达思想以及语言所表达的信息上(语言的内容)，而不是语言的形式。语言形式的掌握、知识的获得往往是潜意识的。学习，特别是在传统教学法的影响下，注意力主要集中在语言形式方面，有意识地、系统地掌握语音、词汇、语法等，在很大程度忽视了语言的意义。(4)习得的方法，主要靠在自然语言环境中的语言交际活动，没有教学大纲、课本和真正意义上的教师。学习则是在教师指导下，通过大量的模仿和练习来理解、掌握和运用语法规则。(5)习得需要大量的时间，效果也比较好。学习相对来说花的时间较少，但效果不确定。

3. 儿童第一语言习得理论

1)刺激—反应论

属于行为主义心理学理论，盛行于20世纪四五十年代，代表人物是斯金纳。行为主义者认为，语言不是先天所有，而是后天习得的，强调外部条件在第一语言习得过程中的作用。这种行为跟人类其他行为一样，是通过刺激—反应—强化的模式养成习惯而学会的。

评价：

人们平时所听所说的每句话几乎都是新的，儿童不可能通过模仿来学会每一句话；刺激—反映论不能解释儿童言语行为中的创造性；成年人并不总是对儿童说出的话语进行强化，即使有也是对其内容而不是对其形式和结构；单靠刺激—反应，即使能学到一些语言的外部形式，也培养不出语言的交际能力。

2)先天论

又称“内在论”，代表人物是乔姆斯基，以其于20世纪80年代提出的“普遍语法”理论为基础。乔姆斯基认为，语言不是“习惯的总和”，而是由抽象规则构成的复杂体系。人们习得语言也不是单纯地模仿记忆，而是要把这些复杂的规则“内化”，达到自动运用的程度，成为理解和产生言语的基础。乔姆斯基认为，人类大脑中先天有一种受遗传因素决定的语言习得机制(LAD)，它包括两部分：第一部分是以待定参数形式出现的，人类语言所普遍具有的语言原则，又称为“普遍语法”；第二部分是评价语言信息的能力，也就是对实际接触到的语言核心部分进行参数的定值。

评价：

究竟有没有LAD，很难通过实验来证明；语言习得机制如果指人类具有的语言习得能力，不会有争议，但是如果指普遍语法，就产生了疑问。人类语言千差万别，即使能找到普遍特征，但未必能为人类天生所有；乔姆斯基把语言习得机制与其他功能分开，与智力、认知无联系，甚至先于他们而发展；先天论对环境的作用估计不够。

3)认知论

儿童头脑中没有神秘的语言习得机制，更不存在普遍语法，但人类有先天的认知机制和认知能力。认知机制和认知能力与环境相互作用，并向环境学习。儿童语言的发展是个体在与客观环境交互作用过程中，通过同化、顺应达到暂时平衡，不断从一个阶段发展到一个新的阶段。

不足：

这一学说不是专门解释儿童语言习得问题的，因此语言习得中许多问题并未解决；语言发展受诸多因素的影响，只强调认知一面不全面；只强调认知能力对语言能力的影响，忽略了语言能力的发展对认知能力发展的影响。

4）语言功能论

代表人物是英国语言学家韩礼德，语言功能论从语言交际功能的角度研究儿童语言的发展，认为儿童习得语言是为了学会如何表达意思，如何用言语做事、进行交际，因此更为重要的是掌握语言的语义体系和语用体系。

评价：

触及语言的核心——语言的交际功能；影响功能派教学法的形成，但对语言结构的发展论述不多。

4. 第二语言习得理论和假说

1）对比分析假说

拉多于 20 世纪 50 年代中期，行为主义鼎盛时期提出的假说，其认为第二语言的获得也是通过刺激—反应—强化形成习惯的结果。一旦习惯形成，当学习者处于某一语言情景时，就会自动做出反应。习得第二语言时，学习者由于已经形成了一整套第一语言的习惯，因此会存在第一语言习惯的迁移问题。

缺点：

只强调学习者通过刺激—反应被动地养成一定的语言习惯，否认学习者语言习得的认知过程，忽视人的能动性和创造力，是行为主义理论根本的缺陷，不能全面解释第一和第二语言习得。

2）中介语假说

美国语言学家塞林克于 1969 年提出中介语的概念。中介语是指在第二语言习得过程中，学习者通过一定的学习策略，在目的语输入的基础上所形成的一种既不同于其第一语言也不同于目的语，伴随着学习的进展向目的语逐渐过渡的动态语言系统。

中介语特点：

中介语在其发展过程中的任何一个阶段都是学习者创造的一种介于第一语言和目的语之间的独特的语言系统；中介语不是固定不变的，而是一个不断变化的动态语言系统，呈现一定阶段性；塞林克把中介语产生的原因归纳为语言迁移、目的语规则的过度概括、训练造成的迁移、学习者的学习策略和交际策略等 5 个方面；中介语的偏误有反复性；中介语的偏误有顽固性，产生“僵化”或“化石化”现象。

3）内在大纲和顺序假说

科德于 1967 年在其《学习者言语错误的重要意义》一文中提出，第二语言学习者在语言习得的过程中有自己的内在大纲，而学习者的种种偏误正是内在大纲的反映。学习者不是被动地服从教师的教学安排，接受教师所教的语言知识，而是有其自身的规律和顺序。

4）输入假说

美国语言学家克拉申于 1985 年在其《输入假说：理论与启示》中正式归纳为：习得与学习假说、自然顺序假说、监控假说、输入假说和情感过滤假说，总称输入假说理论。

A. 习得与学习假说

克拉申区分习得（潜在的、日常的、暗含的学习）与学习（有意识的、明确的、正规的），并认为习得是首要的，学习是辅助的，通过学习获得的语言无法成为目的语习得的基础，也不能用来自然地表达思想，在交际中流利地运用第二语言只能靠习得。

B. 自然顺序假说

克拉申赞同科德的内在大纲假说，认为人们习得语言规则有一个可以预测的共同顺序，有的先习得，有的后习得。

C. 监控假说

克拉申认为，人脑中有两个独立的系统，一个是潜意识的系统，一个是有意识的系统。流利地运用第二语言靠习得，交际中使用输出的话语是由潜意识的习得系统引起或“驱动”的。通过学习获得的有意思的系统语言知识，并不能使学习者表达更流利。有意识的系统在言语行为中只起到监控作用（编辑、监督、检查、控制等）。

D. 输入假说

第一，克拉申认为，人类获得语言的唯一方式是对信息的理解，通过吸收可理解的输入习得语言知识；第二，输入的语言信息既不要过难也不要过易，克拉申用 i+1 表示；第三，克拉申强调听力活动对语言习得最为重要，语言习得是通过听力理解来实现的，而不是通过说获得的。

E. 情感过滤假说

也称“屏蔽效应假说”。第二语言学习者在学习和日常生活中输入的语言信息并不都被吸收。第二语言课堂学习也总是输入大于吸收。人类头脑中这种对语言的堵塞现象，是由于情感对输入的信息起到了过滤作用，称为“情感过滤”。

5. 第二语言习得过程研究

1）对比分析

是将两种语言的系统进行共时比较，以揭示其相同点和不同点的一种语言分析方法，代表人物为著名教育家弗赖斯及其学生拉多。对比分析的理论基础是结构主义语言学，心理学基础是行为主义心理学和迁移理论。

对比分析的四个步骤：描写、选择、对比、预测。

意义：

盛行于20世纪五六十年代，通过目的语与第一语言的对比，从差异中发现了学习中的干扰性因素，发现了学习的难点，揭示了教学重点，加强了教学针对性，便于有效地制定大纲、设计课程、编选教材和改进课堂教学与测试。近年来，对比分析把研究内容扩大到语用、文化和话语结构方面。

局限：

第一，对比分析的主要观点是两种语言的相同之处产生正迁移，不同之处产生负迁移，两种语言的差异越大，干扰越大，困难也就越大。实际情况并非如此。语言的差异与学习者可能遇到的困难之间的关系是一个复杂的问题，不是简单的成正比的关系。第二，对比分析只研究第一语言（母语）对目的语学习的迁移作用，而第二语言学习者遇到的困难和所犯的错误并不只是来源于第一语言的干扰。事实上，学习者遇到的困难和所犯的错误来源是多方面的。第三，对比分析在结构主义语言学理论的影响下，只对语言的表层结构进行对比，而且主要集中在语音、词汇、语法方面，没有语义、语用、话语和文化方面，因此是不全面的。第四，对比分析最大的问题是把学习者看作机械刺激的对象，不重视对学习者的研究，甚至根本没有涉及学习者的实际语言表现和学习者特点。因此，有学者认为，对比分析只是一种语言的研究。

2）偏误分析

是对学习者在第二语言习得过程中所产生的偏误进行系统的分析，研究其来源，揭示学习者的中介语体系，从而了解第二语言习得的过程与规律。

偏误的来源：

A. 母语负迁移，学习者不熟悉目的语规则的情况下，只能依赖母语知识。

B. 目的语知识负迁移，学习者把他所学的有限的、不充分的目的语知识用类推的办法不适当地套用在目的语新的语言现象上，造成了偏误，也称为“过度概括”或“过度泛化”。

C. 文化因素负迁移，例如，姓名称谓。

D. 学习策略和交际策略的影响。造成偏误的学习策略主要有迁移、过度泛化和简化。

意义：

偏误分析是对比分析的继承和发展，弥补了对比分析的不足；偏误分析改变了人们对语言学习过程中所出现的偏误本质的认识；偏误分析对习得过程和习得规律的研究丰富了第二语言教学理论，促进了第二语言教学的发展。

局限：

正确与偏误的区分标准很难确定；从目前对各种偏误的研究情况来看，还很不平衡。对语音、词汇、语法方面研究较充分，对语用和文化方面研究不够充分，对语言表达的偏误分析较多，对语言理解的偏误分析较少；对偏误来源的分析研究不够深入，陷于公式化，另外，偏误来源本身也很复杂，有时是多方面共同作用的结果。偏误分析最大的弱点在于只研究中介语的偏误部分，而且是横切面式的静态分析，并非研究中介语的正确部分，割裂了中介语体系，看不到中介语的全貌及其动态发展的轨迹。

6. 学习者的个体因素

1）生理因素

语言习得的有关生理因素主要是年龄。

2）认知因素

智力：是人的一种心理机能，是成功地认识客观事物和解决问题的各种心理因素的总和，是由观察力、注意力、记忆力、思维能力、想象力和创造力组成的综合能力。

语言学能：学习第二语言所需要的特殊认知素质叫作第二语言学习的能力倾向。

学习策略和交际策略：是语言学习者为有效地掌握语言规则系统，发展言语技能和语言交际能力，解决学习过程中所遇到的问题而采取的各种计划、途径、步骤、方法、技巧和调节措施。

认知方式：人们认识和感知世界的方式，对学习者来说也是学习方式。

3）情感因素

动机：是激励个体从事某种行为的内在动力，常表现为为达到某种目的而付出努力的愿望。

态度：态度是构成动机的主要因素之一，是个体对某种客观事物的评价性反应，是在对事物了解的基础上产生情感上的褒贬好恶，并反映出对之采取行动的倾向性。

性格：个性特征是最重要的情感因素，主要有内向和外向、自尊心和抑制、焦虑和移情几个主要个性特征。

7. 课堂教学的作用和局限性

优势：

（1）课堂教学能充分利用人们长期积累的对语言本身和语言教学的研究成果，通过教学大纲和教材的精心安排，进行集中的、有目的、有计划的教学活动，收到相对来说短期速成的效果。

（2）课堂教学的重点往往是语言形式的掌握，课堂能有目的地提供比自然语言环境更集中、范围更广、形式更为复杂的语言形式。

(3)课堂教学强调教授语言规则，符合成年人的思维特点和学习特点。

(4)课堂教学有经验丰富的老师指导和帮助，可以迅速提供反馈，及时纠正错误，从而加快语言学习的速度。

局限：

(1)通过课堂教学接触目的语的时间是极其有限的，目的语的输入量也无法与自然习得相比。

(2)课堂教学所提供的不都是真实的语言材料，教给学生的常是“课堂语言”或“教科书语言”，与实际生活中的语言有一段距离。

(3)课堂教学侧重语言形式，但不可能教给学生所有的语法规则，最好的语法规则体系也是不充分的；另一方面，课堂教学也可能产生误导。

(4)课堂教学最根本的缺陷在于难以提供真实的交际情景，也难以进行真正的交际活动。

【强化训练】

一、填空题

1. 对第二语言学习者来说，________是非常重要的，能对学习产生持久的激励作用。

2. 1969 年提出中介语概念的语言学家是________。

3. 学习策略大体上可以分为认知学习策略和________两大类。

4. 教学过程是由________和________共同参与的过程。

5. 儿童习得第一语言有 5 个阶段：(1)前语言阶段；(2)独词句阶段；(3)双词句阶段；(4)________；(5)复杂句和语篇阶段。

6. 中介语偏误的“化石化”现象表明中介语的偏误具有________。

7. 乔姆斯基反对模仿说，认为儿童不可能对一种语言的所有句子进行模仿，对儿童语言发展的唯一可能解释就是，儿童生来就具有________。

8. 在非汉语环境中通过课堂教学有意识地掌握汉语的过程和方式属于语言________。

9. 语言习得的认知因素主要包括智力、学能、学习策略、交际策略和________。

10. 科德把错误分成失误和偏误两种，偏误是系统的、有规律的，而失误是不成系统、________出现的。

11. 认知方式指对信息的感知、定义、组织和记忆方法，大致分为________和场独立两种类型。

12. 焦虑是常见的情感因素之一，对第二语言习得起着________的作用。

13. 当外语学习者学到一定阶段时便出现止步不前的现象，很难再有突破，这种现象被称“ ________”。

14. ________是外语学习者创造的介于母语和目的语之间的一种独立的过渡语言系统。

15. 如果一个母语为英语的学生说出“我正学习汉语在武汉”这样的句子，其偏误原因可能是________。

16. 第二语言习得过程可划分为语言输入、语言吸收、语言发展系统、________四个阶段。

17. 泰国学生在学习汉语时，母语中的声调会影响他们学习汉语的声调，这说明在语言学习中存在________现象。

18. 由木到森说明的迁移是________。

19. 学习过程中已获得的知识、技能、方法、态度等对知识、技能起阻碍作用的迁移叫作________。

20. 中介语是指介于学生本族语和________之间的一个独立的语言系统。

21. 学习者通过学习成绩的反馈发现自己学习方法的问题，根据反馈的信息自我检查和评估学习，并对已出现的问题提出弥补措施是________学习策略。

22. 一个人从小立志成为一名汉学家，他的动机属于________动机。

23. 汉语学习的动机从不同的角度划分，可分为融入型动机和工具型动机，内部动机和________等。

24. 对比分析的步骤为：________，选择，对比，预测。

25. 人类头脑中对语言的堵塞现象，是由于情感对输入的信息起了过滤作用，克拉申将其称为________。

26. ________于 1967 年在《学习者言语错误的重要意义》一文中提出，第二语言学习者在语言习得过程中有其自己的内在大纲。

27. 偏误的来源主要有母语负迁移、目的语知识的负迁移、________以及学习策略和交际策略的影响。

28. 在社会距离、心理距离太大的情况下，第二语言学习者的语言会停留在初级阶段，即使在自然的语言环境中也未必能习得目的语，这就是________假说。

29. 第二语言习得中衡量输出质量的指标一般是准确性、流利度和________。

30. 留学生在进行汉语水平考试时，遇到不认识的生词，根据上下文或者是汉字的某一部件推测词义，这属于采取________的学习策略。

31. 负迁移对第二语言学习产生两种干扰：________和介入性干扰。

32. ________是一种有意义的学习方式，它强调在教师启发引导下，由学生独立发现事物的意义、规律以及概念之间的关系。

33. 所谓语言习得________，就是指在青春期以前，由于大脑语言功能侧化尚未完成，左脑和右脑都能参与语言习得的这段时期。

34. ________是在经典条件作用与操作条件作用的基础上建立起来的刺激—反应学习理论。

35. 偏误分析的语言学基础是________。

二、判断题

1. 母语习得和成年人外语学习的认知机制相同。
2. “i+1”原则，即提供比学习者水平稍高一点的可理解性输入。
3. 适当的焦虑阻碍学习。
4. 两种语言差异越大，干扰越大，学习的困难也就越大。
5. 第一语言教学不同于第二语言教学，第一语言教学不需要从基本的需要能力开始。
6. 在第二语言的学习过程中，学习者会形成的一种既不同于其母语也不同于目的语的语言，被称作中介语。
7. 克拉申认为，输入与习得相关，而不是与学习相关。只要输入量大于学生目前的语言能力，而情感过滤又低，学生就会自然学会语言。
8. 中介语概念是 1969 年美国语言学家奈姆瑟提出来的。
9. 作为个体因素中的情感因素主要包括动机、态度、性格、焦虑、自信心和情绪。
10. 中介语并非都是错误的，其正确的部分会随着学习的进展不断扩大。
11. “她到学校了，她穿了新衣服”是由于学习者的过度泛化策略造成的偏误。
12. 定势对迁移的影响有两种：促进和阻碍。
13. 中介语的偏误不具备反复性，可以被消除。
14. 语言学习的关键期假说认为，在语言学习中存在最佳年龄阶段。
15. 对目的语的形式或功能加以缩减的学习策略是简化。
16. 中介语是可以看作某一阶段“静态”的系统，或者说是各个阶段的连续。
17. 在语言学习中，学习者由于对语言本身感兴趣而产生的学习动机是内部学习动机。
18. 歧义容忍度高有利于第二语言学习。
19. 成年人在学习第二语言时通常有口音，这支持了关键期假设。
20. 在语言习得中，男性使用标准语言形式的频率要高于女性。
21. 成年人由于生理器官已经成熟，智力发育健全，思维能力较强，所以往往在学习第二语言的时候能够充分概括和归纳语言材料，避免第一语言对第二语言学习的负迁移。
22. 焦虑的实质是由外在模糊的危险刺微引起的一种强烈、持久的消极情感，不会对学习产生促进作用，只能阻碍第二语言的学习。

23. 对比分析是偏误分析的继承与发展，丰富了第二语言教学理论。

24. 在第二语言习得中，对比分析是一种将两种语言的系统进行共时和历时比较，以揭示其同异的语言分析方法。

25. 自然顺序假说由美国语言教育学家克拉申所提出，第一次对英语的语素习得顺序进行了研究和实验。

三、单项选择题

1. 根据学习第二语言的关键期假说，下列(　　)阶段最适合学习汉语。

   A. 20—30 岁　　B. 6—8 岁　　C. 0—1 岁　　D. 55—65 岁

2. 第二语言习得中“习得”在英语中为(　　)。

   A. obtain　　B. study　　C. learn　　D. acquire

3. “他不高兴地走了”，被写作“他不高兴了，他走了”，这样的句子是学习策略中的(　　)。

   A. 过度泛化　　B. 简化　　C. 迁移　　D. 回避

4. 举一反三、闻一知十、触类旁通属于(　　)。

   A. 同化迁移　　B. 逆向迁移　　C. 顺应迁移　　D. 重组迁移

5. 留学生在学完方位词的使用规则后，开始学习“上”“下”“左”“右”几个词，这种学习属于(　　)。

   A. 分散学习　　B. 组合学习　　C. 上位学习　　D. 下位学习

6. 语言习得的认知因素不包括(　　)。

   A. 智力　　B. 语言学能　　C. 学习动机　　D. 认知方式

7. 学习策略中直接策略包括(　　)。

   A. 记忆、元认知、情感　　B. 记忆、认知、补偿

   C. 元认知、情感、社会　　D. 元认知、补偿、社会

8. 内在大纲假说的提出者是(　　)。

   A. 塞林格　　B. 科德　　C. 特雷尔　　D. 科伦

9. 在语言学习中，学习者会在学习前制定学习计划，在学习中监控和管理自己的学习过程，在学习结束后评估学习效果，这种学习策略是(　　)。

   A. 认知策略　　B. 补偿策略　　C. 记忆策略　　D. 元认知策略

10. 学生在阅读中遇到生词时，会根据上下文猜测词义，这是使用(　　)学习策略。

    A. 认知策略　　B. 补偿策略　　C. 记忆策略　　D. 元认知策略

11. 以下不符合“语言习得”特征的是(　　)。

A. 有意识　B. 课堂外　C. 自然状态下　D. 非正式

12. 根据斯金纳的强化理论，教师在课堂上通过警告学生来维持课堂秩序属于(　　)。

A. 正强化　B. 惩罚　C. 二级强化　D. 负强化

13. 美国语言学家克拉申的输入假说理论，不包括(　　)。

A. 习得与学习假说　B. 自然顺序假说

C. 监控假说　D. 互动假说

14. 第二语言学习中的焦虑通常表现为(　　)焦虑、考试焦虑和对负面评价的焦虑几个方面。

A. 交际　B. 移情　C. 认同　D. 抑制

15. 偏误分析的最大弱点是(　　)。

A. 仅看到偏误的消极方面　B. 忽视中介语的正确部分

C. 缺乏心理学理论支持　D. 完全否定对比分析的价值

16. “离婚过两次”“他们正跳舞着”“游泳了三小时”等类似错误的发生是因为学生(　　)。

A. 对汉语“着”“了”“过”的用法不清楚

B. 没掌握汉语离合词的用法

C. 不知道“离婚”“跳舞”“游泳”后面不能带宾语

D. 数量词用错了

17. “来中国之前，每个周末我都去爬了山”，此句产生偏误的原因是(　　)。

A. 遗漏　B. 误加　C. 误代　D. 错序

18. 一个留学生在交际过程中不知“阅览室”这个词怎么说，就用“一个可以在里面看书、做功课的房间”来解释，这个学生用了(　　)的交际策略。

A. 回避　B. 简化　C. 造词　D. 描述

19. 下面哪一项不是成功的第二语言学习者应该具备的(　　)。

A. 较高的学能　B. 积极的态度　C. 强烈的动机　D. 较快的语速

20. 一个美国学生说：“这个天大家都休息。”造成这个偏误的原因是(　　)。

A. 目的语知识负迁移　B. 母语负迁移

C. 交际策略影响　D. 文化因素负迁移

21. 对比分析理论认为外语学习的障碍主要来自(　　)的干扰。

A. 母语　B. 目的语　C. 中介语　D. 教材

22. 在第二语言习得过程中，已经纠正的偏误可能会有规律性地重现，这种现象是中介语偏误的(　　)。

A. 顽固性　B. 重复性　C. 可信性　D. 有效性

23. “常常我们去旅行”属于(　　)类型的偏误。

A. 误加　B. 遗漏　C. 错序　D. 误代

24. 外国人学汉语说出的“洋腔洋调”的根本原因是(　　)。

A. 汉语是声调语言　B. 母语语音系统影响

C. 外国人的音系单一　D. 汉语音系单一

25. 哪个不属于对比分析的意义(　　)。

A. 第一语言学习、第二语言学习是截然不同的过程

B. 第二语言学习的根本困难是母语习惯特征的干扰

C. 可避免没有价值的语言项目

D. 通过对比研究与目的语相一致的地方

四、简答题

1. 比较第一语言习得和第二语言习得的不同点。

2. 什么是偏误？造成偏误的因素有哪些？请结合具体教学实际简要说明偏误分析在教学中的应用及纠正偏误的方法。

3. 影响留学生汉语学习动机的因素有哪些？如何激发和维持学生的学习动机？

4. 习得与学习的不同之处体现在哪些方面？

5. 简述中国人学习英语和外国人学习汉语过程中的共性和个性。

6. 试简述对比分析方法在第二语言中的作用。

7. 举例说明汉语学习中的迁移作用。

8. 请对下面4个语例进行偏误分析，并指出偏误可能产生的原因。

①为了能拿到礼物，圣诞节早晨，大卫很快就打开眼睛。

②我常常见面我的朋友。

③这个西瓜很大，有十二、十三斤。

9. 如何看待留学生在汉语学习过程中出现的错误？

10. 简述目的语学习环境对学习者的积极作用。

【强化训练参考答案】

一、填空题

1. 内部动机　2. 塞林克　3. 元认知学习策略

4. 教师　学生
5. 电报句阶段
6. 顽固性
7. 语言习得机制
8. 学习
9. 认知方式
10. 偶然
11. 场依存
12. 阻碍
13. 化石化
14. 中介语
15. 母语负迁移
16. 语言输出
17. 母语负迁移
18. 具体迁移
19. 负迁移
20. 目的语
21. 元认知
22. 内部
23. 外部动机
24. 描写
25. 情感过滤
26. 科德
27. 文化因素的负迁移
28. 洋泾浜化
29. 复杂性
30. 推理
31. 阻碍性干扰
32. 发现学习
33. 关键期
34. 行为主义学习理论
35. 普遍语法理论

二、判断题

1-5：×√××√
6-10：√√××√
11-15：×√×√√
16-20：√√√√×
21-25：××××√

三、单项选择题

1-5：BDDAD
6-10：CBBDA
11-15：ADDAB
16-20：ABDDB
21-25：AACBA

四、简答题

1. 答：(供参考)儿童第一语言学习与成年人第二语言习得存在显著差异，主要表现在以下几方面。

(1)学习的主体不同。

第一语言习得的主体是儿童，第二语言习得的主体大多是过了青春期的成年人。两者的学习主体在生理、心理、智力上都有差异。

(2)学习的起点不同。

儿童在习得第一语言之前，没有任何语言，他是通过语言习得机制来接触和使用第一语言并认识它。成年人在学习第二语言之前，已经掌握了第一语言，他是通过对第一语言的知识和科学的思维能力来接触和使用第二语言并认识它。

(3)学习的条件与环境不同。

儿童总是处于一种自然的语言环境之中，不受时间限制，大量地接触自然的语言，语言环境比较单纯，没有第二语言的干扰。

第二语言学习一般在正式场合(课堂)里进行，时间有限。课堂以外，一般没有使用外语的环境，即第二语言学习总处在一种双语的环境之中，在课堂上学外语，课下使用母语。外语在生活中没有跟母语相当的地位。

(4)学习的动力不同。

儿童习得母语是为了生存，为了生活，为了跟社团的成员交往，因而动力强。他把学习当成一种需要。成年人学习第二语言的动力各异，主要包括考试、求职、加入另一社团等。

(5)语言输入的情况不同。

儿童的第一语言基本上是不用“教”的，是自然习得的，输入和习得的是同一种语言。父母输入的语言是“照顾式语言”，其简单、清楚、有重复、速度慢、伴随丰富的体势语、有具体的语言环境。第二语言输入的情况则异于儿童第一语言的输入情况。

2. 答：(供参考)(1)偏误是指由于目的语掌握不好而产生的一种规律性错误，它偏离了目的语的轨道，反映了说话者的语言能力和水准。

(2)偏误产生的原因：母语负迁移、目的语知识负迁移、学习策略和交际策略、文化因素负迁移、学习环境的影响等。

(3)利用偏误分析，教师可以预先了解学习者的偏误及偏误的来源，以便在教学中一开始就提供正确的示范，让学习者正确地模仿、记忆和运用，并帮助学习者克服偏误。例如，学习者会说出“我们每天两小时学习”“他正在看看电视呢”这样的句子，分别属于状语和动词重叠的过度泛化。在教学中，教师要有针对性地进行教学，教学生正确运用动词重叠的方式及使用范围、状语的位置等，并解释这样运用的原因，设计一些练习，帮助学习者加深对易错知识点的印象，避免类似的错误。

(4)纠正学习者的偏误，既不能采取不分青红皂白有错必纠的机械态度，也不宜采取能不纠就不纠的过分宽容态度，而是首先要对偏误的性质进行分析：是整体性偏误还是局部性偏误，是理解的偏误还是表达的偏误，是口语中的偏误还是书面语的偏误，以区分轻重缓急。同时，还要看偏误发生的场合，采取不同的纠正方式：在对语言形式进行训练时(如语音、词汇、句型等操练)，不论是语音的还是词汇、语法的偏误，都应从严纠正；在进行交际性练习时(如演讲、对话等)，则应避免当场纠错、影响学习者的交际活动。可以把偏误记录下来，事后再给学习者指出。总之，纠正偏误方法要得当，不要挫伤学习者的积极性，不要因纠错而造成紧张的心理，更不能伤了学习者的自尊心(让一个国家的学生去纠正另一个国家学生偏误的做法就应特别慎重)，最好的办法是启发学生自己发现并改正偏误。

3. 答：详见刘珣的《对外汉语教育学引论》(北京语言文化大学出版社 2000 年版)第 218 页。

4. 答：(供参考)习得是在自然的语言环境中，通过旨在沟通意义的言语交际活动，不知不觉(潜意识)地获得一种语言，典型的例子是儿童习得第一语言(一般是母语)。

学习是指在课堂环境下有专门的教师指导，严格按照教学大纲和课本，通过讲解、练习、记忆等活动，有计划、有系统、有意识地对语言规则进行掌握，典型的例子是成年人在学校学习第二语言。

习得是从本能的要求开始，与其生理和心理的自然发育、成熟同步进行的过程，学习则是主体为了掌握一种新的交际工具所进行的目的性非常明确的活动；习得一般是在使用该目的语的社会环境中进行的，学习则主要是在课堂环境下进行的；习得时注意力主要集中在语言的功能源意义方面，学习的注意力主要集中在语言的形式方面；习得的方法主要靠在自然语言环境中的语言交际活动，学习则是在教师指导下的课堂环境中进行；习得需要大量的时间，效果一般都比较好，学习相对花的时间少一些，学习的效果是不确定的。总而言之，习得是潜意识的自然的获得，学习是有意识的规则的掌握。

5. 答：(供参考)共性：

(1)无论是英语对于中国人，还是汉语对于外国人，都属于外语，所以都是外语学习，属于第二语言习得。因此都遵循第二语言或者外语习得的普遍规律，例如，都遵循语言习得的关键期规律，在大脑侧化还未完成前都比较容易习得语言，所以如果一个外国小孩从小在汉语环境下接触、学习汉语，就能很好地掌握。

(2)汉语属于汉藏语系，英语属于印欧语系，无论是中国人学习英语，还是外国人学习汉语，都是学习一门与自己掌握的第一语言谱系很远的一种语言，因此，相对学习谱系相近的语言来说，都比较生疏，比较难掌握。

(3)就第二语言学习的要求而言，同样作为第二语言或者外语学习，都要求掌握语言要素、言语技能、言语交际技能和相关文化知识。

个性：

(1)汉语和英语作为两种不同语系的语言，在语音、语法、词汇和文字上都有很大不同，因此，作为外语来学习，也有各自的难点。例如，汉语没有形态变化，对习惯了曲折变化的外国学习者来说比记一些规则的动词变化更为复杂；又例如，汉语是一种有声调的语言，外国学习者正确发出并记住每个音节的固定调是一项颇为艰巨的任务。

(2)二者学习的目的可能会有差异，中国人学习英语，首先是由于英语是义务教育阶段规定必修的课程，所以中国学生学习英语，很大程度上是为了完成学业要求，此外可能就是为了就业、出国留学等别的原因。而汉语对于很多国家来说并不是必修语言，外国人学习汉语的动机也有很多，例如，为了到中国来找工作或者与中国人进行贸易往来，或者是受国家政策的影响，又或者是对中国文化感兴趣等。

6. 答：(供参考)对比分析是指外语教学中对语言难点进行分析的一种应用性的对比研究方法。运用语言对比的方法可以预测哪些语言现象会在外语学习中对学生造成困难，困难的程度如何，并对学生已经出现的偏误加以分析和解释。对比分析在第二语言学习过程中发挥着巨大作用。

对比分析理论通过母语和目的语的对比，找出它们之间的异同，总结出母语对目的语学习的干扰规律，预测和解释学习者的难点与偏误。但是母语干扰只能预测和解释一部分偏误，许多偏误还需用中介语来解释。

7. 答：(供参考)迁移是心理学的概念，指在学习过程中已获得的知识、技能和方法、态度等对学习新知识、技能的影响，这种影响有的起积极促进的作用，叫正迁移，有的起阻碍的作用，叫负迁移，也叫“干扰”。如英语和汉语都是“动词+宾语”的语序，因此，以英语为第一语言或母语的学习者在学习汉语的这一结构时就不会有什么困难，这是因为两种语言存在相同的成分，在学习中产生了正迁移，所以第二语言习得就会比较容易。但另一方面，对于印欧语系的学习者来说，他们的语言没有过多的声调变化，而汉语的声调变化极其明显，所以在学习中，他们也容易受到母语语音的影响，产生负迁移，在声调学习上十分困难，容易产生“洋腔洋调”的现象。

8. 答：(供参考)句①母语负迁移，“open”翻译成“打开”，在英语中“open your eyes”容易被留学生翻译成“打开眼睛”。

句②目的语知识负迁移，句子中应该是“我常常跟我的朋友见面”，这里“见面”是不及物动词，不能直接带宾语或者其他的成分。

句③目的语知识负迁移，句子中应该是“这个西瓜很大，有十二三斤”，这是对概数的过度泛化。

9. 答：注意错误可分为失误和偏误。详见刘珣的《对外汉语教育学引论》(北京语言文化大学出版社 2000 年版)第 191 页和第 201 页。

10. 答：详见刘珣的《对外汉语教育学引论》(北京语言文化大学出版社 2000 年版)第 227 页。

第四章
教　学　篇

【学习提要】

1. 第二语言教学法流派

认知派和经验派：语法翻译法、直接法、情景法、阅读法、自觉对比法、听说法、视听法、自觉实践法、认知法。

人本派与功能派：团体语言学习法、默教法、全身反应法、暗示法、自然法、交际法。

2. 对外汉语教学目的

掌握汉语基础知识和听说读写基本技能，培养运用汉语进行交际的能力；增强学习汉语的兴趣和动力，发展智力，培养汉语的自学能力；掌握汉语的文化因素，熟悉基本的中国国情和文化背景知识，提高文化素养。

3. 对外汉语教学的基本教学原则

(1)掌握汉语的基础知识和基本技能，培养运用汉语进行交际的能力原则。

(2)以学生为中心、教师为主导，重视情感因素，充分发挥学生主动性、创造性原则。

(3)结构、功能、文化相结合原则。

(4)强化汉语学习环境，加大汉语输入，自觉学习与自然习得相结合原则。

(5)精讲多练，在语言知识的指导下以言语和言语交际技能的训练为中心原则。

(6)以句子和话语为重点，语音、语法、词汇、汉字综合教学原则。

(7)听、说、读、写全面要求，分阶段侧重，口语、书面语协调发展原则。

(8)利用母语进行与汉语的对比分析，课堂教学严格控制使用母语或媒介语原则。

(9)循序渐进，螺旋式提高，加强重现原则。

(10)加强直观性，充分利用现代化教学技术手段原则。

4. 教材编写和选用的原则

(1)针对性：最基本的特点是不同母语、母语文化背景与目的语、目的语文化对比所确定的教学重点不同；学习者的年龄、国别、文化程度特点、学习目的、学习起点、学习时限不同，教材要适合使用对象的特点，更有针对性。

(2)实用性：教材内容要从学习者的需要出发，是学习者进行交际活动所必需的，是在生活中能马上应用的，也是学习者急于掌握的；语言材料必需来源于生活，来源于现实，要有真实性；要有利于贯彻精讲多练的原则；要有利于开展交际活动，使教学过程交际化。

(3)科学性：要教规范、通用的语言；教材内容的组织要符合语言教学的规律；顺序的安排要循序渐进，做到由易到难，由简到繁，由浅入深；对语言现象的解释要注意准确性，避免造成对学习者的误导；教材内容要反映学科理论研究的新水平，及时更换陈旧内容。

(4)趣味性：教材的趣味性与教材的实用性、交际性紧密相关；教材内容要反映现实，是学习者所关注的话题；教材内容要逐渐加大文化内涵，多方面介绍目的语文化；多样化是形成趣味性的重要因素。

(5)系统性：教材内容在基础知识介绍和技能训练方面的安排要有一定的章法；学生用书、教师手册、练习本、单元试题各部分要分工合理，相互呼应；初、中、高级不同阶段的教材要衔接，综合技能课和专项技能课教材要相互配合；还要考虑图片、幻灯片、声音、电脑辅助教材的提供，形成系列的、立体的教材体系。

5. 语音教学

任务和意义：对外汉语语音教学的任务是让学习者掌握汉语语音的基本知识和汉语普通话正确、流利的发音，为用口语进行交际打下基础。

语音教学原则：短期集中教学与长期严格要求相结合；音素教学与语流教学相结合；通过语音对比突出重点和难点；声韵调结合教学，循序渐进；听说结合，先听后说；以模仿和练习为主，语音知识讲解为辅；机械性练习与有意义练习相结合。

语音教学的方法：教具演示、夸张发音、手势模拟、对比听辨、以旧带新、声调结合。

6. 词汇教学

对外汉语词汇教学的任务：根据教学大纲的要求，在有关汉语词汇知识的指导下，掌握一定数量的汉语词汇的音、义、形和基本用法，培养在语言交际中对词汇的正确理解和表达能力。

词汇教学原则：要认真掌握每一个词的具体意义和用法；词的教学应与句子教学相结合；利用词的聚合和组合关系在系统中学习词；掌握汉语构词法，重视语素教学，词与字教学相结合；不同的言语技巧对词的掌握有不同的要求；加强词汇的重现与复习，减少遗忘。

词汇教学方法：直接法、翻译法、情景法、语素义法、搭配法、话语联结法、比较法、类聚发、联想法。

7. 语法教学

语法教学的任务与意义：语法教学是对目的语词组、句子以及话语的组织规律的教学，用以指导言语技能，训练并培养正确运用目的语进行交际的能力；建立对外汉语教学语法体系。

语法教学原则：通过语言对比突出语法的重点和难点；从句型入手，句型操练与语法知识的归纳相结合；由句子扩大到话语；语法结构的教学与语义、语用功能的教学相结合；精讲多练，以练为主练习的类型，如机械性练习、有意义的练习、交际性练习；由易到难，循序渐进地安排语法项目；重视纠正学习者的语法错误，并把错句的分析作为课堂教学内容的一个部分。

语法教学方法：归纳法、演绎法、演绎与归纳相结合。

8. 汉字教学

汉字教学的任务和意义：以汉字形、音、义的构成特点和规律为教学内容，帮助学习者获得认读和书写汉字的技能。

汉字教学原则：语和文先分后合，初期汉字应该按自身规律独立教学；强化汉字教学，字与词教学相结合；把握汉字的构成规律和基本理论，利用汉字的表意和表音功能识记汉字；按笔画、部件、整字三个层次，从笔画、笔顺、部件、间架结构四个方面进行汉字教学。

9. 语言测试

语言测试是根据一定的评估目的，以抽样方式通过有限试题来诱导出受试者的言语行为，然后借助定量描述来推断受试者掌握该语言的知识和能力，具有间接性、片面性、主观性和偶然性的特点。

10. 信度和效度

信度：又称“可靠性”，指测试结果的可靠程度和稳定性，也就是考试成绩是否反映了受试者的实际水平。

效度：又称“有效性”，指测试的有效程度，即测试的内容和方法是否能测出预定要测量的东西。

【强化训练】

一、填空题

1. 第二语言教学历史上最古老的教学方法是语法翻译法，这种教学方法最主要的缺陷是忽视了________的训练。

2. 发现掌握语言规则是________教学法。

3. 强调通过有意义的情景进行目的语结构基本训练的教学法是________。

4. 听说法是以________的刺激—反应学说为心理学基础的。

5. 现代第二语言教学法重视学习主体的作用，认为________是辅助促进者。

6. 直接法是作为________的对立物在西欧出现的，其代表人物是贝力兹。

7. ________产生于 20 世纪 70 年代的西欧，创始人是英国语言学家威尔金斯。

8. 听说法的语言学基础是________。

9. ________主张仿照幼儿学习母语的自然过程来设计第二语言教学过程。

10. ________是最古老的外语教学法，盛行于 18 世纪末，最初用来学习古希腊文和拉丁文，教学方法以翻译为主。

11. 学生是教学活动中的主体，________是反映教学内容的客体。

12. 按照语言结构的难易程度来编排教学内容及其顺序，同时又考虑到结构所表达的功能，这类教材属于________型的教材。

13. 对外汉语教学内容包括语言要素、言语技能、________和相关文化知识四个方面。

14. 对外汉语教学活动的四大环节是总体设计、教材编写、________和语言测试。

15. 交际法不仅注重学生说话的正确性，还强调________。

16. 根据教材的语法结构或话题内容的排列方式，可以把教材分为直线式和________两大类。

17. 任务型教学法的教学原则是________。

18. 课堂上教师使用图片等多媒体教学手段体现了________原则。

19. 阅读法的创始人是在印度从事教学工作的________。

20. 结构—功能型教材适合________阶段的第二语言学习。

21. 功能—结构型教材适合________阶段的第二语言学习。

22. 全身反应法以________心理学为基础。

23. 课堂话语分析一般分为三段，即教师引发、学生反应和________。

24. 第二语言教材可以分为不同的类型，《旅游口语》《商务汉语》是按________分的。

25. ________教学法的理论基础是现代心理学和生理学。

26. 第二语言教学原则是根据对语言规律、语言学习规律和________的认识而制定的指导整个教学过程和全部教学活动的原则。

27. 教材是教师教学和学生学习的依据，它与教学计划、________共同构成学校教学内容的主体。

28. ________教学中的问题情境就是一种适度的疑难情境。

29. 信度是语言测试的________。

30. 第二语言测试按用途可分为学能测试、成绩测试、________和诊断测试。

31. 为了了解受试者在学习某具体内容或在较短的一段学习时间内所存在的问题而进行的测试叫________测试。

32. 汉字教学包含笔画、笔顺、部件和________四部分。

33. 写前指导、写作训练和________构成写作课堂教学的三个主要环节。

34. 就一份试题对学生重复测试，是验证试题________的方法之一。

35. 将受试者的个人成绩与集体考试成绩相比较，以决定受试者掌握该目的语在该集体中的位置的一种测试，称为________。

36. 教学过程中最基本的关系是________。

37. 按照测试目的，语言测试分为成绩测试、________、分班测试、诊断测试和潜能测试等。

38. 在词汇教学中，用已经学过的“保证、保护”来解释生词“保障”，这种方法叫作________。

39. ________测试是测试受试者是否达到教学大纲所规定的标准的一种测试。

40. 练习的种类很多，大体可以分为三类：第一类是机械的模仿和操练；第二类是________；第三类是自由表达。

二、判断题

1. 认识过程指人以感知、记忆、思维等形式反映客观事物的性质和联系的过程。

2. 第二语言教学时，语言信息如果通过视觉、听觉和动觉等多通道进行输入，往往会提高语言学习者的记忆能力。

3. 与语言规则相比，语用规则的掌握要困难得多。

4. 听说法和视听法都是听说领先，书面语居第二位。

5. 默教法是美国教育家特雷尔首创的一种第二语言教学法。

6. 沉浸式训练法是情景法教学流派常用的速成法。

7. 李德津主编的《汉语课本》第一次引入句型教学，通过句型替换练习让学习者熟练地掌握汉语的基本句式结构。

8. 全身反应法的创始人是布鲁诺。

9. 微格教学不是一种教育学生的方法，而是对教师专业发展技能的培训。

10. 语言要素的教学包括语音、词汇、语法三要素。

11. 《英语 900 句》是听说法的代表性教材，而《跟我学》则是用交际法编写的著名教材。

12. 第二语言教学中应该不用机械性地练习，而是培养学生创造性地运用语言。

13. 在对外汉语课堂教学过程中，教师的教学方法、教学指导非常重要，所以学生学习主要靠外因起作用。

14. 教师的课堂交际可以分为语言交际和非语言交际。

15. 直接法、听说法、交际法、元认知法和身体反应教学法是第二语言教学常用的教学方法。

16. 直接法的语言观认为语言的运用是靠感觉和思维。

17. 就语言要素与文化的关系而言，语法与文化的关系最不密切。

18. 以语言讲授为主的教学方法是第二语言教学中最主要的使用方法。

19. 试题的效度、信度、区分度和反馈作用是反映语言测试的质量的四个重要方面，理想的语言测试在这四个方面都应该达到较高的质量水平。

20. 汉语水平考试实质上是一种语言潜能测试。

21. 语、文并进是指语言教学和文学教学同步进行。

22. 通过综合各种教学法，我们可以创造出一种完美教学法，提高教学的效率。

23. 水平测试以检测受试者某一阶段的语言学习成果为主要目的。

24. 第二语言教学的规律是由语言规律和一般教育规律共同决定的。

25. 对外汉语语音教学中，只要不是培养口语翻译或者汉语教师，语音要求降低一点也无妨。

26. 接受性词汇是指听说读写四会。

27. 韦斯特的 *The New Method Readers*(《新法读本》)非常强调高生词率和高重现率。

28. 听说法可以严格及时纠正学习者的错误。

29. 对外汉语教学内容可以分为语言要素、言语技能、言语交际技能、语用规则和相关文化知识五个方面。

30. 等值复本信度就是指用同一测验试卷对两个平行班级的被试进行施测，之后评算出两个班的被试在得分上的相关系数，这个相关系数就是等值复本信度。

三、单项选择题

1. 第二语言教学的四大环节中，中心环节是(　　)。

A. 总体设计　　B. 教材编写　　C. 课堂教学　　D. 成绩测试

2. 对外国留学生开设的基础汉语课程通常不包括(　　)。

A. 综合课　　B. 口语课　　C. 听力课　　D. 中国文学课

3. 汉语水平考试和英语托福考试属于语言测试当中的(　　)。

A. 水平测试　　B. 诊断测试　　C. 成绩测试　　D. 学能测试

4. 根据一般的教学设计原理，总体设计的根本任务是(　　)。

A. 全面分析语言教学规律　　B. 对具体的课堂教学做出规定

C. 协调各教学环节　　D. 选择最佳教学方案

5. 汉语作为第二语言教学，其中所说的“语音、词汇、语法、汉字”是四种(　　)。

A. 语言要素　　B. 语言技能　　C. 语言表现　　D. 语言结构

6. 语言教师最关心的是如何(　　)的问题。

A. 教语法　　B. 教方法　　C. 教语音　　D. 教理论

7. 主张对不同专业的学习者进行“专用语言”教学的教学流派是(　　)。

A. 交际法　　B. 听说法　　C. 情景法　　D. 阅读法

8. 强调及时纠正学生错误，避免养成错误习惯的教学法是(　　)。

A. 直接法　　B. 任务法　　C. 听说法　　D. 全身法

9. 直接法的“直接”是指(　　)。

A. 不用书本，直接听说　　B. 直接用目的语教授目的语

C. 直接翻译目的语的意思　　D. 直接去目的语国家学习

10. 下面教材中，(　　)不属于专用汉语教材。

A.《基础商务汉语》　　B.《医学汉语》

C.《科技汉语》　　D.《新实用汉语课本》

11. 以下方法(　　)不属于第二语言课堂调查方法。

A. 撰写教学日志　B. 调查问卷　C. 课堂教学录像　D. 微格教学

12. 强调在第二语言教学中充分发挥学生的智力，排斥机械性训练，主张“发现式学习”的教学法流派是(　　)。

A. 认知法　B. 听说法　C. 直接法　D. 功能法

13. 下列不属于对外汉语教学设计内容的是(　　)。

A. 目的语的文化背景　B. 学生情况分析

C. 教学目标与流程　D. 教师成长资源

14. 直接法是改革运动前后出现的一些第二语言教学法的总称，(　　)不是其特点。

A. 重视思维和理论知识的作用

B. 有利于培养学生用目的语思维和言语能力的培养

C. 提倡句本位的教学原则，采用以模仿为主的练习方式

D. 利用直观手段教学，有利于调动学生的学习积极性

15. 强调在自然情景中教授语言是(　　)语言教学的主要特点。

A. 情景法　B. 交际法　C. 互动法　D. 听说法

16. 以下教学法流派不是使用《英语 900 句》《跟我学》《新概念英语》这几种教材的是(　　)。

A. 听说法　B. 视听法　C. 情景法　D. 交际法

17. 下列教学方法与其教学目标描述一致的是(　　)。

A. 语法翻译法：以口语教学为基础，按幼儿习得母语的自然过程，用目的语直接与客观事物相联系而不依赖母语

B. 直接法：以系统的语法知识教学为纲，培养学习者用第二语言阅读理解文字材料的能力

C. 听说法：强调通过反复的句型结构操练培养口语听说能力，口语是第一位的，书面语是第二位的，读写为辅

D. 交际法：通过有意识地学习语音、词汇、语法知识，理解、发现、掌握语言规则，并能从听说读写方面全面地、创造性地运用语言

18. 于 1958 年第一次确立对外汉语教学语法体系的是(　　)。

A.《汉语教科书》　B.《基础汉语》

C.《实用汉语课本》　D.《基础汉语课本》

19. 哪种教学法在解释抽象名词时有很大的局限性(　　)。

A. 全身反应法　B. 听说法　C. 直接法　D. 功能法

20. 为了帮助学生提高汉语口头表达能力，我们适合采用(　　)。

A. 知识讲解为主的方法　B. 实地观察为主的方法

C. 训练为主的方法　　D. 欣赏为主的方法

21. 汉语国际教育教师对不同民族的文化应采取(　　)的态度。

A. 尊重　　B. 摒弃　　C. 吸收　　D. 拒绝

22. “他来得很晚”“他睡得很晚”“他起得很晚”上述语法操练的方法是(　　)。

A. 替换法　　B. 扩展法　　C. 造句法　　D. 补充法

23. 下列选项中，不属于对外汉语教学中基本语用文化的是(　　)。

A. 禁忌　　B. 词汇　　C. 称呼　　D. 敬辞

24. 在给学生讲解生词“着急”时，下列(　　)教学法不太适合。

A. 翻译法：用学生母语进行解释

B. 图片法：展示两个人因事着急而争吵

C. 情景法：设置你丢了东西，着急的状态

D. 动作法：用紧张的表情和快跑来表达着急

25. 以语言和文化对比为基础，可编写(　　)。

A. 初级、中级和高级教材

B. 语音、词汇、语法和汉字教材

C. 供国别、母语、文化背景、学习环境等不同的学习者使用的教材

D. 用于特殊目的的汉语教材

26. 在数学测验中，学生因为不理解应用题语言而未能正确解题。这属于(　　)测验设计缺陷。

A. 效度差　　B. 信度差　　C. 不具代表性　　D. 区分度不够

27. 主要评估教材是否达到了编写者本身设计的目标，这是(　　)。

A. 实然性评估　　B. 应然性评估　　C. 主观评估　　D. 客观评估

28. 为了改进教学，调整教学计划，进行个别指导，用来发现教学方面存在什么问题的测试属于(　　)。

A. 学能测试　　B. 水平测试　　C. 诊断测试　　D. 成绩测试

29. 想要测试听力理解能力，却采用笔头回答问题的方法，说的是测验的(　　)问题。

A. 信度　　B. 效度　　C. 区分度　　D. 可行性

四、简答题

1. 简述汉语作为第二语言教学与汉语作为母语教学之异同。
2. 如何认识现代教育技术在对外汉语教学中的地位？
3. 请简述听说法的主要特征。
4. 请简述语法翻译法的主要不足。

5. 请简述汉语、汉字、拼音三者之间的关系。

6. 试从教学的角度，谈谈第一语言教学与第二语言教学的区别。

7. 简述语法教学的难点及有利方面。

8. 语音和词汇教学的技巧有哪些？

9. 编写一本好教材，在内容选择、内容编排、编排形式等方面都有某些原则要求，请简述教材编写的基本原则。

10. 一个完整的教学模式应该包含哪些基本要素？

11. 汉字教学被认为是汉语学习最大的难点，汉字教学的基本原则有哪些？

12. 精讲多练是汉语课堂教学的原则之一，精讲与多练的关系如何？

13. 在汉语教学中，有人认为应该“先语后文”，有人认为应该“语文并进”，请你简短阐述两种观点，并谈谈自己的看法。

14. 请简述语法翻译法的特点。

15. 如何理解在第二语言教学中要以学生为中心？

16. 根据汉语的特点，说明汉语作为外语教学的有利因素和教学难点。

17. 请简述直接法的特征和不足。

18. 请简述情景法的主要特点。

19. 请简述认知法的特点。

20. 请简单叙述交际法的特点。

【强化训练参考答案】

一、填空题

1. 听说能力	2. 认知法	3. 情景法
4. 行为主义心理学	5. 教师	6. 语法翻译法
7. 交际法	8. 结构主义语言学	9. 直接法
10. 语法翻译法	11. 教材	12. 结构功能
13. 言语交际技能	14. 课堂教学	15. 得体性
16. 螺旋式	17. 用中学	18. 加强直观性
19. 韦斯特	20. 初级	21. 中级
22. 人本主义	23. 教师反馈	24. 体例
25. 暗示法	26. 语言教学规律	27. 教学大纲

28. 发现法	29. 可靠性	30. 水平测试
31. 诊断测试	32. 间架结构	33. 作文评改
34. 信度	35. 水平测试	36. 师生关系
37. 分级测试	38. 类聚法	39. 标准参照
40. 有意义的练习		

二、判断题

1-5：√√√√×	6-10：×√×√×	11-15：√××√√
16-20：×××××	21-25：×××××	26-30：√×√××

三、单项选择题

1-5：CDADA	6-10：BACBD	11-15：DADAA
16-20：CCAAC	21-25：AABBC	26-29：AACB

四、简答题

1. 答：(供参考)汉语作为第二语言教学与汉语作为母语教学间存在显著差异，体现在以下几方面。

(1)起点不同。

汉语作为母语的学生已经具备了一定的语言能力和语言交际能力，教学主要是为了进一步培养他们的表达能力和读写能力，以及用语言进行交际的能力。

汉语作为第二语言教学面对的学生不具备最起码的言语能力，教学要从教目的语最基本的发音开始，要从教说话开始。

(2)第二语言学习受到第一语言的影响。

由于第二语言学习是在第一语言习得的基础上进行的，所以第一语言会对第二语言学习产生影响，既可产生正迁移，也可起到负面的作用。充分利用正面影响，预防或排除负面影响，是第二语言教学要解决的重要问题。而第一语言习得不存在这些问题。

(3)第二语言学习中存在着文化冲突。

语言既是文化的组成部分，又是文化的载体。学习第二语言自然要了解、学习、掌握第二语言的文化。第二语言教学的任务之一就是要结合语言教学进行相关的文化教学，扫除第二语言学习中的文化障碍。第一语言习得中不存在此问题。

(4)教学对象不同以及对象的学习目的不同。

第一语言教学的对象一般是儿童，学习目的比较单一，就是为了掌握母语的交际能力。第二语言教学的对象大部分是成年人，因而学习者的目的多样，影响教学内容及教学方法。

2. 答：(供参考)科学技术和现代信息技术的飞速发展引起了对外汉语教学在教学方法和教学手段上的重大变革，其中，以计算机为基础的现代教育技术在对外汉语教学中变得日益重要。总体来说，现代教育技术在以下几个方面对对外汉语教学发挥着重要作用。

(1)现代教育技术使课堂教学的实际内容更加丰富和生动。我们在实际进行对外汉语教学授课的时候，如果能采用现代的计算机技术，如多媒体技术，塑造出一个贴近真实、形象生动的交际环境和对话语境，会直接和间接地影响学生的第二语言学习，能够更好地帮助学生理解目的语的具体使用方法和各种注意事项。

(2)现代教育技术可以提升学生对目的语的兴趣。通过一些计算机设备，学生可以消除学习汉语的枯燥感，如电脑上专门设计的汉语学习小游戏，如“猜汉字”“猜成语”等，或者是一些相关的汉语知识 APP，都能很大程度上帮助学生提高学习汉字的兴趣。

(3)现代教育技术可以解开课堂传统的束缚，改善课堂的沉闷和无聊感。利用一些现代教育技术可以让课堂不再仅是单纯枯燥的讲解和板书，生动灵活的 PPT、电影片段甚至是 VR 技术都能让教学手段和教学方法变得多种多样，提升学生们的学习兴趣。

(4)现代教育技术可以提供更加科学和有理据的教学评估手段。教学评估是教学活动中不可缺少的重要环节，通过课堂上的网络，教师可以查看学生的动态学习情况，并且考查学生对学习内容的反应，使得教学效果的检查贯穿整个教学活动过程，更加有利于教师、学生以及同行和管理者随时调节教学和教学管理，制定相应合适的教学策略方针。

(5)现代教育技术能够让对外汉语教学更有针对性。通过计算机技术可以分析出来自不同母语背景国家、不同汉语水平起点、不同学习倾向的汉语学习者在接受汉语知识时应该注意的部分，并且能进行数据分析，让教师更好地根据不同学生的情况因材施教。

(6)现代教育技术有利于增加学习的便利性和时效性。在对外汉语教学中再也不用死板而拖沓地完全采用传统的言传身教形式，可以更多地采用现代科学技术实现“无纸化学习”“云上学习”“跨地域学习”等，学生可以更多地采用网络课程和一些处在移动设备上的 APP 进行学习和练习，时间的利用率提升，学习汉语也变得更加便利和高效，也更有利于汉语学习的推广。

当然，我们在进行教学方法和手段改革的同时，也不能忽视更高层次上教学结构的改革。我们应充分认识到教育技术并不能代替教师的作用。因此，对外汉语教学中我们需要兼顾三方，综合提升，才能达到对外汉语教学在今时今日的最优化改革。

3. 答：(供参考)听说法是 20 世纪 40 年代产生于美国的第二语言教学法，强调通过反复的句型结构操练培养口语听说能力，又称“句型法”或“结构法”。

特点：

(1)听说领先，口语是第一位的，书面语是第二位的，读写为辅；

(2)反复操练，用模仿、重复、记忆的方法形成习惯；

(3)教学内容以组成语言的基本结构——句型为中心，通过句型练习掌握目的语；

(4)排斥或限制母语，尽量用直观手段或借助情景、语境，直接用目的语理解或表达；

(5)对比母语与目的语以及目的语内部的语言结构，找出学习者的难点，以确定教学重点；

(6)严格、及时地纠正学习者的错误，避免养成错误的习惯；

(7)利用现代化教学技术手段，如幻灯片、录音、电影、电视，从多种途径强化刺激。

4. 答：(供参考)忽视口语教学和语音教学，缺乏听说能力的训练；过分依赖母语和翻译手段；过分重视语法知识的教学，死记硬背语法规则，不注重语义；教学内容枯燥无味，过深过难；最根本的是不利于语言交际能力的培养。

5. 答：(供参考)汉字与汉语相适应，汉语以单音节语素为主，汉字就用一个符号表示一个音节。拼音是标记汉语普通话的记音符号，它的主要用途是给汉字注音和作为推广汉语普通话的工具，还可以用来作为我国各少数民族创制和改革文字的基础，用来帮助外国人学汉语。汉字是表意体系的文字，汉字的形与音和义紧密地结合在一起，拼音标注使得汉字的音更加清晰明了。所以三者之间具有很强的适应性。

6. 答：(供参考)第一语言教学是在已经较好掌握了母语听说读写基本技能，具备熟练的交际能力的基础上进行的，主要是培养学生的思想品德、情感品质、文学修养和审美能力。

第二语言教学往往是从零开始，以基础阶段为重点，带有短期、速成、集中、强化的特点，必须强调把知识转化为技能，以技能训练为中心，以培养运用目的语进行交际的能力为目标。文化、文学以及审美的教学只有在目的语达到一定水平时才能进行。

从教学的角度来看，第一语言教学与第二语言教学的区别主要有以下几点。

(1)教学起点不同：第一语言教学是在已经较好地掌握了母语听说读写基本技能，具备熟练的交际能力的基础上进行的；第二语言教学往往是从零开始。

(2)教学环境不同：第一语言教学无论是课上还是课下，都是在母语环境中进行教学；第二语言教学课上一般是目的语环境，课下可能是目的语环境，也可能是母语环境。

(3)教学的对象不同：第一语言的教学对象是母语者，第二语言的教学对象是非母语者。二者的生理、心理特点皆有不同。

(4)教学内容不同：第一语言教学侧重学生语文素养的提高，除了语音、语法、文字等方面，文章学、文化方面的知识同等重要；而第二语言教学侧重培养学生运用目的语进行交际的能力，教学内容主要是语言学方面的知识。

(5)教学方法和教学技巧不同：受教学起点、教学内容以及教学对象不同的影响，第一语言教学和第二语言教学所采用的教学方法和教学技巧也有所差别，比如，交际法很少使用在第一语言的教学中。

(6)教学目标不同：第一语言教学主要是培养学生的思想品德、情感品质、文学修养和审美能力；第二语言教学强调把知识转化为技能，以技能训练为中心，以培养运用目的语进行交际的能力为目标。

7. 答：(供参考)语法教学是对目的语的词组、句子以及话语组织的规律的教学，用以指导言语技能训练，并培养正确运用目的语进行交际的能力，语法教学一直处于第二语言教学的中心地位。所以在对外汉语教学中，教师要清楚汉语本身的语法特点，了解汉语语法教学的有利因素和教学难点，做到心中有数，有的放矢。

有利方面：汉语最大的特点是没有严格意义上的形态变化，名词不用变格，动词不用按人称、性、数、时态来变位。在很多情况下，汉语只要把词按一定的顺序排列就行，无需添加任何附加成分，形式结构简明，这样就避免了语法意义的重复表达和句子中的多余成分。所以与印欧语那么多曲折变化相比，汉语的语法规则是比较简单的。

难点：比起外显语法规则清楚的语言来说，汉语是比较难以掌握的。汉语的语序和虚词是表达语法关系的主要手段；词类有多功能性，因为与句法成分的关系错综复杂而不对应；双音节化的倾向影响语法形式；句法结构中松散的主谓结构和大量的述补结构，还有像“把”字句、无标记被动句等特殊的动词谓语句都是汉语语法的特点，对很多学习者来说也是难点。

8. 答：(供参考)语音教学是第二语言教学的基础，在语音教学部分，比较行之有效的教学技巧和方法有以下几种。

(1)教具演示。如运用发音部位图，以吹动纸片来演示送气音等。

(2)夸张发音。有时为了突破难点，适当加以夸张，如轻声前的音节故意拖长、加重。

(3)手势模拟。用手势模拟舌位的变化：手心向上、四指并拢翘起表示翘舌；手心向下、手背隆起表示舌根隆起。还有四个声调可用手指在空中画调号等。

(4)对比听辨。学生母语的发音与汉语的发音对比，汉语本身如送气音与不送气音的对比，学生的错误发音与教师的正确发音对比(一般情况下不宜重复学生的错误发音，只有在进行对比时才允许这样做)。

(5)以旧带新。用已掌握的知识引导出新的知识。如 ü 的发音由 i 引出，从 z、c、s 可以带出 zh、ch、sh。

(6)声调组合。用一定的有意义的词语练习声调的组合，如练习四声加二声可用

“复习”“日元”“姓名”“去年”等常用词，练习二声加二声可用“邮局”“银行”“食堂”“学习”等常用词。

词汇是语言的建筑材料，它在汉语教学中占有相当重要的地位。词汇教学的技巧和方法主要有以下几种。

(1)直接法。表示具体意义的词语(指事物或动作)常用直观法，便于声音与概念直接联系。无法直接用实物展示的，也应尽量用目的语直接进行描述或解释。如用已学过的“互相”“帮助”来解释“互助”。

(2)翻译法。在用目的语难以解释的情况下，若母语与目的语的词对应明显，可以通过母语翻译，一点就通，免得绕圈子。

(3)情景法。把新词放在语境中，也就是联系句子、话语和一定的社会文化背景来理解。如要区别“家”的两个含义，可以用回答来解释清楚：“你家有几口人?”(指家庭)，“你今天回家吗?”(指住处)。

(4)语素义法。用语素义解释词义，把学习者的注意力从词引到语素上来。

(5)搭配法。通过词与词的搭配来理解词义并学会正确使用。有的词用法很难记，也说不出太多的道理，如量词与名词的关系、某些动词与宾语的关系，直接采用名量搭配、动宾搭配较易于掌握。

(6)话语联结法。指在话语中学习词汇，特别是关联词语的用法，易于在话语中掌握。

(7)比较法。对近义词、反义词进行比较，在比较中发现不同点。

(8)类聚法。利用词语之间的聚合关系，依据一个固定的语义群或话题，将相关的词语同时讲解或复习，使新旧词语互相对照，可以是同义词群、反义词群或类属词群(如称谓、器官、食品等)。

(9)联想法。人脑平时储存多种语言信息，在一定的新信息的刺激下，人脑机制就会调动起与这一信息相关的储存信息。如学习“下雨”一词，就可以让学生联想、辐射到与之有关的“刮风”“水灾”“干旱”等词语。

9. 答：(供参考)教材编写的原则，可以概括为“五性”——针对性、实用性、科学性、趣味性和系统性。

(1)针对性原则：不同母语、母语文化背景与目的语、目的语文化对比所确定的教学重点不同；学习者的年龄、国别、文化程度特点、学习目的、学习起点、学习时限等都不同，教材要适合使用对象的特点，更有针对性。

(2)实用性原则：第二语言教材主要用于培养语言技能和能力，教材内容要从学习者的需要出发，语言材料必须来源于生活和现实，要有真实性，要有利于贯彻精讲多练的原则，利于开展交际活动，使教学过程交际化。只有实用的教材，才能激发学习者的学习积极性。

(3)科学性原则：要教规范的、通用的语言，教材内容的组织要符合语言教学的规律；对语言现象的解释要注意准确性，避免学习者产成误解；教材内容要反映学科理论研究的新水平，及时更换陈旧内容。

(4)趣味性原则：教材内容要反映现实，反映学习者关注的话题；要逐步加大文化内涵，多方面介绍目的语文化，多样化是形成趣味性的重要因素。教学内容和形式有趣能吸引学习者，使学习者产生学习兴趣和动机。

(5)系统性原则：教材在基本知识介绍和技能训练方面要平衡协调，有一定的章法；不同阶段、不同技能课的教材要衔接配合，形成系列的、立体的教材体系。

10. 答：(供参考)教学模式是指具有典型意义的、标准化的教学或学习范式。开展教学活动的方法论体系，是在一定的教学思想或教学理论下建立起来的、较为稳定的教学活动程序，是教学理论的具体化和对教学经验的一种提炼。

完整的教学模式包含五要素：

(1)理论基础(教学模式建立的理论依据)；

(2)教学目标(核心因素，教学模式所能达到的教学效果)；

(3)操作程序(教学活动在时间上展开的逻辑步骤及各步骤的主要做法)；

(4)实现条件(手段和策略)；

(5)评价(评价的方法、标准)。

11. 答：(供参考)(1)语和文先分后合，初期汉字应按自身规律独立教学。不少人主张至少在以学习语音和日常会话为主的初级阶段设立平行的口语听说课和汉字读写课。听说课采用拼音教学，讲练词汇、语法、课文，并进行句型操练。读写课介绍汉字的基本知识，并按汉字的特点和形体结构规律进行基本汉字的教学。口语课在前，汉字课在后，两条线分开，语和文都能按自身的系统科学地进行教学，并且在不破坏各自系统的前提下，适当注意互相照顾、互相配合。这样就可以为以后的学习打下较好的语音和汉字基础。

(2)强化汉字教学，字与词教学结合。对外汉语教学中要特别强化“字”作为形、音、义结合体的教学，不能把汉字仅仅看作书写单位，是词语教学的附属品。字的意义在词中能更好地理解，离开词句孤立地学习单个汉字，不仅不易掌握，也很难激发和保持学习者的兴趣，因此我们称之为词的这一级单位对于培养语言交际能力，仍是十分重要的。

(3)把握汉字的构成规律和基本理论，利用汉字的表意和表音功能识记汉字。教师教授一定的汉字演变和结构规律知识，帮助学习者先从整体上把握汉字，使他们尽快找到对汉字的感觉，确定认识汉字的逻辑起点，建立新文字观念是不可缺少的。在识记汉字的过程中，不能要求外国学习者完全凭死记，要尽可能利用汉字的表意和表音功能，加强他们对汉字的理解和记忆。

(4)按笔画、部件、整字三个层次，从笔画、笔顺、部件、间架结构四个方面进行汉字教学，使汉字教学有规律可循。对掌握笔画、笔顺、部件、结构方式的训练，从一开始就应严格要求，打下牢固的认读和书写基础。

(5)重视对比，加强复习，通过书写识记汉字。在教学中对形近字和同音字进行结构和字义的比较。除了对比以外，汉字的复习巩固非常重要，不经常复习汉字，就非常容易遗忘。

12. 答：(供参考)精讲是对教师的知识讲授而言的，适当的理论知识和语言规则的介绍，对成年人学习第二语言是必不可少的；练习也必须是在理论和知识指导下进行。知识不能不讲，但要讲得少而精。多练是指学生在课上、课下要进行大量的练习，但也需要单向练习。精讲多练是汉语教学的一个重要原则，体现了实践性的特点，精讲和多练二者相辅相成，不可分割。它启示对外汉语教师在教学时要合理安排教学内容和步骤，合理分配教学任务和时间，促进学生言语技能和言语交际技能的训练。

13. 答：(供参考)“先语后文”是指先进行口语和听说的教学，后进行汉字和书面语读写的教学，把口语和汉字的教学分开。“语文并进”是指口语听说教学与识字读写教学同步，其优点是在一定的语境中学习汉字，有利于掌握汉字的意义和用法，每学一个新字，总是形、音、义紧密结合，避免学习者忽视和记不住汉字。其缺点是汉字的出现由课文内容决定，随意性很大，无法按汉字本身规律和由易到难循序渐进的原则进行教学。就对外汉语教学而言，语和文应当先分后合，所以不少人主张至少在以学习语音和日常会话为主的初级阶段，设立平行的口语听说课和汉字读写课，但语和文不能长期分开，在学习者基本掌握汉字结构规律的基础上，应尽快使语、文同步，即每学一个新词(字)，就要同时掌握其音、形、义。

14. 答：语法翻译法又称“传统法”或“古典法”，是以系统的语法知识为纲，依靠母语，通过翻译手段，主要培养第二语言读写能力的教学法，是第二语言教学史上第一个完整的教学法体系。其主要特点如下：

(1)以理解目的语的书面语言、培养阅读能力和写作能力以及发展智力为主要目标，不重视口语和听力教学；

(2)以系统的语法知识为教学的主要内容，语法教学采用演绎法，对语法规则进行详细分析，学生熟记，翻译练习，加以巩固；

(3)词汇的选择完全由课文内容决定，用对译的生词表进行教学，句子是讲授和练习的基本单位；

(4)用母语进行教学，翻译是主要的教学手段、练习手段、评测手段；

(5)强调学习规范的书面语，注重原文，阅读文学名著。

15. 答：(供参考)这是针对教与学的关系而提出的，是一条根本的原则。(1)传统以教师为中心的对外汉语教学收效不大。在传统的第二语言教学中，以教师为中心，学生需要服从教师。教师教什么，学生就学什么；教师怎么教，学生就怎么学，“学”服从“教”。所以，尽管学生是学习的主体，却处在被动的地位。在这种思想指导下的教学，无论教学方法如何改进，也难以收到预期的学习效果。

(2)以学生为中心的对外汉语教学成果显著。20世纪70年代后期，在教学中开始重视学习主体的价值，转向以学生为中心，强调学生是学习活动的主体，“教”只有通过“学”才能起到作用；“教”必须为“学”服务。具体主要体现在以下几方面。

A. 从学生的特点和需要出发，制订课程计划、教学大纲并确定教学内容、教材和教学方法。学习的内容应是真实而实用的，“学以致用”才能提高学习者的学习兴趣。

B. 研究学生的个体差异，因材施教，在学习方法上给予指导，培养学生的自学能力，并不断激发学生的学习动力。

C. 课堂要营造轻松愉快的气氛，加强趣味性；课堂教学多用启发式，发展学生的智力，体现以学生活动为主的积极性原则；建立融洽的师生关系，发挥情感因素的作用，排除学生心理障碍。

D. 让学生参与设计教学活动，多听取学生的意见，并根据所得到的反馈不断调整课程计划，改进教学。

E. 对待学生的偏误应采取严格纠正的态度，但纠错要根据其性质和发生的场合区别对待，注意方式方法。

(3)以学生为中心的对外汉语教学并不意味着忽视教师的作用。以学生为中心并不意味着取消教师的指导作用，让学生牵着鼻子走，放任自流，而是向教师提出了更高的要求。辅助、促进、引起学生学习比以教师为中心的“精彩表演”要难得多。正因为以学生为中心了，教学理论的研究也从单单考虑如何改进教学方法转到更加重视对学习者、语言学习习得过程和学习策略的探讨上来了。

16. 答：(供参考)正确认识汉语的特点，分析汉语作为第二语言学习有利的一面和困难的一面，对增强学习者的学习动力和信心非常重要，所以教师在教学过程中应时刻关注汉语的特点，根据教学的有利因素和难点内容调整自己的教学策略和方法，完善并精进自己的教学。

有利因素：语法方面，没有严格意义上的形态变化，形式结构简明，避免了语法意义的重复表达和句子的多余成分；语音方面，音节有限，音节组成和声调变化有规律可循，易于掌握；词汇方面，上词音节少，便于记忆，构词法类型明确，组合简易，常用词覆盖率比较高。

难点：语法上，重“意”而不重“形”，隐性语法关系丰富，表意灵活，不易掌握语法规律；语音上，汉语是有声调的语言，正确记住汉语中每个音节固定的声调是一项颇为艰巨的任务；词汇上，汉语词汇丰富多彩，存在大量的同义词、近义词和丰富的量词、语气词，还有固定的四字成语，对于学习者来说都是不小的负担；汉字上，汉字是意音文字，对世界上大多数使用拼音文字的学习者来说，是一套完全陌生的书写符号系统，难认、难记、难写。

17. 答：直接法又称“改革法”或“自然法”，19 世纪末 20 世纪初产生于西欧，主要是法国和德国。这是与语法翻译法对立的教学法，主要特点体现在以下几方面。

(1) 目的语与它所代表的事物直接联系，教学中排除母语、排除翻译，采用各种直观手段用目的语学习目的语。

(2) 不是先学习语法规则，而是靠直接感知，以模仿、操练、记忆为主形成自动的习惯。在一定阶段对自己已获得的语言材料中的语法规则进行必要的总结和归纳。

(3) 以口语为教学基础，先听说后读写；认为口语是第一性的，先学话后学书面语是学习语言的自然途径；重视语音教学，强调语音、语调、语速的规范。

(4) 以句子为教学的基本单位，整句学、整句运用，而不是从单音或孤立的单词开始。句子是言语交际的基本单位，词语的意义只有在句子中才能明确掌握。

(5) 以当代通用的语言为基本教材，学习生动的、活的语言，而不是文学名著中典雅但已过时的语言。从有限的常用语言材料开始，对常用词、常用句式按其使用的频率进行科学的筛选。

不足：过分强调幼儿学习母语的规律，对成年人学习第二语言的特点认识不足，对课堂教学现实也考虑不够；强调口语教学，对读写能力的培养重视不够；过分强调模仿，偏重经验，对人的积极、主动学习强调不够，忽视对语法规则的掌握；早期过分排斥母语，对母语在第二语言中的作用注意不够；对教师的言语技能要求太高。

18. 答：情景法是 20 世纪二三十年代产生于英国的一种以口语能力培养为基础，强调通过有意义的情景进行目的语基本结构操练的教学法。

情景法的特点主要有：

(1) 教学目的是对听、说、读、写四种言语技能的实际掌握，而言语技能又是通过掌握语言结构获得的；

(2) 语言教学从口语开始，教材先于口头训练，然后再教书面形式；

(3) 课堂用语是目的语；

(4) 新的语言点要在情景中介绍并操练；

(5) 运用词汇选择程序，以确保基本词汇教学；

(6) 按先易后难的原则对语法项目进行分级排列；

(7) 在学生具备一定的词汇语法基础后，再进行阅读和写作教学。

19. 答：认知法主张在第二语言教学中发挥学习者智力的作用，通过有意识地学习语音、词汇、语法知识，理解、发现、掌握语言规则，并能从听、说、读、写方面全面地、创造性地运用语言。认知法的主要特点包括以下几点。

(1) 在学习过程中，充分发挥学习者的智力作用，强调通过观察、记忆、思维想象等活动，内化语言规则体系，获得正确运用语言的能力，反对动物型的刺激—反应的学习。

(2)强调在理解、掌握语法规则的基础上，进行大量有意义的练习，提倡演绎法的教学原则。反对知识训练，也反对过多的知识讲解。

(3)以学生为中心，重视培养学生强烈的学习信心和浓厚的学习兴趣。强调以学生的活动和操练为主，注意培养学生的自学能力，充分调动学生的积极性和主动性。

(4)听、说、读、写齐头并进，从一开始就进行全面训练，口语和书面语并重。

(5)适当使用学习者的母语，特别是进行母语与目的语的对比，可以用母语解释一些比较抽象的语言现象，以利于目的语的学习，但反对滥用母语。

(6)正确对待学习者的错误，在学习过程中出现错误不可避免，但要对错误进行分析，采取不同的处理方法。反对有错必纠，防止因纠错过多使学习者怕出错而影响语言的运用，甚至失去学习信心。

20. 答：交际法又称“交际语言教学”“功能法”，是以语言功能和意念为纲，培养在特定的社会语境中运用语言进行交际的能力的一种教学法。

交际法的特点包括以下几点。

(1)明确提出第二语言教学目标是培养创造性地运用语言进行交际的能力，不仅要求语言的正确性，还要求得体性。

(2)以功能和意念为纲，根据学习者的实际需要，选取真实自然的语言材料。

(3)交际过程交际化，交际既是学习的目的也是学习的手段。在教学中创造接近真实的情景，采取小组活动形式培养言语交际能力，并把课堂交际活动与课外生活中交际结合起来。

(4)以言语交际为主要形式——话语为教学的基本单位，语音、词汇、语法主要通过话语情景综合教学，必要的句型操练也是为掌握话语能力服务的，并结合话语进行。

(5)单项技能训练与综合技能训练相结合，以综合技能训练为主。

(6)通常按话题螺旋式地安排语言材料，将功能与结构结合在话题中，循序渐进地组织教学。

(7)强调言语交际内容和信息的传递，不苛求语言形式，对错误要有一定的容忍度，能不纠就不纠，鼓励学生的主动性和创造性。

(8)根据学以致用的原则，有针对性地对不同专业学习者进行“专用语言”的教学。

案例分析与写作

案例一

请根据以下材料，按照"发现问题—分析问题—解决问题"的思路，写一篇1500字以上的案例分析，要求观点明确、材料充实、结构严谨、条理清楚、语言规范、卷面清洁。

李晓雨是云南大学的一名毕业生，毕业后通过汉办的志愿者选拔，被派往泰国，成为一名汉语教师志愿者。她性格一直比较开朗，所以当她只身一人前往泰国北部的一个中学任教时，也是满怀憧憬，但是她发现来机场接她的学校人员对她很冷漠，从机场到学校8个小时的路途上几乎没与她说一句话。她知道绝不是因为语言不通。李晓雨是个爱说爱笑的人，她几次想打破沉默，但一直不明白自己到底在什么地方得罪了来接她的人，还是别人根本不想和自己说话。她只好一个人看着车窗外本来很美但不再觉得美的景色。到了目的地，司机和接待的人把她放到一间小房子里就走了。房间里只有一张平板床，没有任何铺盖。作为一个初来乍到的女孩，好几个小时没吃饭，没喝水，又不知道商店在哪里，身上也没有当地的钱币，晓雨真的有些受不了了，趴在床板上，泪水忍不住簌簌而下。她问自己到底做错了什么，为什么别人对自己如此冷漠，为什么和她想象中热情好客的泰国人差距这么大。第一天到学校上班，她的感觉仍然不好，似乎每个学生和老师都对她很冷淡，没有真诚的微笑，没有主动的招呼。这下可把晓雨急坏了，她开始注意自己每一个细小的举止言行，生怕别人不喜欢。她一直觉得是因为自己做得还不够好，所以别人不接受自己，甚至不接受中文老师的课程。晓雨是个倔强、好强的女孩。她不服输，认真地向泰国老师学习他们对待学生和同事的方式，积极参加他们的各种活动。有一次，她在办公室里看到一个30岁左右的女教师批改了一个学生的作业之后在那个初中学生的脸颊上亲吻了一下，晓雨觉得自己长这么大从来没接受甚至看到过老师亲吻学生，然而在这里她发现效果真的很好，那个老师和学生的关系非常融洽和谐。在那个教师的鼓励下，她也开始尝试亲吻学生的脸颊，她发现效果出人意料得好！越来越多的人认识了晓雨并成为她的朋友。她慢慢体会到了冰在融化的感觉。有一次，一个老教师来问她是否要去参加学校的升国旗活动，她爽快地回答说：“好啊！”那位老教师有些惊讶地说：“你们中国来的老师不是不愿意参加我们的升国旗仪式吗？你是真的愿意还是假的？”她坚定地说：“我愿意！”从那之后，她每周都很早来到升泰国国旗的地方集合。老师们和同学们对她的态度都发生了很大的变化，这次升旗成了一个分水岭。

【案例解析】

案例类型：跨文化交际类

1. 发现问题

一切与晓雨先前所想象的热情美好的场景截然相反，让她陷入了委屈和伤心。

似乎所有的泰国师生对她都很淡漠。

……

2. 分析问题

文化休克导致的认识上的误区——不同文化背景的人，在交际中误以为对方和自己没什么两样，一旦发现对方行为与自己预期相差甚远，就会产生困惑、失望，造成交际失败。跨文化交际的主要障碍就是把自己的文化规范误认为他人也接受的文化规范。

跨文化交际中文化冲突所引发的矛盾。陌生的文化元素突兀地出现在了泰国文化中，所有的本地师生或抱着警觉、冷漠排斥的态度来对待异族文化元素，出于对母语的优越感和本能的维护，自然会在接触的开始阶段以排斥的身份和态度来对抗晓雨。此外，或许前任或者往届汉语教师对泰国文化不够尊重，间接引起了该校师生的不满情绪。这种不良情绪被带到了对待下一任汉语老师的身上。

3. 解决问题

我们需要本着求同存异的态度来平等友好地对待另外一种文化。首先，我们应该学会尊重不同文化；其次，理解和适应目的语文化；最后，努力做到文化上的外为我用，发展本国文化。平等和尊重是所有跨文化交际的前提，而求同存异地对待不同文化则是处理跨文化交际冲突的很好的手段和方法，外为我用，发展本国文化则是跨文化沟通和交际最好的归宿。

理解和适应目的语文化，融入目的语文化。晓雨亲吻学生的行为使得师生关系的发展进入了一个积极的局面，这也使周围的泰国师生感受到了晓雨对泰国文化的认可和学习，随之而来的便是泰国师生对晓雨的接纳和包容，这是一种积极的互动的反馈。

4. 要点指导

(1) 文化刻板印象：刻板印象是对某些个人或群体的属性的一套信念，这种属性可能是正面的，也可能是负面的。刻板印象会使人们不能客观地观察另一种文化，失去应有的敏感。详见胡文仲的《跨文化交际学概论》(外语教学与研究出版社 1999 年版)第 180 页。

(2)跨文化交际的障碍：认识上存在误区，不同文化背景的人们在交际中最易犯的一个毛病是误以为对方和自己没有什么两样。一旦发现对方的行为与自己的预期相差很远，就会困惑、失望，造成跨文化交际的失败。详见胡文仲的《跨文化交际学概论》(外语教学与研究出版社 1999 年版)第 177 页。

(3)跨文化交际中的文化冲突和适应。详见刘珣的《对外汉语教育学引论》(北京语言文化大学出版社 2000 年版)第 124 页。

(4)跨文化交际中对待不同文化的态度：尊重不同的文化；理解和适应目的语文化；求同存异对待文化冲突；外为我用，发展本国文化；从跨文化交际的需要出发，选择文化依附。详见刘珣的《对外汉语教育学引论》(北京语言文化大学出版社 2000 年版)第 124 页。

案 例 二

请根据以下材料，按照“发现问题—分析问题—解决问题”的思路，写一篇1500字以上的案例分析，要求观点明确、材料充实、结构严谨、条理清楚、语言规范、卷面清洁。

为了缓解同学们期末考试的压力，中级B班的班主任辛老师给班长阮英雄布置了一项任务，组织一次全班同学的集体聚餐活动。一般这类的聚餐都由班长牵头组织，其他同学协助，聚餐时不同国家的同学把精心制作的点心或者特色菜带到教室来大家一起分享，所以同学们都特别积极，同学们都希望自己做的菜既好吃，又能够体现自己国家的特色，给班上的同学留下深刻印象，同时也期待品尝不同国家的美食。周末到了，一些来自越南、蒙古、哈萨克斯坦等国家的同学一清早就开始制作自己国家的美食了。有些国家的同学只有男生没有女生，做饭不是他们的强项，于是他们就会承担一些其他的工作，比如购买聚餐所需的饮料、一次性餐具、帮助布置教室、聚餐结束以后清理教室等。一般购买饮料所需的经费都是几个同学先垫付，晚会结束以后由同学们分摊。聚餐的筹备过程中班长是最忙碌的，他要全盘负责活动的统筹和协调。聚餐的时刻到了，同学们带来了五颜六色、五花八门的各国美食，有些食品漂亮得让人不忍下口。随着一道道美食接连亮相，教室里不时发出一阵阵的惊叹声，同学们带来的各种美食摆满了临时用课桌拼凑起来的展示台。辛老师照例做了两个拿手的中国菜：糖醋里脊和可乐鸡翅，这是学生们百吃不厌的两道菜。在简短的开场白以后，同学们举起了手中的饮料齐声喊了一句“干杯”，然后就迫不及待地开始享用各色美食了。同学们在各种美食之间穿梭，一边投入地品尝菜品，一边不忘向那些制作美食的同学请教制作的方法以及所使用的食材。这是师生最快乐的时光！吃完以后，有同学切开了他们用电饭煲烘烤出的蛋糕，来自澳大利亚的G同学拿出了一盒精美的巧克力，他说这是他最喜欢的巧克力，是从澳大利亚带来的，一直没舍得吃，同学们品尝了以后，一致认为那是他们吃过的最美味的巧克力。有同学问到巧克力的价格，G同学说出来以后，在场的人都大吃一惊，难怪那么好吃！吃完蛋糕和巧克力，班长宣布开始表演节目，有的同学表演吉他弹唱，有的同学表演小品，还有的同学表演从小练就的武术。晚会在愉快而热烈的气氛中结束，大家都感到非常开心！

离开教室前，班主任提醒大家明天是周末，既要好好休息，也要安排时间复习，迎接下周的期末考试。

周日晚上，正在备课的辛老师收到了一封G同学发给全班同学的邮件，信里面说他喝得有点多了，想跟大家说几句心里话，说聚餐的时候请大家品尝巧克力，是因为把大家看作朋友，而不算做生意。他说他带去的巧克力真的不便宜，当他知道他需要分摊晚会的费用时，他很生气地拒绝了，说他是自愿请大家品尝巧克力的，所以他不会要大家的钱，也不会给任何人钱！如果有人不理解，那是他们自己的问题。

你觉得是什么地方出了问题？如果你是辛老师，你会如何处理这件事？

【案例解析】

案例类型：跨文化交际类

1. 发现问题

由于跨文化交际的差异，举办活动时一位同学向大家分享了自己的巧克力，事后对大家平摊费用的做法产生了不理解，坚持认为请大家吃东西不是为了做生意，更不是为了挣钱，所以拒绝收取大家平摊巧克力的费用。

2. 分析问题

不同的学生对待金钱和对“AA制”的理解和看法是不同的。

3. 解决问题

态度：理解并尊重每个学生的想法，也告诉其他同学尊重不同的文化差异。

积极和G同学沟通，倾听他的真实想法，理解观念的差异并解决冲突。

4. 要点指导

(1)价值观，价值观是决定人们所持看法和所采取行动的根本出发点。对金钱的看法、对人际关系的态度都与个人本身的内在价值观相联系。详见胡文仲的《跨文化交际学概论》(外语教学与研究出版社1999年版)第165页。

(2)对待不同文化的态度，求同存异，尊重和理解不同的文化。详见刘珣的《对外汉语教育学引论》(北京语言文化大学出版社2000年版)第124页。

(3)教师在课堂管理中和组织活动时要尽量把控全局，自始至终把握课堂节奏，创造和谐、生动、活泼的课堂氛围，妥善应对和处理突发事件。详见刘珣的《对外汉语教育学引论》(北京语言文化大学出版社2000年版)第348页。

案例三

请根据以下材料，按照“发现问题—分析问题—解决问题”的思路，写一篇1500字以上的案例分析，要求观点明确、材料充实、结构严谨、条理清楚、语言规范、卷面清洁。

玛丽是美国留学生，在中国的M大学学习汉语。她非常热爱中国文化，做梦都想来中国。尤其是中国的美食，让她更加坚定了来中国的决心。于是，她通过努力，争取到了来中国学习的机会。这是她第一次来中国，她的关于中国的认识都是从网上和朋友那里获取的。她的理想就是利用在中国学习汉语的机会，走遍中国的山山水水、大街小巷，看看中国人的真实生活，品尝最地道的中国美食，学最地道的汉语。现在她来中国已经快两个月了，已经基本熟悉了学校的环境以及学校的学习生活，于是她开始计划自己的行程。她打算从近的地方开始，先利用周末的时间，了解自己生活的这座城市。来之前，她学过半年多的汉语，已经掌握了一些基本的日常会话，所以她对自己充满了信心。她骑着一辆买来的二手自行车，按照自己设计的线路开始在城市的大街小巷穿行。可是不久她就发现，在城市里骑行并不是一件容易的事情，为此她郁闷了好几天。有一次上课的时候，她就在课堂上说起了自己的感受，说中国人太没礼貌，完全不看红绿灯，路上的各种车辆也是随便乱穿，曾经还有一个司机对她大喊大叫，看上去很生气的样子。她不太明白司机在叫什么，也不明白自己到底什么地方做错了。玛丽在抱怨的时候，班上马上就有同学开始附和，说在中国过马路如何困难、如何担惊受怕等，如果你是老师，此时你会怎么办？

【案例解析】

案例类型：跨文化交际类和课堂教学类

1. 发现问题

以玛丽为代表的来华留学生，由于对中国交通问题的不适应而产生文化震荡。虽然他们来自不同的国家和地区，有着不同的种族背景、政治意识、历史背景和文化背景，但他们在异国他乡的求学与生活过程中表现出的心理因素和心理特征具有一定的规律性。

2. 分析问题

当文化刺激所带来的兴奋随着时间延长而逐渐减弱之后，文化差异对心理的负面影响便会显现出来。案例中玛丽怀着对中国文化充满兴趣和向往的态度来到中国，之前所接触的文化刺激都是间接的、不全面的，真正接触到中国的现状时，文化差异带来的负面影响则很快显现出来。

3. 解决问题

首先，面对学生抱怨，对外汉语教师必须直接面对学生的文化交际障碍，最重要的是表现出坦然、真诚的态度，承认中国作为一个发展中国家，人口众多，的确有一些问题出现。其次，教学生要以积极的态度面对文化差异带来的不适应，建议学生报以宽容的态度来面对文化差异，告诉学生这些并不是中国社会的全部。课堂上学生提出此类“敏感”问题也属于课堂上的突发状况，教师要注意结合教学内容，在心理上、语言上给予正确、巧妙的引导。此外，教师要注意把握范围和时间，以免把话题说开，偏离教学内容，浪费教学时间。

4. 要点指导

(1)文化刻板印象。详见胡文仲的《跨文化交际学概论》(外语教学与研究出版社1999年版)第180页。

(2)跨文化交际过程中对待不同文化的态度。详见刘珣的《对外汉语教育学引论》(北京语言文化大学出版社2000年版)第124页。

(3)教师在课堂教学中的应变能力。详见刘珣的《对外汉语教育学引论》(北京语言文化大学出版社2000年版)第348页。

(4)第二语言教学中要注重文化的比较，提高学生对不同文化的理解和包容能力。

案例四

请根据以下材料，按照“发现问题—分析问题—解决问题”的思路，写一篇1500字以上的案例分析，要求观点明确、材料充实、结构严谨、条理清楚、语言规范、卷面清洁。

苏然是刚入职不久的青年教师，她凭着扎实的专业基础和比较全面的个人素养，加上性格随和，活泼开朗，很快就适应了留学生的汉语教学工作。她的课堂教学效果得到了学生的认可，和学生的关系也处得不错，她感觉自己找到了人生的目标，那就是做一名优秀的对外汉语老师。可是不久，一件棘手的事情让她陷入了苦恼。事情是这样的。班上一个叫卢鹏的哈萨克斯坦学生来找她，说自己的期中考试成绩不及格，只差2分，希望老师能够给自己及格。苏然的第一反应就是不能给他加分，因为班上还有另外两位只考了50多分的同学，如果给卢鹏及格了，别的同学也要求及格怎么办？那不是乱套了吗？她很委婉地告诉他，不能给他加分，唯一的补救办法就是从现在开始努力学习，争取在期末的时候考高分，以弥补期中考试的不足。但是卢鹏坚持认为多2分少2分没有什么区别，老师不同意加分，是故意跟自己过不去。于是卢鹏采取了消极对抗的办法，旷课和请假的次数明显增加，经常迟到，即使到教室上课也是在座位上看手机或者做别的事情。苏然知道他之所以不及格并不是因为他笨，而是他上课的时候经常开小差，老师提醒以后他也会改正，但上课不专心是考试不及格的主要原因。于是，苏然下课后找卢鹏谈心，希望他能够正确看待考试的分数，从这次没有及格的失败中吸取教训，努力养成好的学习习惯，相信他期末一定能够取得好成绩。可是卢鹏认为，老师平时对自己、对班上的同学都很和气，下课后经常一起聊天儿，开玩笑，还一起出去吃过饭，同学们都把她当成最好的朋友，可是在考试的时候老师为什么不愿帮助自己，给自己及格呢？难道老师平时对我们很热情很和气都是假的吗？

如果你是苏然老师的同事，她找到你诉说了自己的苦恼，你会给她什么样的建议呢？

【案例解析】

案例类型：课堂教学类

1. 发现问题

材料展示了一名新手汉语志愿者教师在教学中遇到学生要求改成绩，教师不允后学习态度消极，从而影响对教师的印象的问题。

表明态度：个人认为案例中的志愿者教师不同意学生要求更改其不及格的成绩的要求这一办法是可取的。这位老师坚持了自己的标准和原则，如果随意更改个别学生的成绩，会影响成绩的公正性，影响教师在全班同学面前的信誉。但在拒绝学生的要求后出现的种种问题，教师应该保持宽容、积极的心态，综合考察原因，寻找解决办法。

2. 分析问题

无论是在哪个国家，学生对成绩的在意都是一样的，但由于不同国家的文化差异，这种在意程度可能会有区别。有时候成绩也许影响着学生的奖学金、就业或者其他利益，所以案例中的学生极力要求老师改成绩有其个人原因。案例中的教师在拒绝学生的要求后，也与其进行了沟通，但他仍不能理解教师的做法，态度消极甚至产生反感情绪，可能这种沟通还是不够到位，或者是沟通方式的问题，或者是沟通态度的问题，都需要老师进行思考。此外，学生成绩不及格与其学习态度和学习能力有关，也与老师出题的难度、分数评判以及加分制度有关。案例中该教师认为学生成绩不好与其上课走神有关，但也可能有部分原因是教师的评分制度过分僵化、没有弹性。

3. 解决问题

首先，继续坚持与学生进行沟通，不妥协于学生的要求，但也不能对其消极对待学习的态度置之不理。要设身处地分析其表现的背后原因，通过努力和对学生真挚的责任心、关心去寻求学生的理解和认同。例如，要对学生解释成绩不能更改是原则问题，这与平时的随和无关，不能说平时关系好就要破坏规则。加强与该学生的直接沟通，并注意方式、语气、表情或场合，要尽可能去鼓励学生。其次，除了与当事学生进行沟通，还可以找第三方人员，比如其他学生、教师等寻求帮助。有时候学生与学生之间或者加入其他人时更能使问题得到解决。最后，最好的做法是，教师在学期伊始第一堂课的时候就跟同学们规定考试方式、成绩考核以及全勤加分等细则，说清楚老师的原则和底线，并充分结合当地学生的意见，总结出一个大家都满意又合理的方案，做到有章可循。这样既能大大避免考试后学生找老师“麻烦”的问题，也有利于促进学生学习热情。

4. 要点指导

（1）对外汉语教学课堂组织管理和原则。详见刘珣的《对外汉语教育学引论》（北京语言文化大学出版社 2000 年版）第 347 页。

（2）对外汉语教学课堂中要注重对教学对象的分析，体现以学生为中心的原则，了解教学对象的学习水平、所在国文化、课堂表现、学习态度……详见刘珣的《对外汉语教育学引论》（北京语言文化大学出版社 2000 年版）第 347 页。

（3）教师在教学过程中遇到困难要学会适当求助，可从家校层面寻求帮助和理解。

案 例 五

请根据以下材料，按照“发现问题—分析问题—解决问题”的思路，写一篇1500字以上的案例分析，要求观点明确、材料充实、结构严谨、条理清楚、语言规范、卷面清洁。

这是在都柏林地区的一所中学，这节课是数学课，王老师设计了踢毽子比赛来练习说数字。王老师讲完数字并进行了一定的操练后，做了一个小游戏：她走到某学生座位的旁边给出数字卡片，该学生必须说出相应的汉语读法，如果说不出来，就给大家表演个小节目。王老师走到迈克面前的时候，迈克突然反应不过来，不知道怎么说，而且涨红了脸，看起来很着急很紧张。王老师善意地提醒了她，他也怯怯地说了出来，但是高个子的荣恩却说：“老师，迈克没说出来，你为什么提醒他？你这是偏心。”王老师于是临时修改了规则，说每个人可以有两次机会。荣恩继续说：“老师，你不应该为了个人而临时修改规则，这不合理，这对前面参与游戏的同学也不公平。”其他学生也纷纷表示赞成荣恩的说法，王老师只能让学生按照旧的规则继续游戏，也没有让迈克起来表演节目。之后的踢毽子比赛，王老师采用了随机抽签分组法，恰好荣恩和迈克分在了一组，荣恩很擅长运动，所以踢毽子踢得也很好，但是迈克不擅长运动，他踢得不好，荣恩得知自己和迈克一组，直接起来抗议：“老师，我不想和迈克一组，我要求换组，否则我不参加这个愚蠢的比赛。”王老师将迈克和另外一个男生进行了交换，才将比赛进行了下去。

【案例解析】

案例类型：课堂教学类

1. 发现问题

在组织教学活动时，老师设置的游戏规则不明确，导致在游戏实施过程中学生提出反对意见和抗议。

评价王老师的做法，及时调整分组情况是对课堂教学进行的积极应对，但是临时修改游戏规则的做法不利于实现公平的竞争。

2. 分析问题

价值观的差异，在语言交际上，不同国家的人会倾向选择不同的交际方式，有的国家的人比较倾向选择委婉含蓄的方式表达自我观点和意见，不愿意与人发生正面冲突；有的国家的人看重自我，能够勇敢地表露自己的想法，倾向选择比较直接的言语风格。

不同国家的课堂教学模式、老师和同学的关系、学生和学生的关系也是有差异的。有的国家讲究尊师重教的传统，而有的国家强调平等互助的师生关系和生生关系，所以在课堂上同学可以直接提出自己的观点，"公然"地反对老师。

3. 解决问题

王老师需要尽量了解当地的社会风俗和人际交往的特点，用当地人的思维方式来看待问题、思考问题，要提高自身的跨文化交际意识，提高跨文化交际的敏感性，理解、尊重、适应当地的文化和风俗。

王老师在设计教学的时候应该仔细推敲教学的每一个环节和步骤，做到有针对性地教学，提前说明游戏的规则，提前了解学生的性格行为情况，还可以征求学生们的意见，达成一致的意见，在活动实施过程中严格要求但也要灵活应对，尽量减少课堂中的言语冲突和交际冲突。

出现了课堂冲突以后，王老师应当及时妥善地处理相关同学的矛盾，并进行原因分析，及时和当事同学沟通和交流，避免下一次再出现此类相同的事件。

最后，王老师要总结和思考自己组织的教学活动，吸取教训，提高自己的教学反思能力。

4. 要点指导

(1)对待不同文化的态度。详见刘珣的《对外汉语教育学引论》(北京语言文化大学出版社 2000 年版)第 124 页。

(2)价值观影响人的交际行为。详见胡文仲的《跨文化交际学概论》(外语教学与研究出版社 1999 年版)第 168 页。

(3)教师处理课堂教学的应变能力和教学技巧。

(4)对外汉语教学的教学准备，不仅要备教材、备方法，还要备学生。

汉语国际教育冲关模拟卷

模 拟 卷

模拟卷(一)

现代汉语基础知识

一、填空题

1. 句子重音可分为________重音和________重音。
2. 人类发音器官的主要共鸣器是________和________。
3. 普通话中，每个音节都有________和________，不是都有辅音声母。
4. 常见的确定词的方法有直判法、________和________等三种。
5. “嘴脸”是________合成词，“讨论结束”是________短语。
6. 合成词可以分为________合成词和________合成词。
7. 双关可以分为________双关和________双关。
8. 交际原则最重要的是________原则和________原则。
9. 言语行为包括言内行为、________和________。
10. “大家的事大家办”从句型上划分属于________。
11. 语法学是研究、描写语法规则的科学，是对客观存在的语法系统的认识和说明。语法学分为________和________两部分。
12. 篆书有大篆、小篆之分，其中________是小篆的典型代表。
13. 现代汉语是以北京语音为标准音，以________为基础方言，以________为语法规范的普通话。

14. “多收了三五斗”的“三五斗”是句子中的________成分。
15. “主语”是________概念，而“话题”是语用概念，两者是有区别的。
16. 从造字法来看，“裁”属于________字。
17. “他是很帅”中“是”的词性是________。
18. “别说学生了，就是老师也不会”是________关系复句。
19. “这样的文章我写不好”的补语是________补语。

二、名词解释

1. 语流音变　　2. 多义词　　3. 话轮　　4. 排比

三、分析题

1. 指出下列词语中的单纯词。

司令　灿烂　词性　婆婆　妈妈　宠儿　苏打　依次　游弋

2. 分析下列加点词的词性。

①他刚才出去了一趟。

②看见妈妈跑过来，孩子顿时哭出了声儿。

③这种大型活动，公司每年都会举办一两次。

④这次住的房子是以往的两倍大。

四、简述题

1. 举例说明反义词的类别及其特点。
2. 谈谈制约话语交际的主要因素。

古代汉语基础知识

一、填空题

1. 运用“六书”分析：“步”是________字，“眉”是________字。

2. “暂”本义是________，现在是“暂时”的意思，属于词义的________。

3. 在专门讨论古代汉语虚词用法的专著中，比较通俗且适用于初学者阅读的著作是________。

4. 简化字中有一些来源于原先意义不同的同音或音近字，称作________。

5. “良亡，间行归汉王”中“间”的意思是________；“初守睢阳时，士卒仅万人”中“仅”的意思是________。

6. 关于文体分类的文选影响最大的是________。

7. 研究上古的声母系统，认为“古无轻唇音，古无舌上音”的学者是________。

二、总结句子中“而”的用法

①敏于事而慎于言。
②学而时习之，不亦说乎？
③水浅而舟大。
④子产而死，谁其嗣之。

三、说明古代汉语中使动的用法

四、给下面的古汉语加标点，并解释画横线的词

至其时西门豹往会之河上三老官属豪长者里父老皆会以人民往观之者三二千人其巫老女子也已年七十从弟子女十人所皆衣缯单衣立大巫后西门豹曰呼河伯妇来视其好丑即将女出帷中来至前豹视之顾谓三老巫祝父老曰是女子不好烦大巫妪为入报河伯得更求好女后日送之即使吏卒共抱大巫妪投之河中有顷曰巫妪何久也弟子趣之复以弟子一人投河中有顷曰弟子何久也复使一人趣之复投一弟子河中凡投三弟子西门豹曰巫妪弟子是女子也不能白事烦三老为入白之复投三老河中

中外文化及跨文化交际基础知识

一、填空题

1. 我国山西省简称为________。

2. 在殷墟王陵出土的“________”（原称“司母戊鼎”）代表了商代青铜器制作的最高水平。

3. “雾失楼台，月迷津渡。桃源望断无寻处。可堪孤馆闭春寒，杜鹃声里斜阳暮”是宋代著名词人________的代表作。

4. 公元 1279 年，宋朝军队与蒙古军队在崖山进行大规模海战，最后结果是元军以少胜多，宋军全军覆灭。南宋灭国时，左丞相________背着少帝赵昺投海自尽，许多忠臣追随其后，十万军民跳海殉国。

5. 请写出“嫪毐”的拼音：________。

6. 2020 年，美国大选计票结果显示________党候选人拜登当选美国第 46 任总统。

7. 中国传统文化中，瑞兽________象征统一和太平。

8. 内海是一个国家神圣不可侵犯的领土，山东半岛与辽东半岛之间的________是中国的内海。

9.《梁山伯与祝英台》是________剧经典曲目之一。

10. 在西方国家被认为 unlucky number(不吉利数字)的是________。

二、判断题

1. 我国拥有 23 个省、4 个直辖市、5 个自治区和 2 个特别行政区，共 34 个省级单位。

2. 中国古代天文学十分发达，早在春秋时期，中国人已将一个回归年的长度确定为 365. 25 日。

3. 篆刻分为阴文印和阳文印，北京奥运会徽“中国印”是阴文印。

4. 美国著名的“自由女神像”是法国赠送给美国的。

5.《少年维特之烦恼》中爱情悲剧的女主人公是尤丽。

6. 马来西亚信仰伊斯兰教。

7. 土耳其是横跨亚欧大陆的国家，首都是安卡拉。

8. “温故知新”出自《老子》。

9. 明代作品《桃花扇》写的是李香君和侯方域的爱情故事。

10.《女史箴图卷》是阎立本的作品。

三、单项选择题

1. 下列作品，(　　)出自西班牙作家之手。

A.《十日谈》　　B.《愚人颂》　　C.《堂吉诃德》　　D.《神曲》

2. 19 世纪至 20 世纪初，欧洲自然科学得到空前发展。(　　)三大发现即是这一发展的典型体现。

A. 电磁感应定律、原子—分子学说、染色体

B. 焦耳定律、科学原子论、病原微生物学

C. 电磁学理论、进化论、细胞学说

D. 进化论、能量守恒及转化定律、细胞学说

3. 清朝八旗中的上三旗是(　　)。

A. 正红旗、正黄旗、正白旗

B. 镶黄旗、正黄旗、正白旗

C. 正红旗、正蓝旗、正白旗

D. 镶红旗、正黄旗、正蓝旗

4. 我国少数民族也创造了优秀的文化，与汉族早期长篇史诗不发达的情况不同，少数民族中往往流传着反映其早期历史的长诗，《格萨尔》就是(　　)著名史诗。

A. 蒙古族　　B. 藏族　　C. 维吾尔族　　D. 白族

5. 岳飞在进军北伐后，被 12 道金牌召回，而后以莫须有的罪名被处死，以下 4 人中(　　)与岳飞的死无关？

A. 秦桧　　B. 万俟高　　C. 张俊　　D. 韩世忠

6. “态生两靥之愁，娇袭一身之病”是《红楼梦》中贾宝玉对林黛玉的第一印象，其中“靥”是指(　　)。

A. 酒窝　　B. 眼睛　　C. 嘴角　　D. 腮帮

7. 在迎接贵宾之时，俄罗斯人通常会向对方献上(　　)，作为对对方的一种极高的礼遇。

A. 面包和盐　　B. 哈达　　C. 手绢　　D. 玫瑰

8. 下列唐朝文人中，(　　)没有中过科举进士。

A. 柳宗元　　B. 白居易　　C. 孟郊　　D. 李白

9. 猫蝶图在(　　)情况下送人。

A. 祝寿　　B. 生子　　C. 乔迁　　D. 结婚

10. “九州”一词的产生跟(　　)有关。

A. 大禹治水　　B. 女娲补天　　C. 盘古开天地　　D. 精卫填海

对外汉语教育学引论

一、填空题

1. 人类大脑中，掌握语言的区域主要分布在________半球。

2. 记忆按保持的时间和状态分为________、短时记忆和长时记忆。

3. 言语行为理论最初是由英国哲学家________在 20 世纪 50 年代提出的。

4. 海姆斯提出了交际能力的 4 个特征：语法性、可接受性、________和现实性。

5. 输入假说 i+1 的 i 代表________。

6. 在课堂管理中，某教师经常采用这种方法：如果某位同学出现了不良行为，则不可以参加他最喜欢的课堂活动。这种方法的效果属于________。

7. 文化适应假说认为，第二语言学习者与目的语文化的社会距离与________距离形成了影响第二语言习得的主要因素。

8. 印欧语系的学生常常分不清送气音和不送气音，这是由于偏误中的________。

9. “写得真好啊”中“啊”的实际读音是________。

10.《汉语拼音方案》一共有 5 个部分，包括字母表、声母表、韵母表、声调符号和________。

二、简答题

1. 在汉语作为第二种语言教学中，影响教学方法的因素有哪些？

2. 有人认为将现在的流行语作为给外国人汉语教学的材料能够有助于他们的汉语学习，并且可以增进他们对中国文化的理解，你认为是否正确呢？为什么？

3. 在写作中，学生常常出现把“地”和“得”混用的情况。有学生就“高兴地跳起来”和“高兴得跳起来”向老师提问，请比较分析这两个句子，并举例说明“地”和“得”的使用规则。

4. 请简述语言习得机制。

5. 请简述第二语言测试的类型。

模拟卷(二)

现代汉语基础知识

一、填空题

1. “鸳鸯、徘徊、坎坷、轰隆、仿佛、琉璃”中有________个联绵词。

2. 舌根、清、擦音的国际音标是________，“教育”的“育”国际音标是________。

3. “微风过处，送来缕缕清香，仿佛远处高楼上渺茫的歌声似的”这句话运用的辞格是________。

4. “青年、中年、老年”之间的界限不甚明确，这体现了词义的________性。

5. 音素是从________角度划分出来的，记录音素的符号是________。

6. 音位是由语音的________划分出来的，是一个语音系统中能够________的语言单位。

7. 由一个语素构成的词叫________，由________语素构成的词叫合成词。

8. 义项是词的________的分项说明。

9. 停顿分为________和________两种。

10. “宁可不吃饭，也要穿名牌”是________关系复句。

11. 汉字在历史上出现过甲骨文、金文、________、________、楷书等 5 种正式字体。

12. 现代汉语在语音方面区别于印欧语系的特点是________、元音占优势、音节整齐匀称和________。

13. “怎么把孩子病了”中宾语的语义类型是________。
14. 语法单位的层级是________、________、________。
15. 数词分为两个类别，“二月”“三楼”中的数词属于________。
16. 厦门话是________方言。
17. 汉语是分析性语言，________和________是表达语法意义的主要手段。
18. “这本书的出版”中“出版”词性是________。
19. “今天晴天”是________句。
20. “短信联系”的组合方式是________。

二、名词解释

1. 音步　　2. 合成词　　3. 对偶　　4. 句类

三、分析题

1. 分析音素的发音特征。

[i]　[p]

2. 分析下列歧义现象。

①我马上叫他去。

②这篇文章你给我看看。

③你离开了他就不能活。

④这个人连我也不认识。

⑤这座山松鼠最多。

四、简述题

1. 元音和辅音的主要区别是什么？
2. 话语衔接的基本类型有哪些？

古代汉语基础知识

一、填空题

1. 汉字的古文字可以分为________、________、篆书和隶书。
2. 词义的发展可以分为词义的________、缩小和________。
3. 古代汉语的声调分为平、________、________、去。
4. “实迷途其未远，觉今是而昨非”中“是”的词性________。
5. 认为为了押韵可以临时改变读音，且是一种应当否定的注音方法叫作________。

6. “告之以直而不改，必痛之而后畏”中“痛”是________现象。

7. “齐军既已过而西矣”中“西”是________现象。

二、古今词义的感情色彩意义有哪些变化？举例说明

三、下列句子中哪个词体现了词类活用的现象？说明其用法、意义和条件

①世之所高，莫若黄帝。

②寡人欲相甘茂，可乎？

③面山而居。

④请勾践女女于王。

四、给下面的古汉语加标点，并解释画横线的词

韩信使人<u>间</u>视知其不用还报则大喜乃敢引兵逐下未至井陉口三十里<u>止舍</u>夜半传发选轻骑二千人人持一赤帜从间道蔽山而望赵军诫曰赵见我走必空壁逐我<u>若</u>疾入赵壁拔赵帜立汉赤帜令其裨将传飧曰今日破赵会食诸将皆莫信<u>详</u>应曰诺谓军吏曰赵已选据便地为壁且彼未见吾大将旗鼓未肯击前行恐吾至险阻而还信乃使万人先行出背水陈赵军望见而大笑

中外文化及跨文化交际基础知识

一、填空题

1. 七夕节又称“________节”。

2. 德国古典派作家的代表人物是________和________。

3. “人不能两次踏进同一条河流”出自古希腊哲学家________之口。

4. 《水浒传》中梁山 108 好汉，其中有________名女将。

5. 大篆又称“________”。

6. 《诗经》“子兴视夜，明星有烂”，“昏以为期，明星煌煌”，都是指________而言，它黎明见于东方称启明，黄昏见于西方叫长庚。

7. 汉代的官学除中央政府所办________外，还有地方政府所办，郡学曰“学”，县学曰“校”，乡学曰“庠”，聚学曰“序”。

8. “群山万壑赴荆门，生长明妃尚有村”，明妃指的是________。

9. 朝鲜的最近三代领导人(包括现任)是________、________和________。

10. “究天人之际，通古今之变，成一家之言”出自________。

二、判断题

1. 巴西的官方语言是西班牙语。
2. 我国陆上邻国共有 15 个。
3. “但使龙城飞将在，不教胡马度阴山”中“飞将”是指卫青。
4. 中国古代第一部诗歌总集是《古诗十九首》。
5. 中国汉字和埃及象形文字是世界最古老的文字。
6. 人类大脑中，掌握语言的区域主要分布在左半球。
7. 背面印有“IN GOD WE TRUST”的货币是欧元。
8. 2015 年获得诺贝尔奖的中国人是莫言。
9. 基督教除圣诞节以外另一个最重要的节日是复活节。
10. “苟日新，日日新，又日新”出自《论语》。

三、单项选择题

1. 内阁和内阁制最早产生于(　　)。
   A. 英国　B. 意大利　C. 美国　D. 法国
2. 下列(　　)字指排名第二。
   A. 伯　B. 仲　C. 叔　D. 季
3. 我国四大盆地中，面积最大的是(　　)。
   A. 柴达木盆地　B. 塔里木盆地　C. 准噶尔盆地　D. 四川盆地
4. 下列(　　)不是西周的制度。
   A. 分封制　B. 宗法制　C. 禅让制　D. 井田制
5. 历史上“澶渊之盟”是(　　)与辽签订的。
   A. 宋真宗　B. 宋徽宗　C. 宋仁宗　D. 宋英宗
6. “不鸣则已，一鸣惊人”写的是(　　)。
   A. 淳于意　B. 楚庄王　C. 孟子　D. 司马迁
7. 下列(　　)不是文学家。
   A. 门捷列夫　B. 奥斯特洛夫斯基
   C. 陀思妥耶夫斯基　D. 莱蒙托夫
8. 著名的古代阿拉伯民间故事集(　　)，有 264 个故事，被誉为“世界民间文学创作中的最壮丽的一座纪念碑”。
   A.《一千零一夜》　B.《伊索寓言》
   C.《列那狐故事》　D.《辛巴达历险记》

9. 16—17 世纪的宗教改革在德国最有影响的人物是(　　)。

A. 马丁·路德　　B. 马丁·路德·金

C. 约翰·加尔文　　D. 约翰·卫斯理

10. 金庸、古龙和(　　)是新三大武侠小说家。

A. 梁羽生　　B. 温瑞安　　C. 司马翎　　D. 卧龙生

对外汉语教育学引论

一、填空题

1. 一般来说，17 世纪夸美纽斯的著作________被认为是教育学形成独立学科的开始。

2. 语言是思维的工具，要学好目的语，必须了解目的语民族独特的________。

3. 智育是全面发展教育的________。

4. 吕叔湘先生说过，学习语言不是学习一套知识，而是学习一种________。

5. 初学汉语的英语母语者受英语语序影响，说出“我学习汉语每天”的错误句子，属于________偏误。

6. 掌握语用规则然后在真实的语言环境中得体地运用语言的能力叫________。

7. 在一次成绩测试中，试卷中的一道题高分的同学没有答对，低分的同学反而答对了，这说明这道题的________较低。

8. 世界上的文字主要分为 3 类，如记录英语、法语的是音素文字，记录日语的是音节文字，记录汉语的是________。

9. jiang 的 a 是________。

10. 根据“六书”理论，“上”“下”的造字方法是________。

二、简答题

1. 第二语言学习者的偏误是由多方面的因素造成的，请就主要方面结合具体例子分析第二语言学习者的偏误来源。

2. 分析以下偏误产生的原因：

A. 我睡了三十个分钟；B. 他比我很高多。

3. 简述监控假说中监控所起的作用和监控起作用的条件。

4. 在国际汉语教学中，如何考虑语法点的排列次序？请举例说明。

5. 请简述对外汉语教学听说法的局限性。

模拟卷(三)

现代汉语基础知识

一、填空题

1. “展览馆”三个字的调值分别是________、________、________。
2. “破釜沉舟”成语的来源方式是________。
3. 普通话的句调类型有平调、升调、降调和________。
4. “攻势”“公式”“工事”三个词的关系是________。
5. iong 是________呼韵母。
6. 词的转义是通过引申、________的方式完成的。
7. “白菜、白板、白花、白酒”中不属于词的是________。
8. “山连水，水连山”使用的辞格是________。
9. “动静、正反、生死”中属于相对反义词的是________。
10. 舌面不送气清塞擦音是________。
11. “忘记”是________合成词，“老鼠”是________合成词。
12. 共同语在春秋时期被称为________，在辛亥革命时期被称为________。
13. “非”的第一笔是________。
14. “快走”的“快”是________词。
15. “它们急得一点办法也没有”是________宾语。
16. 汉字在历史上被我们的邻国使用，韩国和________现在仍部分使用汉字。
17. “看了三本”是________短语，“看了三次”________短语。
18. “你把垃圾倒一下吧！”中的“把”是________词。
19. 汉字的字符大体上可以归纳为三类，即意符、音符和________。
20. “想办法通知他”是________短语。
21. 疑问句可以表示有疑而问的“询问句”，也包括无疑而问的“________”。
22. 我们通用扩展法或插入法来区分词和________。
23. 现代汉语虚词主要包括介词、连词、________和________。
24. 现代汉语名词在句子中主要充当主语、宾语和________。

二、名词解释

1. 声调　　2. 惯用语　　3. 借代　　4. 实词

三、分析题

1. 分析音素的发音特征。

[g]　[k]

2. 改病句，并说明理由。

①我们正在公园散散步呢。

②我三个小时在这里等你了。

四、简述题

1. 外来词是什么？举例说明外来词的不同类型。

2. 举例说明什么是连谓短语。

古代汉语基础知识

一、填空题

1. 运用“六书”分析：闽是________，朱是________。

2. “睡”本指________，现在指一般的睡觉，是词义的________。

3. “曷足以美七尺之躯哉”的“曷”________词，“居辎车中，坐为计谋”的“坐”是________词，“先生且睡矣”的“且”是________词。

4. 音韵学将三十六字母按发音部位分为唇音、舌音、齿音、________、喉音，叫作________。

5.《说文解字》收录了________个部首。

二、下列句子中体现什么词类活用的现象？请说明

①渔人甚异之。

②天下乖戾，无君君之心。

③夫人之，我可以不夫人乎？

三、总结下列句子中的语序规律

①民不足而可治者，自古及今未之尝闻。

②谁为为之？孰令听之？

③日月逝矣，岁不我与。

④秉国之均，四方是维。

⑤子路有闻，未之能行，唯恐有闻。

⑥奚以之九万里而南为？

四、给下面的古汉语加标点，并解释画横线的词

儒以文乱法侠以武犯禁而人主兼礼之此所以乱也夫离法者罪而诸先王以文学取犯禁者诛而群侠以私剑养故法之所非君之所取吏之所诛上之所养也法趣上下四相反也而无所定虽有十黄帝不能治也故行仁义者非所誉誉之则害功工文学者非所用用之则乱法楚之有直躬其父窃羊而谒之吏令尹曰杀之以为直于君而曲于父报而罪之以是观之夫君之直臣父子暴子也鲁人从君战三战三北仲尼问其故对曰吾有老父身死莫之养也仲尼以为孝举而上之以是观之夫父之孝子君之背臣也故令尹诛而楚奸不上闻仲尼赏而鲁民易降北上下之利若是其异也而人主兼举匹夫之行而求致社稷之福必不几矣

中外文化及跨文化交际基础知识

一、填空题

1. 《齐民要术》的作者是________。

2. “知否，知否？应是绿肥红瘦”中的“红瘦”指的是________花。

3. 贵州省简称________。

4. 香港特别行政区的行政长官是________。

5. 李汝珍《镜花缘》、________《二十年目睹之怪现状》、刘鹗《老残游记》、曾朴《孽海花》。

6. 唐朝的________与韩愈一起倡导古文运动，其代表作是《三戒》《永州八记》。

7. “民为贵，社稷次之，________”是思想家孟子对春秋以来民为本思想的高度概括。

8. 神话传说中的八仙是________、汉钟离、吕洞宾、张果老、曹国舅、韩湘子、蓝采和、何仙姑。

9. 我国古代小说常用“沉鱼落雁，闭月羞花”形容美女，其中“羞花”指的是________。

10. 中国古代神话中，有个人物追太阳，后来渴死，手杖化为桃林，这个人是________。

二、判断题

1. 印章文字或图像有凹下与凸起两种形体，凹下的通称阴文，突起的通称阳文。
2. 自由女神像位于美国的华盛顿。
3. 特朗普是美国的第45任总统。
4. 在京剧的角色中李逵、张飞是红脸，关羽是黑脸，曹操是白脸。
5. 科举制是隋炀帝杨坚建立的。
6. 《聊斋志异》是我国第一部优秀文言短篇小说集，作者是清代著名小说家蒲松龄。“聊斋”是他的书屋名，“志”是记叙，“异”是奇怪的事情。
7. 徐志摩的名诗《再别康桥》中的“康桥”是指英国的剑桥大学。
8. 典故“东床快婿”原本指司马相如。
9. 中国历史上最后一个皇帝是清朝的宣统皇帝。
10. 小说《儒林外史》的作者是吴敬梓。

三、单项选择题

1. “一问三不知”来源于(　　)。
   A. 《左传》　B. 《汉书》　C. 《后汉书》　D. 《史记》
2. “弱水三千”中的“弱水”现在主要用于(　　)。
   A. 精力　B. 爱情　C. 友情　D. 亲情
3. 汽车品牌“奔驰”是(　　)的。
   A. 德国　B. 英国　C. 意大利　D. 法国
4. 给以下目录排序为(　　)。
   ①吕奉先射戟辕门 曹孟德败师淯水；②下邳城曹操鏖兵 白门楼吕布殒命；
   ③贾文和料敌决胜 夏侯惇拨矢啖睛；④袁公路大起七军 曹孟德会合三将；
   A. ①②③④　B. ①④②③　C. ②①③④　D. ①②④③
5. 秦桑儿的作品《并刀如水》中的“并刀”是并州生产的，而“并州”在现在的(　　)省。
   A. 河北　B. 陕西　C. 山西　D. 山东
6. 明朝的(　　)皇帝为了加强北方边防，抵抗蒙古侵扰，将都城迁至北京，史称“天子守国门”。
   A. 朱元璋　B. 朱允炆　C. 朱棣　D. 朱祁镇
7. 成语“才高八斗”最初指的是(　　)才华横溢。
   A. 曹植　B. 李白　C. 苏轼　D. 徐渭

8. 下列成语对应相关的历史人物(　　)是错误的。

A. 韦编三绝——孔子　　B. 破釜沉舟——项羽

C. 望梅止渴——曹操　　D. 东山再起——谢晋

9. “待到重阳日，还来就菊花”是诗人(　　)的诗句。

A. 王维　　B. 孟浩然　　C. 孟郊　　D. 贾岛

10. “在天愿作比翼鸟，在地愿为连理枝”出自(　　)。

A.《长歌行》　　B.《长恨歌》　　C.《琵琶行》　　D.《长生殿》

对外汉语教育学引论

一、填空题

1. 对外汉语教学的语言文化因素中，________常常和词汇教学结合在一起。

2. 记忆分为两种类型：语义记忆和________。前者存储意义信息，后者存储事件信息。

3. ________指个体进行感知、记忆、思维、问题解决、决策以及信息加工的典型方式。

4. 如果学习者因为害怕说错而放弃表达，这种交际策略是________。

5. 学习者所接受的知识并不会完全吸收，而是会经过________的过滤。

6. 韩礼德第一次从________的角度研究儿童第一语言的发展。

7. 一份语言测试试题质量的好坏，可以从以下几个指标进行定量分析：信度、效度、________和区分度。

8. 暗示法是________提出来的。

9. 根据汉语拼音拼写规则，如果第二个音节是以________开头，则需在前面加上隔音符号。

10. “医”一共有________画，第二画为________。

二、简答题

1. 提高语言交际能力应该做哪些针对性训练?

2. 如何理解在对外汉语教学中要以学生为中心?

3. 请简述认知法的理论基础及其主要特点。

4. 请解释认知方式中的场独立性和场依存性。

5. 请将下面的错误例句进行归类并分析偏误原因。

①下课的时候都我们去外边休息。

②他向王子提出的各种各样的要求，都王子拒绝答应。

③你们都学习汉语，他们都也学习汉语。

④大家为他学习上的进步都感到高兴。

模拟卷(四)

现代汉语基础知识

一、填空题

1. [i]和[ɑ]的主要区别是________，[i]和[y]的主要区别是________。
2. 基本词汇的四个特点分别是全民性、常用性、________和________。
3. 普通话阴平调的调值是________。
4. 发音时口形始终不变的元音是________。
5. 普通话声母 g、k、h 从发音部位上看属于________。
6. “成果”“后果”“结果”的区别主要是________。
7. “孔夫子搬家——净是书(输)”是________歇后语。
8. 普通话音节中必不可少的是________和________。
9. 元音和辅音的根本区别在于发音时________。
10. 根据两词根之间的结构关系，“眼热”属于________式复合词。
11. 附加式合成词是________和________构成的合成词。
12. 根据句子的结构特点划分出来的句子类型叫作________。
13. “昨天比较冷，今天天气回升了”中的“比较”是________词。
14. 文字是记录语言的________系统，是最重要的________交际工具。
15. “这种花儿很香，而且颜色也好看”是表示________关系的复句。
16. “说不清楚”中的补语成分属于________补语。
17. 疑问代词有________和虚指两种引用法，不表示疑问。
18. 关联词语“借以”用在________关系复句中。
19. 从语法特征来看，区别词又称为________。
20. 从词类角度看，“老没见他”中的“老”是________词。
21. “把”字句的动词一般具有________性。
22. 按结构类型分类，“多么真挚的感情”属于________短语。
23. “热腾腾”“冷嗖嗖”这一类词属于________形容词。
24. 汉语的虚词可以细分为介词、连词、助词和________。
25. “单”“双”“大型”这些词语，可以做定语，但是不能单独充当谓语，被称为非谓形容词，也叫作________。

二、名词解释

1. 逻辑重音　2. 语体意义　3. 反语　4. 六书

三、分析题

1. 分析音素的发音特征。

[z]　[zh]

2. 指出下列词语的结构类型。

拮据　破除　成家　海啸　热爱

四、简述题

1. 从音素角度分析汉语的音节结构。
2. 简述存现句的特点。

古代汉语基础知识

一、填空题

1. “该”在古代汉语中的常用意义是________，在现代汉语中常用意义是________。
2. 在古代音系研究的书籍中，陆法言著有________，周德清著有________。
3. “信”的本义是________，如《老子》：“信言不美，美言不信。”
4. ________是一个否定性的无定代词，可译为没有人，没有哪一个东西或事情。
5. 双声是指两个字的________相同，叠韵是指两个字的________相同。
6. “不吾知也”是________句式；“君子役物，小人役于物”是________句式。

二、总结下列句子中“则”的用法

①终岁不制衣则寒。

②民贫则奸邪生。

③时则不至，而控与地而已矣。

④公使阳处父追之，及诸河，则在舟中矣。

⑤善则善矣。未可以战也。

三、总结下面句子共同反映的古汉语语法现象及规律

①张骞，汉中人也。

②兵者，不祥之器。

③荀卿，赵人。

④陈胜者，阳城人也。

⑤夫战，勇气也。

四、给下面的古汉语加标点，并解释画横线的词

星队木鸣国人皆恐曰是何也曰无何也是天地之变阴阳之化物之罕至者也怪之可也而畏之非也夫日月之有蚀风雨之不时怪星之党见是无世而不常有之上明而政平则是虽并世起无伤也上暗而政险则是虽无一至者无益也夫星之队木之鸣是天地之变阴阳之化物之罕至者也怪之可也而畏之非也

中外文化及跨文化交际基础知识

一、填空题

1. “日晷”的读音是________。
2. 天下第一关是________。
3. “项羽乌江自刎”中的“乌江”是在________省。
4. “闭月羞花”中的“闭月”指的是________。
5. 三大石窟分别是：莫高窟、________、龙门石窟。
6. ________被称为“天下第一行书”。
7. 中国五岳分别是：东岳泰山、中岳嵩山、西岳华山、南岳衡山、北岳________。
8. 日本的上一任天皇是________。
9. 《项链》的作者是________。
10. “白日依山尽，黄河入海流”是________写的。

二、判断题

1. 冠礼是古代成年男子满 18 岁举行的象征独立和成熟的仪式，备受重视。笄礼是年满 16 岁的少女所举行的象征可以婚配的仪式，在冠礼、笄礼之后男子就可以冠发、女子可以梳髻。

2. “解落三秋叶，能开二月花。过江千尺浪，入竹万竿斜”描写的是风。

3. “泰山”是古时儿女称呼父亲的尊称。

4. 唐代诗人李商隐的作品具有丰富的社会内容、强烈的政治倾向、崇高的爱国爱民精神，在文学史上素有“诗史”之称。

5. 成语“掷果盈车”用来比喻女子对美男子的爱慕与追捧。
6. “变脸”是京剧剧种的绝活。
7. 成语“白山黑水”分别指白云山和黑龙江。
8. 奥运会旗是“五色环”旗，其中黄色环代表大洋洲。
9. 莎士比亚的作品《奥赛罗》又称《王子复仇记》。
10. 美国迄今在任时间最长的总统是华盛顿。

三、单项选择题

1. 民歌《木兰辞》使得花木兰替父从军的事迹闻名天下，花木兰被誉为“巾帼英雄”。这里的“巾帼”具体指古代妇女身上的(　　)。
   A. 上衣　　B. 裙子　　C. 头饰　　D. 罩袍
2. 据考证，花木兰生于公元412年，死于公元502年。请根据时间判断她生活在中国历史的(　　)时期。
   A. 汉　　B. 魏晋南北朝　　C. 隋唐　　D. 宋
3. 《木兰辞》中写道：“阿爷无大儿，木兰无长兄”，为何在这种情况下仍然要花木兰替父从军？这反映了当时的(　　)制度。
   A. 两院制　　B. 府兵制　　C. 兵民合一　　D. 军户制
4. “四书五经”中的“四书”不包括(　　)。
   A. 《论语》　　B. 《孟子》　　C. 《中庸》　　D. 《礼记》
5. 明朝末年，伟大的民族英雄郑成功通过艰苦的战争从(　　)殖民者手中收复了台湾。
   A. 荷兰　　B. 西班牙　　C. 葡萄牙　　D. 英国
6. “六一居士”是下列文学家(　　)的别号。
   A. 欧阳修　　B. 李清照　　C. 王安石　　D. 杜牧
7. “取之无度，(　　)，则常不足”告诉了我们如果过度开发，资源就会匮乏。
   A. 虚而为盈　　B. 用之无节　　C. 取之不尽　　D. 用之不竭
8. “苟利国家生死以，岂因祸福避趋之?”是(　　)身怀民族大义而写下的诗句。
   A. 戚继光　　B. 郑成功　　C. 林则徐　　D. 李白
9. 近现代时期(　　)国为了谋求利益，向中国贩卖鸦片，严重毒害了中国人民的身心健康，造成了颓废、没落的社会景象。
   A. 日本　　B. 德　　C. 法　　D. 英
10. 民间传说每年的农历七月初七，牛郎和织女会在(　　)搭起的桥上相会。
   A. 大雁　　B. 小燕子　　C. 喜鹊　　D. 麻雀

对外汉语教育学引论

一、填空题

1. 除了利用语言文字外，儿童甚至可以以概念、假设等为前提，进行演绎推理，得出结论，这说明儿童已经进入皮亚杰认知发展阶段理论中的________阶段。

2. 由相反和对立的材料所引起的联想是________。

3. 大脑两半球的功能存在差异，一定的功能为两侧大脑半球所控制，称为大脑两半球功能的“________”。

4. 舒曼提出________假说，把第二语言习得过程看作逐步适应目的语文化的过程。

5. 在语言学习中，学习者对语言本身感兴趣引起的学习动机是________动机。

6. 语音教学要把短期________教学和长期严格要求结合在一起。

7. 第二语言教学法中的________又称“口语法”“结构法”等，强调通过反复句型结构操练培养口语听说能力。

8.《实用汉语课本》是第一套贯彻________原则的教材，该教材曾一度成为美国使用最多的基础汉语教材之一。

9. 合口呼是指以________为开头的韵母。

10. 汉字“长”的第一笔是________，“忙”的第二笔是________。

二、简答题

1. 在汉语作为第二种语言教学中，应如何处理语言训练与文化知识讲解之间的关系。

2. 请简述课堂教学的优势和局限性。

3. 对外汉语教学的研究对象到底是什么？

4. 举例说明什么是分立式测验，它的理论基础是什么？

5. 请举例说明汉语作为第二语言教学中词义解释的方法。

模拟卷(五)

现代汉语基础知识

一、填空题

1. 与汉语轻声有关的物理属性是音强，与声调有关的物理属性是________。

2. 现代汉语中 d、t 发音的不同之处在于，前者________，后者________。

3. 普通话鼻辅音中不能做韵尾的是________。

4. 根据韵母开头元音发音时唇形的不同，可以把普通话韵母分为开口呼韵母、齐齿呼韵母、________、________四类，简称“四呼”。

5. 声调指的是依附在声韵结构中具有区别意义作用的________变化。

6. ________是最小的有意义的语音单位。

7. 语音不仅具有物理属性和生理属性，还具有________属性。

8. 汉语七大方言中，较为完整保留浊声母的是________。

9. 舌面元音[y]是前、高、________元音。

10. ________是由音素构成的语音片段，是听话时自然感到的最小的语音单位。

11. 轻声是由________决定的。

12. 从部件组成来看，汉字可以分为________和合体字。

13. 从句型的角度划分，“今天圣诞节”是________句。

14. 从语义成分来看，“这支笔只能写小楷”中，“这支笔”是________。

15. “振兴中华”这四个字中，合体字是________，独体字是________。

16. 北方方言可以分为 4 个次方言：华北东北方言、西北方言、西南方言和________。

17. ________是构成汉字字形的最小连笔单位。

18. “吃了吗，你?”这类句子叫作倒装句，属于________句的一种。

19. “他优柔寡断，以致错失良机”属于________复句。

20. 现代汉语“全”有两种词性，一种是形容词，另一种是________。

21. 从短语的结构类型来看，“祝你健康”属于________短语。

22. 根据语言的亲属关系对语言做出的分类叫作语言的________分类。

23. 现行汉字的结构单位有两级，一是笔画，二是________。

24. “我们在开会”中，“在”是________词。

25. 复句可以分为________复句和偏正复句两种。

26. “不耻下问”中的“耻”是词类活用中的________用法。

27. 典型的吴方言是________。

二、名词解释

1. 鼻韵母　　2. 反义词　　3. 指示语　　4. 语用意义

三、分析题

1. 分析普通话 zhuān 这个音节的结构。

2. 用层次分析法分析下面的句子。

买票的都去那儿排队

四、简述题

1. 简述汉语合成词的构词方式。
2. 什么是补语，补语的类型有哪些？请举例说明。

古代汉语基础知识

一、填空题

1. 根据许慎的“六书”理论，“朱”是________造字法，“及”是________造字法。

2. 古今词义在感情色彩上有显著的差别，“爪牙”在褒贬意义上属于________，“感激”在词义轻重上属于________。

3. “绛侯得释，盎颇有力”中“颇”的词性是________，意义是________。

4. “骞以郎应募使月氏”中“以”的词性是________，“是炎帝之少女”中“之”的词性是________。

5. 段玉裁利用谐声偏旁研究古韵，首创________。

6. 古代三十六字母是在________创制的三十字母基础上增订而成的。

二、概括说明古今词义的异同情况，并举例

三、总结下列句子中“于”的用法

①越王勾践栖于会稽之上。
②妻与子皆养于我者也。
③老臣窃以为媪之爱燕后，贤于长安君。
④季康子问政于孔子。
⑤劳心者制人，劳力者制于人。

四、给下面的古汉语加标点，并解释画横线的词

夏楚子使屈完如师师退次于召陵齐侯陈诸侯之师与屈完乘而观之齐侯曰岂不穀是为先君之好是继与不穀同好如何对曰君惠徼福于敝邑之社稷辱收寡君寡君之愿也齐侯曰以此众战谁能御之以此攻城何城不克对曰君若以德绥诸侯谁敢不服君若以力楚国方城以为城汉水以为池虽众无所用之屈完及诸侯盟

中外文化及跨文化交际基础知识

一、填空题

1. 中国古代传说中酒的发明者是________。

2. 成语“五湖四海”中的“五湖”一般指洞庭湖、鄱阳湖、太湖、________、洪泽湖。

3. 唐太宗的昭陵规模宏大，据记载，原内陵冢四周建有方城并四面开门：东有青龙门，西有白虎门，南有________门，北有玄武门。

4. 当今流行歌坛对传统文化也有一定的借鉴，某些流行歌曲是对古典诗词的化用，如小刚的《寂寞沙洲冷》化自苏轼的《卜算子》“缺月挂疏桐，漏断人初静。谁见幽人独往来，缥缈孤鸿影。惊起却回头，有恨无人省。________，寂寞沙洲冷”。

5. 诗句“出师未捷身先死，长使英雄泪满襟”的作者是________。

6. 中国的四大佛教名山是：山西五台山、四川峨眉山、安徽九华山、浙江________。

7. 中国古代“二十四史”的最后一部是《________》。

8. 中国省名的由来源远流长，有以山川之势得名的，如河南、河北以在黄河之南、之北而得名，山西以在________之西而得名。

9. 春秋时期各国之间互相攻伐，争夺霸权。历史上把先后称霸的五个诸侯________、宋襄公、晋文公、秦穆公、楚庄王叫作“春秋五霸”。

10. “嫪毐”的拼音是________。

二、判断题

1. 最新在扬州考古发掘出的中国古代帝王墓的主人是隋文帝。

2. 《长恨歌》的作者是唐代著名诗人孟浩然。

3. 中国最早的一部诗歌总集是《诗经》。

4. 战国时兴起于楚国的一种诗歌样式是楚辞。

5. 北宋司马迁打破史书的断代格局，撰写编年通史《资治通鉴》。

6. “……少年强则国强，少年独立则国独立，少年自由则国自由……”出自近代思想家梁启超的《少年中国说》。

7. 明清是中国古代小说创作的繁盛阶段，《红楼梦》讲述了一个大家族的盛衰变迁，是一部只有深刻人生、历史内涵和社会批判意义的爱情小说，内容也涉及传统文化的方方面面。

8. 明代戏剧家汤显祖生活的年代与莎士比亚同时，其被称为“中国十六世纪的莎士比亚”。

9. 背面印有“IN GOD WE TRUST”的货币是欧元。

10. 因《忏悔录》《上帝之城》而为许多人熟知的神学家、哲学家是奥古斯丁。

三、单项选择题

1. 下面选项中对应错误的是(　　)。

A. 火把节——藏族　　B. 泼水节——傣族

C. 歌圩节——壮族　　D. 那达慕大会——蒙古族

2. 秦始皇灭六国后，统一了全国文字，这种汉字称作(　　)。

A. 隶书　　B. 小篆　　C. 楷书　　D. 行书

3.《西游记》中沙僧法号(　　)，原为天宫中的(　　)，被贬下界，在流沙河为妖，后保唐僧取经，得成正果，封为(　　)。

A. 悟能　卷帘大将　南无八宝金身罗汉菩萨

B. 悟净　卷帘大将　南无八宝金身罗汉菩萨

C. 悟空　天蓬元帅　南无净坛使者菩萨

D. 悟净　天蓬元帅　南无金刚大士圣菩萨

4. 孔子是(　　)人.

A. 秦国　　B. 鲁国　　C. 卫国　　D. 宋国

5. 我国是茶叶的故乡，绿茶是最古老的品种，是我国品种最多、产量最大的第一大茶种，下列(　　)不是我国著名的绿茶。

A. 西湖龙井　　B. 洞庭碧螺春　　C. 庐山云雾　　D. 安溪铁观音

6.《红楼梦》的四大家族中没有下列(　　)姓氏。

A. 吴　　B. 贾　　C. 王　　D. 史

7. 梨园用来指戏曲界，那么“杏林”指代的是(　　)。

A. 教育界　　B. 文艺界　　C. 医学界　　D. 冥界

8. 与英文 Culture 对译的汉语是(　　)。

A. 文学　　B. 文章　　C. 文化　　D. 精神文明

9.《嘎达梅林》是(　　)的叙事歌曲。

A. 维吾尔族　　B. 哈萨克族　　C. 蒙古族　　D. 达斡尔

10. 河姆渡遗址位于(　　)。

A. 黄河流域　　B. 长江流域　　C. 珠江流域　　D. 辽河流域

对外汉语教育学引论

一、填空题

1. 在第二语言习得过程中，学习者通过一定的学习策略，在目的语输入的基础上所形成的一种既不同于第一语言也不同于目的语逐渐过渡的动态语言系统叫做________。

2. 不同年龄、性别、职业等人群所说的话有一定差异，语言学上把这些人群称为“言语社团”，他们所说的话被称作“________”。

3. ________理论认为语言是能创造性运用、生成无限句子的规则体系，语言学习是学习者主动发现、掌握并运用语言规则的过程。

4. 教学方法根本指导思想是________。

5. 全身反应法教学的总目标是培养学生的语言________能力。

6. ________教学是掌握听说读写技能和交际能力的前提。

7. 在语言测试中，测验结果的稳定性被称为________。

8. 认知心理学认为，个体的大脑拥有一部能够识别单词的________词典，外界的语言和符号必须接触其某一位置才能产生识别作用。

9. 根据汉语拼音拼写规则，和声母相拼时简省写中间元音的三个复元音韵母是________。

10. 儿童第一语言习得的独词句阶段是________。

二、简答题

1. 如何看待评估在对外汉语教学课堂中的作用？

2. 欧美学生会说“我放书在桌子上”“我放桌子到外边”“我翻译汉语成英语”这样的句子，请你先分析产生这种偏误的主要原因，并加以改正。再简要说明应采取的教学对策或方法。

3. 为什么说对外汉语教学的基本目的是培养学习者运用汉语进行交际的能力？

4. 语言交际能力是第二语言教学的重点，说说培养语言交际能力要遵循什么原则？

5. 教材在对外汉语教学中处于重要地位，请简述从教材编写的角度对外汉语教材设计有哪些类型？

模拟卷答案

模拟卷(一)

现代汉语基础知识

一、填空题

1. 语法　逻辑　　2. 口腔　鼻腔　　3. 韵母　声调
4. 提取法　扩展法　　5. 联合式　主谓　　6. 复合式　派生式
7. 谐音　语义　　8. 合作　礼貌　　9. 言外行为　言后行为
10. 动词谓语句　　11. 词法　句法　　12.《泰山刻石》
13. 北方方言　典范的现代白话文著作　　14. 宾语
15. 句法　　16. 形声　　17. 副词
18. 递进　　19. 可能

二、名词解释

1. 在言语活动过程中，由于相连音节的相互影响或表情达意的需要，有些音节的语音发生程度不同的变化，这种现象称为语流音变。

2. 一个词如果有两个或两个以上互相关联的义位，这个词就是多义词。

3. 话轮是指会话过程中说话人从开始说话到停止说话所说的一个连续性的话语片段。

4. 由三个或三个以上的意义相关、语气一致、结构相同或相似、音节数相同或相近的一串词、短语或句子(分句)连用表意的辞格叫排比。

三、分析题

1. 单纯词是只包含一个语素的词，“灿烂”“婆婆”“苏打”“游弋”中只有一个语素，因此是单纯词。

2. ①时间名词　动量词；②趋向动词　时间副词；③能愿动词；④名词。

四、简述题

1. 反义词是指意义相反或相对，同时又属于相同的意义范畴的一组词。反义词可以分为两类。(1)正反反义词，也叫“绝对反义词”，两词之间是“非此即彼”的关系。也就是说，肯定了甲，等于否定了乙；否定了乙，等于肯定了甲。它们之间没有中间状态的概念存在，如“正—反”“生—死”。(2)两极反义词，也叫“相对反义词”，这类反义词表示的是事物或现象相互对立的两端，两词之间存在着某种中间状态的概念。也就是说，肯定了甲，等于否定了乙；但否定了乙，却不等于肯定了甲，因为甲、乙之间还有丙、丁等中间情况的存在，如“黑—白”“冷—热”。

2. 制约话语交际的因素主要有 6 个方面。(1)交际目的：交际目的是实施话语交际的内在驱动力，人们都是为了某一目的才参与话语交际的。可以说，一定的交际目的往往决定了话语交际的整个过程及其方式方法。(2)交际主体：交际主体即交际者，也就是交际双方。交际者对话语交际的方方面面起着决定性的作用。(3)交际话题：交际话题是谈话的轴心，它限定了交际者谈话的内容范围和话语选择。(4)交际方式：交际方式包括时空的设定、媒介的选择和交流模式的确定等方面。这些要素都对话语交际具有制约作用。(5)交际场景：交际场景就是指交际者所面临的即时环境，亦通常所谓场合。任何交际都是在一定的场景中进行的，因而任何话语交际都不可避免地要受到交际场景的制约。(6)社会文化背景：社会文化背景是话语交际所处的更广阔的交际场景，任何话语交际都不可能脱离或改变这个大的场景。

古代汉语基础知识

一、填空题

1. 会意　象形
2. 突然、一下子　转移
3. 《词诠》
4. 同音替代字
5. 秘密地、暗中地　将近
6. 《昭明文选》
7. 钱大昕

二、总结下列句子中“而”的用法

连词“而”的用法主要有 4 种：(1)连接联合结构，连接形容词、动词或形容词性、动词性词组，表示两种性质或行为之间的联系，既可以是顺接，也可以是逆接，如“敏于事而慎于言”；(2)连接偏正结构，即连接状语与谓语动词，是一种顺接。如“学而时习之”；(3)连接主谓结构，即连接主语和谓语，是一种逆接，或是一种假设，如“子产而死，谁其嗣之”；(4)表转折，如“水浅而舟大”。

三、说明古代汉语中使动的用法

使动用法，即谓语动词具有“使宾语怎么样”的意思。使用动宾结构表达了现代汉语中递系结构表达的内容，如“齐威王欲将孙膑”。(1)动词使动用法所表达含义：主语使宾语从事谓语动词所表达的行为动作。动词的使动用法一般只限于不及物动词，不及物动词如果带有宾语，一般为使动用法，如“项伯杀人，臣活之”。不及物动词用为使动用法时，后面的宾语可以省略，如“养备而动时，则天不能病”。及物动词也可以用作使动，为与一般用法相区别，用为使动的及物动词一般要破读，如“晋侯饮赵盾酒”。(2)形容词使动用法所表达含义：主语使宾语所代表的人或事物具有这个形容词所表示的性质与状态，如“春风又绿江南岸”。(3)名词使动所表达含义：主语使宾语所代表的人或事物成为这个名词所表示的人或事物，如“纵江东父兄怜而王我”。

四、给下面的古汉语加标点，并解释画横线的词

至其时，西门豹往会之河上。三老、官属、豪长者、里父老皆会，以人民往观之者三二千人。其巫，老女子也，已年七十。从弟子女十人所，皆衣缯单衣，立大巫后。西门豹曰：“呼河伯妇来，视其好丑。”即将女出帷中，来至前。豹视之，顾谓三老，巫祝、父老曰：“是女子不好，烦大巫妪为入报河伯，得更求好女，后日送之。”即使吏卒共抱大巫妪投之河中。有顷，曰：“巫妪何久也？弟子趣之？”复以弟子一人投河中。有顷，曰：“弟子何久也？复使一人趣之！”复投一弟子河中。凡投三弟子。西门豹曰：“巫妪、弟子，是女子也，不能白事。烦三老为入白之。”复投三老河中。

以：介词，用，以……身份。　更：重新。　趣：通“促”，催促。

凡：总共。　白事：陈述、说明事情。

中外文化及跨文化交际基础知识

一、填空题

1. 晋　2. 商后母戊鼎　3. 秦观　4. 陆秀夫

5. lào ǎi　6. 民主　7. 麒麟　8. 渤海

9. 越　　10. 13

二、判断题

1-5：√√√√×　6-10：√√×√×

三、单项选择题

1-5：CDBBD　　6-10：AADAA

对外汉语教育学引论

一、填空题

1. 左　　2. 感觉记忆　　3. 约翰·奥斯汀　　4. 得体性
5. 学习者目前的语言水平　　6. 负强化　　7. 心理
8. 母语负迁移　　9. wɑ　　10. 隔音符号

二、简答题

1. 答：(供参考)教学方法在不断地改革、变化，影响教学方法的因素主要有以下几个。

(1)教学理论以及学习理论的发展。随着对教学规律以及学习规律认识的加深，就会出现一些新型的教学方法。

(2)教学手段的不断改进。科学技术的发展使教学手段不断扩大和改进，促进新教学方法的产生。如录音、录像技术的提高为语言教学视听法创造了条件。今天电脑辅助教学以及多媒体技术的发展，也将对教学方法产生极大的影响。

(3)课程的改革。课程的变化涉及教学内容、教学要求和教学原则的变化，也必然影响教学方法的改革。

对教学方法的具体选择，则需要考虑教学目的和教学任务、教师的条件和所面对学生的特点、教学环境和教学手段等多种因素(自己扩展)。

2. 答：(此题答案不唯一)我不完全同意这种观点，需要辩证看待，具体原因如下。

(1)对外汉语教学是一种第二语言教学，也是一种外语教学。语言教学的根本任务是教好语言。而流行语作为未被规范的语言现象，其主要有两种发展情况：一种是因为适应现代汉语的特点和人们交际的需要而进入常用词汇；一种是一段时间流行之后便销声匿迹。此外，流行语也并非全部内容健康，有很多不符合语用规范的詈语也掺杂其中。因此，在对外汉语教学时不可以盲目地教给留学生流行语，以免误导学生。

(2)对外汉语教学是第二语言教学，不同于第一语言教学。第二语言教学往往是从零开始，为了在短时间初步掌握目的语，作为对外汉语教师，我们必须强调把知识转化为技能，以技能训练为中心，以培养运用目的语进行交际的能力为目标。而流行语却不一定是现代汉语中最基本的内容，因此不必刻意去进行流行语的教学，从而增大学生的学习任务，并且浪费宝贵的学习时间。

(3)对外汉语教学中，语言与文化因素紧密结合。对外汉语教学过程也是一个文化传播和交流的过程。在对外汉语教学过程中，我们要展示给学生的是健康的主流的优秀中国文化。因此，不可盲目教给学生流行语。

(4)对外汉语教学要考虑学生的需要，不同的学生学习汉语有不同的需要，不能忽视学生的需要。不是所有学生都有学习流行语的需要。若一定要教授，一定要充分考虑教学的实际情况和学生的需求。

3. 答：(1)在"高兴地跳起来"中，"高兴地"是描写性状语，用来修饰"跳起来"这个动作，而其中心语是跳；而在"高兴得跳起来"中，中心语是"高兴得"，"跳起来"反而成为"高兴"的情态补语。

(2)"地"的形式是"状语+地+动词"，"地"和"得"都是结构助词，"地"是状语的标志，常用在状中词组，也是一种描述的后果，常用在副词或形容词后，动词前，例如"快速地跑"；"得"的形式是"动词/形容词+得+补语"，"得"是补语的标志，表示一种结果或状态，常出现在动补词组中，用在动词后，作为动补状语出现，例如"跑得很快"。

4. 答：(供参考)乔姆斯基认为，人类先天具有一种习得语言的特殊能力，表现为儿童头脑中有一种受遗传因素决定的"语言习得机制"。这一特殊机制脱离人类其他功能而独立存在，甚至跟智力没有直接关系，在 12 岁以前发挥作用。语言习得机制包括两部分：第一部分是以待定的参数形式出现的，人类语言所普遍具有的语言原则，又称为"普遍语法"；第二部分是评价语言信息的能力，也就是对所接触的实际语言的核心部分进行语言参数的定值。

5. 答：(具体详见刘珣：《对外汉语教育学引论》，北京：北京语言文化大学出版社 2000 年版，第 379-382 页)

根据测试用途分为：学能测试、成绩测试、诊断性测试、水平测试等；根据测试的方法分为：直接测试、间接测试；根据测试题型分为：分立式测试、综合性测试、交际性测试等；根据分数解释和评分的客观化程度分为：常模参考型、标准参考型、主观性测试、客观性测试；根据测试的制作要求分为：标准化测试、非标准化测试。

模拟卷(二)

现代汉语基础知识

一、填空题

1. 5
2. [x] [y]
3. 比喻、通感
4. 模糊
5. 音色 国际音标
6. 社会属性 区别意义
7. 单纯词 两个或两个以上
8. 意义
9. 语法停顿 逻辑停顿
10. 选择
11. 篆书 隶书
12. 没有复辅音 有声调
13. 施事宾语
14. 词 短语 句子
15. 序数词
16. 闽
17. 语序 虚词
18. 名词
19. 主谓
20. 状中

二、名词解释

1. 音步又称“节拍”，是指每隔一定的时间重复出现有一定强弱分别的一系列拍子。

2. 合成词是由两个或两个以上的语素按照一定的结构方式和语义关系组合而成的词。

3. 用一对字数相等、结构相同或相似的短语或句子对称组合起来表意的辞格叫对偶。对偶有严对、宽对之分。

4. 句类是根据句子的语气分出的类型。根据语气，可以把汉语的句子分为陈述句、祈使句、疑问句、感叹句四类。

三、分析题

1. [i]舌面前高不圆唇元音。[p]双唇送气清塞音。

2. 句①可以看成兼语句，也可以看成句尾的“去”在动词结构后面表示去做某件事，意为“我去喊他。”

句②中“这篇文章”一种情况是“我”(或别人)写的，找别人帮“我”看(说话人要求“你”看)；另一种意思是别人写的，“我”要看一下。

句③一种意思是说“你”不能活，即离开了他，你就不能活；另一种意思是“他”不能活，即你离开了他，他就不能活。

句④一种意思是“这个人”不认识“我”；另一种意思是“我”不认识“这个人”。

句⑤一种意思是“这座山”里，“松鼠”是最多的物种；另一个意思是“这座山”的“松鼠”跟其他山的“松鼠”比是最多的。

四、简述题

1. 答：元音和辅音的主要区别有以下5点。(1)从受阻与否看：发辅音时，气流通过咽头、口腔时受到某个部位的阻碍；发元音时，气流通过咽头、口腔不受阻碍。这是元音和辅音最主要的区别。(2)从紧张程度看：发辅音时，发音器官成阻的部位特别紧张；发元音时，发音器官各部位保持均衡的紧张状态。(3)从气流强弱看：发辅音时，气流较强；发元音时，气流较弱。(4)从声带振动与否看：发辅音时，声带不一定振动；发元音时，声带振动。(5)从响度看：发辅音时，声音一般不响亮；发元音时，声音比辅音响亮。

2. 答：话语衔接的方式主要有以下5种类型：(1)指代关系，利用代词和先行词的联系衔接话语的前后部分；(2)省略关系，句中省略主要句法成分(如主语、宾语)，促使前后话语在语义上相衔接；(3)有特定词语的话语衔接，特定词语包括一般关系词语，即复句中常用的关系词语，也包括组群关系词语，即把句子组织成句群的关系词语，还包括句中示意词语，即指示意思关联的词语，如相互照应的数量词、时间词、方所词等；(4)同指关系，前后句中用不同词语指称同一对象，由这种同指关系形成话语衔接；(5)词义关系，除了同义、反义、类义等关系外，常见的还有整体——部分关系、同现关系等。

古代汉语基础知识

一、填空题

1. 甲骨文　金文　　2. 扩大　转移　　3. 上　入　　4. 形容词
5. 叶音法　　6. 使动　　7. 名词作动词

二、古今词义的感情色彩意义有哪些变化？举例说明

(1)褒贬意义的不同：

	古义	今义	感情色彩
爪牙	勇猛得力的助手	走狗	古褒今贬
锻炼	冶炼、玩弄法律诬陷他人	劳动、运动	古贬今褒
谤	批评、议论	造谣、诽谤	古中今贬
客	外地人	客人，需要招待	古中今褒

(2)词义轻重的不同：

	古义	今义	感情色彩
诛	责备	杀戮	古轻今重
恨	遗憾、不满	仇恨、愤恨	古轻今重
感激	愤激	感谢	古重今轻
怨	恨	埋怨、不满	古重今轻

三、下列句子中哪个词体现了词类活用的现象？说明其用法、意义和条件

句①“高”，形容词用作动词，表示被尊崇。

句②“相”，名词用作动词，表示做丞相。

句③“面”，名词用作动词，表示面对。

句④第一个“女”，名词用作动词，表示当女奴。

词类活用的条件：(1)两个名词连用，如果两个名词连用，既不是并列关系，也不是偏正关系，则其中必有一个名词活用为动词，一般是前一个名词活用为动词；(2)名词、形容词在“所”字后，“所”是个辅助性代词，经常放在动词前面，“所”字词组指代一定的对象，故“所”后的名词、形容词要活用为动词；(3)名词、形容词在能愿动词后，能愿动词修饰的是动词，所以当名词、形容词放在“能”“可”“足”“欲”等能愿动词后面时，活用为动词；(4)名词放在副词的后面，副词一般在句中只修饰限制动词或形容词，所以当名词前面有副词修饰时，要活用为动词；(5)名词、形容词放在“之”“我”的前面，“之”“我”这两个代词的用法特点鲜明，即一般常做宾语，也就是在它们前面的多是动词，所以它们前面的名词、形容词要活用为动词；(6)名词后有介词词组；(7)名词用“而”连接。

四、给下面的古汉语加标点，并解释画横线的词

韩信使人间视，知其不用，还报，则大喜，乃敢引兵遂下。未至井陉口三十里，止舍。夜半传发，选轻骑二千人，人持一赤帜，从间道萆山而望赵军，诫曰：“赵见我走，必空壁逐我，若疾入赵壁，拔赵帜，立汉赤帜。”令其裨将传飧，曰：“今日破赵会食！”诸将皆莫信，详应曰：“诺。”谓军吏曰：“赵已选据便地为壁，且彼未见吾大将旗鼓，未肯击前行，恐吾至险阻而还。”信乃使万人先行，出，背水陈。赵军望见而大笑。

间：暗地里，偷偷地。　止舍：停下来住宿。

若：你们。　详：通“佯”，假装。

中外文化及跨文化交际基础知识

一、填空题

1. 女儿　2. 歌德　席勒　3. 赫拉克利特　4. 3
5. 籀文　6. 金星　7. 官学　8. 王昭君
9. 金正日　金日成　金正恩　10. 司马迁

二、判断题

1-5：×××××　6-10：√××√×

三、单项选择题

1-5：ABBCA　6-10：BAAAA

对外汉语教育学引论

一、填空题

1.《大教学论》　2. 思维方式　3. 核心　4. 技能
5. 语际　6. 交际能力　7. 区分度　8. 意音文字
9. 韵腹　10. 指事

二、简答题

1. 答：(供参考)偏误是指由于目的语掌握不好而产生的一种规律性错误，它偏离了目的语的轨道，反映了说话者的语言能力和水准，偏误的来源主要有如下几点。

(1)母语负迁移，学习者不熟悉目的语规则的情况下，只能依赖母语知识。例如，英语作为母语对一些外国学习者的负迁移影响就体现在一些语法的使用上，英语中没有汉语这样具体的量词体系，故而他们常常会胡乱使用量词，对量词的理解大部分都只停留在区分单复数上。

(2)目的语知识负迁移。学习者把他所学的有限的、不充分的目的语知识用类推的办法不适当地套用在目的语新的语言现象上，造成了偏误，也称为“过度概括”或“过度泛化”。很多外国汉语学习者在学习了汉语中的形声字之后，会盲目地按照“声符表音，意符表意”这样的理论去类推其他形声字的读音和字义，忽略了形声字并非完全遵从这个规律，因此造成汉字学习的偏误。

(3)文化因素负迁移。例如，姓名称呼，外国学习者可能不了解中国人的人名排列次序，会按照自己母语国家的姓名排序来称呼对方，从而造成交际障碍和笑话。

(4)学习策略和交际策略的影响。造成偏误的学习策略主要有迁移、过度泛化和简化。有些外国学习者在学习一些他(她)觉得困难的语法知识后，因为怕出错或者熟练度不够，会删减地使用这些语法点表达和理解，反而会产生偏误，导致表达和理解出现问题。

(5)学习环境的影响。外部因素也会使学习者产生偏误，如教师不够严格的解释、不正确的示范、教材的科学性不强或编排不当、课堂训练的偏差等。

2. 答：(供参考)(1)首先确定偏误类型：A 和 B 都属于目的语知识的负迁移。学习者把他所学的有限的、不充分的目的语知识，用类推的办法不适当地套用在目的语新的语言现象上，造成了偏误。这里主要为过度泛化。

(2)分析具体句子：A 句中的“三十个分钟”，分钟前面不需要量词，此处为量词的过度泛化；B 句中的“很”虽可独立为表示程度的副词，并修饰形容词，但“很+形容词”的形式不能出现在比较句中，不能说“他比我很高多”，而应该在形容词后面加上“很多”“得多”等来表明比较的结果，可以说“他比我高很多”，此处偏误属于“很”的过度泛化。

3. 答：(1)作用有以下几方面：通过学习所获得的有意识的系统语言知识和规则，并不能使学习者表达得更为流利。有意识的系统在言语行为中只有一项功能，即只能作为一个监督者、一个编辑，起监控(monitor)作用，对输出的言语形式进行检查和控制。这种监控可能在说话前，也可能在说话同时甚至是说话之后进行校正。

(2)条件包括以下几点。①要有时间。正常交际的谈话中，不可能老在思考规则，让对方等待或者错过对方说的话。在争辩或讨论中，更没有时间来监控。②要注意形式。如果在做语法练习或字斟句酌地推敲文章，专注于语言形式，可能有较多的监控。但在谈论或写有意思的话题时，即使有充分的时间也不会想到语言的规则，想的只是要说些什么而不是如何去说。③性格的影响。有的人谨慎，害怕犯错误，自我意识强，说话多考虑；有的人大大咧咧，很少管住自己的嘴，监控也就起不了作用。④要知道规则。小孩不知道规则，无法监控；成年人作为第二语言学习者，知道的规则特别是能记住且随时运用的规则也不会太多。

4. 答：要按照先易后难、先简单后复杂的顺序，循序渐进地安排语法项目。每节课的语法点安排要尽量均匀，不要一下子集中到某几节课上，而有的课又几乎没有新语法点。要体现先易后难、逐步加深的原则。此外，除了在课文中重现外，同一语法点除个别因用法较复杂而分作连续几课介绍外，作为讲练的重点一般不会出现两次。

有的语法点之间本来就存在先后顺序关系，如必须先学复合趋向补语，然后再学可能补语；必须先学各种补语句，然后再学“把”字句。此时，依据交际法的主张，应做螺旋式安排，把语法点分成几圈出现，逐圈加深，便于复习巩固。可以采用打埋伏的方法，即让某些语法点先在句中出现，但不做讲解操练，让学习者先获得感性认识。但打埋伏的语法点不能多。将相关的语法点组成单元，以利于运用语法规则进行成段表达。

5. 答：听说法是20世纪40年代产生于美国的第二语言教学法，它强调通过反复的句型结构操练培养口语听说能力，其局限性如下。

(1)该方法以行为主义心理学为基础，把外语学习看成训练动物，学习者只是对刺激做出反应并通过强化养成新的语言习惯，这就否认了人的认知能力的能动作用。过分强调机械训练不仅枯燥无味、引不起学习者的兴趣，也忽视了对学生语言基础知识的掌握和语言运用能力的培养。

(2)结构主义语言学过分重视语言的结构形式而忽视语言的内容与意义，认为只要彻底了解语言结构，就能理解别人、表达自己。这与传统的语法翻译法以语法为纲并无原则区别。其结果，学习者也只能流利地说出一些正确的句子，但难以具备在一定的情境下进行语言交际的能力。听说法还可能使学习者产生阅读、写作能力差，出现缺乏语文素养、知识面窄的弱点，难以培养合格的外语人才。

模拟卷(三)

现代汉语基础知识

一、填空题

1. 35　35　214
2. 历史故事
3. 曲调
4. 异形同音词
5. 撮口
6. 比喻
7. 白花
8. 回环
9. 动静
10. j
11. 联合式　前加式
12. 雅言　国语
13. 竖
14. 形容词
15. 中性
16. 日本
17. 动宾　中补
18. 介
19. 形符
20. 连谓
21. 反问句
22. 短语
23. 助词　拟音词
24. 定语

二、名词解释

1. 声调是指音节中具有区别意义作用的音高的变化。

2. 惯用语是结构相对稳定、具有整体意义、口语色彩较浓的习用性定型短语。

3. 借代指的是不直接说出要说的人或事物，而借与之有密切关系的其他人或事物来代替。

4. 现代汉语实词包括：名词、动词、形容词、副词、数词、量词、代词、区别词。

三、分析题

1. [g]舌根不送气清塞音。[k]舌根送气清塞音。

2. ①理由：动词重叠式表示短促动作的动量小或时量短或尝试、轻松等意义，限于表示可持续的动作动词，不能表示正在进行的动作。改正为：我们正在公园散步呢。

②理由：动词后有时量补语和宾语时，若宾语为代词，应该放在动词和时量补语之间，即“动词+代词宾语+时量补语”，应改正为“我在这里等了你三个小时”；若宾语为普通名词，应放在时量补语之后，即“动词+时量补语+（的）+名词宾语”，如“我看了三个小时(的)书”。

四、简述题

1. 外来词是从外族语汇中吸收进来的语汇。外来词根据借用方式的不同分为六类。(1)译音词：用同音近音的汉字来转写外来词，如“沙发”“巧克力”。(2)译音兼译义词：用同音近音的汉字来转写外来词，同时又兼顾表意，如“维他命”“可口可乐”。(3)半译音半译义词：把一个借词分成两部分，一部分译音，一部分译义，如“冰激凌”“摩托车”。(4)译音加类名：在译音部分的后边加上表示事物类别的语素，如“啤酒”“芭蕾舞”。(5)借形词：直接借用日语中汉字构成的词，如“文化”“社会”“历史”。(6)字母词：直接借用外语单词的字母简称，如“WTO”“X光”。

2. 连谓短语是汉语特有的一种短语，由多项谓词性词语连用，所有的动作都由主语所代表的主体发出，而且动作具有前后的顺序，常见的类型有：(1)表示前后动作，后者是前者的目的，例如，上街买菜；(2)肯定与否定两方面说明一个动作，例如，站着不走；(3)由动词“来”“去”跟其他动词构成，例如，来骑马；(4)由动词“给”跟其他动词构成，例如，送一本书给他；(5)由动词“有”“没有”跟其他动词构成，例如，有希望去日本；(6)前面动词的受事宾语也是后面动词的受事宾语，例如，买本书看。

古代汉语基础知识

一、填空题

1. 会意　指事　　2. 坐着打盹　扩大　　3. 疑问代　介　副

4. 牙音　五音　　5. 540

二、下列句子中体现什么词类活用的现象？请说明

句①中“异”，以……为异，认为……奇怪；句②中“君”，以……为君，把他看作

君王；句③中“夫人”，以……为夫人，把她看作夫人。

以上句子体现的是古代汉语中的词类活用中的意动用法，即谓语动词具有“认为(以为)宾语怎么样”的意思。意动用法仅限于形容词和名词的活用：①形容词的意动用法表示主语主观上认为宾语具备这个活用的形容词所表示的性质或状态；②名词的意动用法所表示的含义为主语主观上认为宾语就是这个活用的名词所表示的人或事物。

三、总结下列句子中的语序规律

以上例句反映的是宾语前置的语序规律。宾语前置是指古代汉语中，在一定的语法条件下，宾语可以从谓语中心语的后面移至谓语中心语的前面。句①“民不足而可治者，自古及今未之尝闻”是代词作宾语的宾语前置句，含否定代词“未”，代词“之”做“闻”的宾语。句②“谁为为之？孰令听之”为疑问句中的宾语前置句。其中“谁”是“为”的介词宾语，“孰”是“令”的介词宾语。第一个“为”和“令”都是介词。句③“日月逝矣，岁不我与”为否定句中代词作宾语的宾语前置句。否定句中代词“我”充当动词“与”的宾语而前置。句④“秉国之均，四方是维”为一般名词作宾语的宾语前置句，一定要借助指代词“是”“之”的复指。句⑤“子路有闻，未之能行，唯恐有闻”为否定句中代词作宾语的宾语前置句。句⑥“奚以之九万里而南为”为疑问代词作宾语的宾语前置句。疑问代词“奚”做动词“以”的宾语。

四、给下面的古汉语加标点，并解释画横线的词

儒以文乱法，侠以武犯禁，而人主兼礼之，此所以乱也。夫离法者罪，而诸先王以文学取；犯禁者诛，而群侠以私剑养。故法之所非，君之所取；吏之所诛，上之所养也。法、趣、上、下，四相反也，而无所定，虽有十黄帝不能治也。故行仁义者非所誉，誉之则害功；工文学者非所用，用之则乱法。楚之有直躬，其父窃羊，而谒之吏。令尹曰：“杀之!”以为直于君而曲于父，报而罪之。以是观之，夫君之直臣，父子暴子也。鲁人从君战，三战三北。仲尼问其故，对曰：“吾有老父，身死莫之养也。”仲尼以为孝，举而上之。以是观之，夫父之孝子，君之背臣也。故令尹诛而楚奸不上闻，仲尼赏而鲁民易降北。上下之利，若是其异也，而人主兼举匹夫之行，而求致社稷之福，必不几矣。

人主：国君。　离：通“罹”，触犯。　工：擅长精通。

报：判决。　北：败走。

中外文化及跨文化交际基础知识

一、填空题

1. 贾思勰　　2. 海棠　　3. 黔

4. 林郑月娥　　5. 吴趼人　　6. 柳宗元
7. 君为轻　　8. 铁拐李　　9. 杨玉环
10. 夸父

二、判断题

1-5：√×√××　　6-10：√√×√√

三、单项选择题

1-5：ABABC　　6-10：CADBB

对外汉语教育学引论

一、填空题

1. 语义文化　　2. 情景记忆　　3. 认知风格
4. 回避　　5. 情感　　6. 语言功能
7. 可行性　　8. 罗扎诺夫　　9. ɑ，o，e
10. 7　撇

二、简答题

1. 答：（供参考）交际能力理论是海姆斯针对乔姆斯基的语言能力理论提出的。交际能力理论认为，语言能力不仅指能否说出合乎语法的句子，还包括能否在一定的语言环境中恰当地使用语言的能力，也就是在不同场合、不同地点对不同的人进行成功地交际的能力，包括传递信息、交流思想和表达感情。其既用口头形式，也用书面形式；既指说、写的表达能力，也指听、读的理解能力。海姆斯还进一步提出了交际能力的 4 个特征：语法性、得体性、可接受性和现实性。此外，卡纳尔也提出了交际能力的 4 个方面：语法能力、社会语言能力、话语能力、策略能力。

提高语言交际能力就是要提高运用语言进行交际的能力。首先，应该增强语言的基本技能训练，即听、说、读、写，能辨别并造出合乎语法的句子，尤其是说和写，作为输出型的技能，应格外重视。例如，在口语训练中，最关键的就是解决说的障碍，让学生们敢于开口，创造良好的说的氛围，让学生说的机会增多，激发学生说的兴趣。其次，提高语言交际能力，还应该加强交际性活动的训练，得体地运用语言，不仅要掌握语言规则，也要掌握语言运用规则，将所学习的语言规则运用在实际的交际中。

2. 答：（供参考）（1）传统以教师为中心的对外汉语教学收效不大。在传统的第二语言教学中，以教师为中心，学生需要服从教师。教师教什么，学生就学什么；教师怎么教，学生就怎么学，“学”服从“教”。所以，尽管学生是学习的主体，却处在被动的地位。在这种思想指导下的教学，无论教学方法如何改进，也难以收到预期的学习效果。

(2)以学生为中心的对外汉语教学成果显著。20世纪70年代后期，在教学中开始重视学习主体的价值，转向以学生为中心，强调学生是学习活动的主体，“教”只有通过“学”才能起到作用；“教”必须为“学”服务。具体主要体现在以下几方面。

A. 从学生的特点和需要出发，制订课程计划、教学大纲并确定教学内容、教材和教学方法。学习的内容应是真实而实用的，“学以致用”才能提高学习者的学习兴趣。

B. 研究学生的个体差异，因材施教，在学习方法上给予指导，培养学生的自学能力，并不断激发学生的学习动力。

C. 课堂要营造轻松愉快的气氛，加强趣味性；课堂教学多用启发式，发展学生的智力，体现以学生活动为主的积极性原则；建立融洽的师生关系，发挥情感因素的作用，排除学生心理障碍。

D. 让学生参与设计教学活动，多听取学生的意见，并根据所得到的反馈不断调整课程计划，改进教学。

E. 对待学生的偏误应采取严格纠正的态度，但纠错要根据其性质和发生的场合区别对待，注意方式方法。

(3)以学生为中心的对外汉语教学并不意味着忽视教师的作用。以学生为中心并不意味着取消教师的指导作用，让学生牵着鼻子走，放任自流，而是向教师提出了更高的要求。辅助、促进、引起学生学习比以教师为中心的“精彩表演”要难得多。正因为以学生为中心了，教学理论的研究也从单单考虑如何改进教学方法转到更加重视对学习者、语言学习习得过程和学习策略的探讨上来了。

3. 答：认知法又称作“认知—符号法”，是“现代的语法翻译法”。其强调在第二语言教学中充分发挥学生智力的作用，通过有意识地学习语音、词汇、语法知识，理解、发现、掌握语言规则，并能从听、说、读、写方面全面地、创造性地运用语言。

(1)认知法的理论基础：

认知法的语言学基础是乔姆斯基的转换生成语言学；心理学基础是皮亚杰的认知心理学。

(2)认知法的主要特点：

A. 把培养语言能力放在教学目标的首位；

B. 以学生为中心；

C. 提倡演绎法，启发学生发现语言规则；

D. 主张听、说、读、写齐头并进，全面发展；

E. 适当使用学生母语，只用母语解释一些比较抽象的语言现象；

F. 反对有错必纠，主张不影响交际的错误，不急于纠正；

G. 强调有意义的学习和有意义的操练，先理解(认)再操练(知)。

(3)认知法的缺陷：

A. 转换生成语法尚无法应用到外语教学的实践中；

B. 完全排斥机械性训练，过于绝对，有待商榷。

总体来说，听说法作为一个教学法体系还不够完善，需进一步研究。

4. 答：(1)场独立性是易于从整体中发现个别的认知方式，善于剖析事物和问题，把部分与整体区别开来，能集中于某一部分而不受其他部分的干扰。场依存性是易于感知事物整体的认知方式，倾向从宏观上看事物，并把事物作为一个整体来对待。这两种认知方式各有利弊，过于场独立，会产生只见树木不见森林的问题；过于场依存，容易忽视个别而不能很好地解决具体问题。因此，很难说两者之间哪种方式更好，而是取决于具体的学习任务。

(2)具体到在第二语言学习中，场独立性的学习者由于分析能力强，能从一定的语境中把语言项目分离出来，擅长在课堂教学中有意识地学习语言形式，有场独立性的人自信心强，富有竞争性，也善于考试。场依存性的学习者则擅长在自然语言环境中习得语言，他们关心别人，善于与别人交往，因而易于在交际过程中潜意识地习得语言。由于第二语言学习既需要能在一定的语境中从整体上把握语言所表达的内容，又要能离开语境对具体的语言结构进行分析理解，因此，这两种认知方式第二语言学习者都应具备，并根据学习的特点灵活运用。

5. 答：(供参考)根据鲁健骥的分类，上述例句的偏误类型为错序，是留学生在学习范围副词“都”时没有正确掌握“都”在句子中的位置而产生的偏误问题，具体可以分为两个小类：句①②属于“都”与主语的位置颠倒；句③④属于“都”与其他状语的位置颠倒。这里的“都”的错序和句内因素相关。学习者已经学过“都”的基本用法，但在具体应用时，因句式复杂、成分多样，所以出现了偏误。如句①中，单句以状语、话题等开头，然后出现“都”和主语或小主语，这样的句式比起学习者平时练习的句子要难得多，学习者就会混淆语法规则产生偏误。

模拟卷(四)

现代汉语基础知识

一、填空题

1. 舌位高低不同　唇形圆展不同　　2. 稳固性　能产性

3. 55
4. 单元音
5. 舌根音
6. 感情色彩不同
7. 谐音类
8. 韵母　声调
9. 气流是否受阻
10. 主谓
11. 词根　词缀
12. 句类
13. 副
14. 书写符号　辅助性
15. 递进
16. 可能
17. 任指
18. 目的
19. “非谓形容词”
20. 副
21. 处置
22. 偏正
23. 状态
24. 语气词
25. 区别词

二、名词解释

1. 为了突出语意中心或为了表达强烈感情而加强音量读出来的重音，叫逻辑重音。

2. 语体意义是指词具有的适应某种特定语体的意义。

3. 故意运用与本来意思相反的词语或句子来表意的辞格叫反语。

4. 汉字的构造方式传统上有“六书”之说，即象形、指事、会意、形声、转注和假借。前四种为造字法，后两种为用字法。

三、分析题

1. [z]舌尖前不送气清塞擦音。[zh]舌尖后不送气清塞擦音。

2. “拮据”是单纯词中的联绵词。“破除”是述补式合成词。“成家”是述宾式合成词。“海啸”是主谓式合成词。“热爱”是偏正式合成词。

四、简述题

1. 从音素角度分析音节，主要有以下几个特点：(1)音节至少由1个元音音素构成，如“雨”，最多由4个音素组合而成，如“粮”；(2)音节的声母都由辅音充当，韵母由元音或元音组合而成，或由元音与辅音组合而成，如“输”“雪”“拼”；(3)音节中的元音最多有3个，而且可以连续排列，分别作韵母的韵头、韵腹、韵尾，如“又”“怀”；(4)音节开头可以没有辅音，由元音自成音节，如“娃”，音节中的辅音出现在音节的开头作声母，或出现在音节的末尾作韵母，如“观”，没有辅音连续排列的现象；(5)音节中韵母的韵头由元音i、u、ü充当，韵腹由10个元音充当，韵尾由元音i、u和辅音n、ng充当。

2. 存现句是语义上表示何处存在、出现、消失了何人或何物，结构上一般有三段，即“处所段+存现动词+人或物段”，语用上用来描写景物或处所的一种特定句式。存现句分为存在句和隐现句两类，特点如下。(1)存现句的前一段表示处所，是某物存在、消失所在的地方，可以同时出现时间词语，是时间修饰，是状语，它是存现句的可有成分，不是必有成分，例如“昨天来了三个客人”，“昨天”不是主语，是省略了主语的省略句。(2)中段是不及物动词或“有”“是”。存在句的动词常带助词“着”，也可带“了”，如“车库里放了(着)十辆车”。隐现句的动词常带趋向补语和“了”。有些存在句的动词可以隐去，或用“是”和“有”。(3)后段必有存现宾语。存现宾语大都有施事性或不确指性，有的就兼而有之，例如“台上坐着主席团”，“主席团”就在不及物动词后头，有施事性。

古代汉语基础知识

一、填空题

1. 完备　应该
2. 《切韵》《中原音韵》
3. 语言真实
4. 莫
5. 声母　韵母
6. 宾语前置　被动

二、总结下列句子中“则”的用法

句①“则”表示两件事情在时间上有承接，可理解为“就”“便”。
句②“则”表示因果或情理上的联系，可以理解为“那么”“那么就”等。
句③“则”表示假设，可以理解为“如果”。
句④“则”表示发现，可以理解为“原来已经”。
句⑤“则”表示让步，可以理解为“虽然”。

三、总结下面句子共同反映的古汉语语法现象及规律

以上5个句子都是判断句。古汉语的判断句不用判断词“是”，而是将判断句的主语与谓语直接联系在一起，靠判断句主语与谓语的语义关系进行判断。有时在主语后加代词“者”，复指主语，引出谓语，在谓语后加语气词“也”，表达判断语气，帮助判断。判断句的规律如下。①无“者”“也”句。这是古汉语判断句的最基本形式，句中既不出现“者”，也不出现“也”，仅靠主语与谓语的语义关系进行判断，如“荀卿，赵人”。②有“者”句。即在判断句主语的后面加代词“者”，复指主语，引出谓语，如“兵者，不祥之器”。③有“也”句。即在判断句谓语的后面加语气词“也”，帮助进行判断。这种判断句在文言文中十分常见，如“张骞，汉中人也”。④有“者”“也”句。即在判断句主语的后面加代词“者”，复指主语，引出谓语。在判断句谓语的后面加语气词“也”，帮助进行判断。这是古汉语判断句的最完美形式，如“陈胜者，阳城人也”。⑤“夫战，勇气也”是以动词作主语，该判断句在字面上主语和谓语不能直接构成判断，这是内容压缩了的判断句。

四、给下面的古汉语加标点，并解释画横线的词

星队木鸣，国人皆恐。曰：是何也？曰：无何也。是天地之变，阴阳之化，物之罕至者也。怪之可也，而畏之非也。夫日月之有蚀，风雨之不时，怪星之党见，是无世而不常有之。上明而政平，则是虽并世起，无伤也。上暗而政险，则是虽无一至者，无益也。夫星之队，木之鸣，是天地之变，阴阳之化，物之罕至者也。怪之可也，而畏之非也。

队：通“坠”，坠落。　是：这。　党见：偶然出现。

无世：没有哪个时代。　怪：认为……奇怪。

中外文化及跨文化交际基础知识

一、填空题

1. rì guǐ　2. 山海关　3. 安徽　4. 貂蝉
5. 云冈石窟　6.《兰亭序》　7. 恒山　8. 明仁天皇
9. 莫泊桑　10. 王之涣

二、判断题

1-5：×√××√　6-10：×××××

三、单项选择题

1-5：CBBDA　6-10：ABCDC

对外汉语教育学引论

一、填空题

1. 形式运算　2. 对比联想　3. 侧化　4. 文化适应
5. 内部　6. 集中　7. 情景法
8. 结构、情景及功能相结合　9. u　10. ノ　丶

二、简答题

1. 答：(供参考)语言和文化的关系可以用双向互动来概括，具体地说，语言和文化的关系可以从以下几个方面去理解。

(1)语言是文化的一部分。语言是人类创造出来的一种特殊的社会现象，是人类交

际的最重要的工具，也是人类思维的工具。人类精神世界的状态可以利用语言去进行周密的阐释，人类精神世界隶属文化，因此，语言也成为文化的一部分。

(2)语言记录文化。作为一种社会现象，语言的作用不只是作为人类的交际工具而存在，人们在利用这一工具的同时，也把人类对生活现象、自然现象的认识凝固在语言中，即语言还具有记录文化的功能。

(3)语言促进文化发展。有了语言，人们在表达某种思想时才可以少走很多弯路，节省很多时间和精力。可以畅所欲言，就可以加深人们彼此之间的了解，也加深对彼此所处的环境文化的了解，这样就间接地促进了文化的发展。

综上所述，作为一名优秀的对外汉语教师，我们应该注意以下几点。

(1)督促学生树立语言和文化不可分割的思想观念。要认识到，了解目的语国的文化知识，不仅是学好目的语的必要条件，而且也是一种目的。要正确使用目的语，必须学习目的语国家的文化，并尽量把目的语国家的文化运用在交际中，使交际自然得体。

(2)教师应该广泛涉猎中国传统历史文化，对外国学生较关注和感兴趣的部分有深入了解，对中国人常见的习俗文化等更要了然于心，即对交际文化方面的知识应烂熟于心，对知识文化部分也有掌握。

(3)教师应具有跨文化交际的能力，具备“双文化意识”，并重视非语言交际因素的意识。要了解所教学生的文化背景，尊重不同国家和民族文化的差异性。

2. 答：内容请详见刘珣《对外汉语教育学引论》(北京语言文化大学出版社 2000 年版)第 231—232 页。

3. 答：(供参考)作为第二语言或外语的汉语学习和教学，对外汉语教学即研究外国人学习和习得汉语的规律和相应的教学规律，研究的内容则是作为第二语言或外语的汉语学习和教学的全过程。

从“学”的角度，对外汉语教学要研究学习者是如何学会并掌握汉语的。从“教”的角度，对外汉语教学研究总体设计、教材编写、课堂教学和语言测试等全部教学活动，其研究目的是揭示作为第二语言或外语的汉语学习和教学的内在规律，以便指导教学实践。

总之，只有研究对象明确，才能产生具有指导意义的具体研究成果。我们根据研究对象可以分别开展学科理论研究、汉语本体研究和方法论研究。

4. 答：分立式测验是按命题方法分出的一种语言测验的类型。分立式测验是将语言知识中的各个要素(语音、词汇、语法等)和言语技能(听、说、读、写)分别进行单项测试，如填空、完成句子、多项选择等。

它的理论基础是结构主义语言学，认为语言是由各种成分组成的，掌握一种语言就是掌握这些成分和技能。而这些成分和技能都可以分别进行单项测试，以确定受试者的整体语言能力。其长处在于想考什么就考什么，受试者无法回避，而且大多采用客观试题；缺点是只能测量各个孤立的项目的知识和技能，而各个单项的知识和技能不一定等于其总体的语言能力。

5. 答：有关对外汉语的词汇教学有9种方法，由于篇幅有限，在这里只列5种。

(1)直接法。表示具体意义的词语(指事物或动作)常用直观法，便于声音与概念直接联系。无法直接用实物展示的，也应尽量用目的语直接进行描述或解释。如对于名词“苹果”，直接用一个实物苹果来展示；对于动词“跑”，直接做跑的动作。

(2)翻译法。在用目的语难以解释的情况下，若母语与目的语的词对应明显，可以通过母语翻译。但要注意，两种语言词汇的义项很少是一对一的，完全的“等价词”是不多的，词义范围大小常常不同，最好的翻译也只是近似的，避免误导。需要借助大量的例句。比如对于心理名词“心情”“感情”等，可以通过翻译法解释。

(3)情景法。即把新词放在语境中，联系句子、话语和一定的社会文化背景来理解。比如要区别“家”的两个含义，可以用问答来解释清楚：“你家有几口人?”(指家庭)，“你今天回家吗?”(指家庭住处)。

(4)搭配法。即通过词与词的搭配来理解词义并学会正确使用。有的词用法很难记，也说不出太多的道理，如量词与名词的关系、某些动词与宾语的关系，直接采用名量搭配、动宾搭配较易于掌握。

(5)话语联结法。指在话语中学习词汇，特别是关联词语(不但、而且等)的用法，易于在话语中掌握，并通过大量的例句进行解释。

模拟卷(五)

现代汉语基础知识

一、填空题

1. 音高
2. 不送气　送气
3. m
4. 合口呼韵母　撮口呼韵母
5. 音高
6. 音位
7. 社会
8. 吴方言
9. 圆唇
10. 音节
11. 音强
12. 独体字
13. 主谓
14. 中性主语
15. 振　华
16. 江淮方言
17. 笔画
18. 变式
19. 因果
20. 副词
21. 兼语
22. 谱系
23. 部件
24. 副

25. 联合复句　　　　26. 意动　　　　27. 苏州话

二、名词解释

1. 鼻韵母是由一个或几个元音带上作韵尾的鼻辅音结合而成的韵母。带前鼻音韵尾 n 的韵母叫前鼻音韵母，带后鼻音韵尾 ng 的韵母叫后鼻音韵母。

2. 反义词是指意义相反或相对，同时又属于相同的意义范畴的一组词。

3. 指示语是指表示指示信息的词语，是反映话语同语境特征之间关系的语言成分。话语中指示信息是话语理解的重要方面，最常用的指示语有人称指示、时间指示和空间指示等。

4. 语用意义指言语交际中的话语在具体语境中所获得的临时性含义。它是话语的言外之意、弦外之音。

三、分析题

1. zhuān 这个音节由 4 个音素组合而成，分别是声母 zh、韵头 u、韵腹 ɑ 和韵尾 n，声调标在主要元音 ɑ 上。

2. 买　票　的　都　去　那　儿　排　队

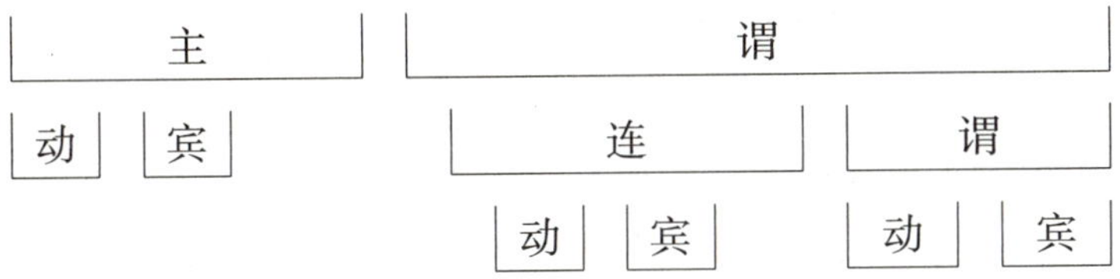

四、简述题

1. 合成词是由两个或两个以上的语素按照一定的结构方式和语义关系组合而成的词，分为复合式合成词和附加式合成词两类。(1)由两个或几个词根组合而成的词叫复合式合成词，也叫“复合词”，按照结构关系的不同分为 6 种，分别是联合式，如“道路”；偏正式，如“汽车”；补充式，如“推翻”；动宾式，如“司机”；主谓式，如“地震”；重叠式，如“刚刚”。(2)以实语素为词根加上词缀构成的词叫附加式合成词，也称“派生词”，分为前加式，如“老师”“阿姨”，和后加式，如“画家”“桌子”两种。

2. 补语一般由谓词性词语充当，可以用来说明动作、行为的结果、趋向、时间、处所可能性或者说明性状的程度和人、物的状态，有七大类。(1)结果补语：表示因动作行为导致的结果，如“他放跑了罪犯”，是因为“放”而“跑”了，结果补语常用的是形容词，少数用动词和动词短语。结果补语前头不能用助词“得”，如“这个字写错了”，“错”就是结果补语。(2)情态补语：表示由于动作、性状而呈现出来的情态，中心语和补语之间常用助词“得”，如“他摔得满身烂泥”。(3)趋向补语：表示事物随着动作而移动的方向，都用趋向动词充当，如“树林里跳出一只大老虎来”。(4)数量补语：由表动量的量词短语和表时量的量词短语两类短语充当，表示动作发生的次数或动作持续的时间，如“看了一眼”“等了一个小时”。(5)时地补语：多用介词短语来表示动作发生的时间和处所，包括动作的终止地点，如“他出生在1969年”。(6)可能补语：一种是用“得”“不得”充当，表示有可能进行，如“这件事大意不得”；另一种是在结果补语或趋向补语和中心语之间插进“得”“不”表示动作的结果、趋向可能不可能实现，如“写得好”“写不好”。(7)程度补语：很少，限于“很”“极”“死”“慌”“透”“坏”“多”等，表示达到极点或很高的程度，也可以用“一些”“一点”表示很轻的程度，如“天黑透了，一个人不敢回家”。

古代汉语基础知识

一、填空题

1. 指事　会意　　2. 古褒今贬　古重今轻　　3. 副词　很
4. 介词　连词　　5.《古韵谐声表》　　6. 守温和尚

二、概括说明古今词义的异同情况，并举例

古今词义的异同，概括起来主要有3种情况。(1)古今词义基本未变的，如“马”“牛”“山”“人”“手”，作用在于保证汉语的稳定性，词义基本未变的词汇是语言的“基本词汇”。(2)古今词义完全不同，如“绸”，古：缠绕；今：丝绸。③古今词义发展变化的。有相当数量的常用词，古今意义之间既有联系又有发展，既有相同点，也有不同点。如，“城”由城墙变为城市的含义，“国”由国都的城墙变为首都再变为国家的含义。

三、总结下列句子中“于”的用法

句①中的“于”表示“在，到”；句②中的“于”表示被动；句③中的“于”表示“比”；句④中的“于”表示“向”；句⑤中的“于”表示被动。

“于”字的用法有以下几种：(1)引入行为动作的处所与时间；(2)引入行为动作涉及的对象；(3)引入行为动作比较的对象；(4)引入行为动作的主动者，即表示被动。

四、给下面的古汉语加标点，并解释画横线的词

夏，楚子使屈完如师。师退，次于召陵。齐侯陈诸侯之师，与屈完乘而观之。齐侯曰：“岂不穀是为？先君之好是继。与不穀同好，如何？”对曰：“君惠徼福于敝邑之社稷，辱收寡君，寡君之愿也。”齐侯曰：“以此众战，谁能御之！以此攻城，何城不克！”对曰：“君若以德绥诸侯，谁敢不服？君若以力，楚国方城以为城，汉水以为池，虽众，

无所用之!”屈完及诸侯盟。

次：临时驻扎。　陈：陈列。　师：军队。

不穀：我。　绥：安抚

中外文化及跨文化交际基础知识

一、填空题

1. 杜康　2. 巢湖　3. 朱雀

4. 拣尽寒枝不肯栖　5. 杜甫　6. 普陀山

7.《明史》　8. 太行山　9. 齐桓公

10. lào ǎi

二、判断题

1-5：××√√×　6-10：√√√×√

三、单项选择题

1-5：ABBBD　6-10：ACCCB

对外汉语教育学引论

一、填空题

1. 中介语　2. 社会方言　3. 转换生成语法

4. 启发　5. 听说　6. 语音

7. 信度(可靠性)　8. 心理　9. iou，uei，uen

10. 一岁左右

二、简答题

1. 答：(供参考)课堂教学评价专指对在课堂教学实施过程中出现的客体对象所进行的评价活动，其评价范围包括教与学两个方面，其价值在于课堂教学。课堂教学评价是促进学生成长、教师专业发展和提高课堂教学质量的重要手段。课堂教学的评估，对教师和学生、对同行和教学管理者都十分重要，主要体现在以下几个方面。

(1)教师通过教学评估总结经验教训，特别是获得学生的反馈，改进教学。在进行课堂教学之后，教师可以通过它去反思课堂上出现的问题，从教学评估中找到在前期备课过程和授课过程中有所缺漏和做得不够完善的地方去改进，亦可以从中检测到教学内容和教学方式在具体的教学过程中的效果或优缺点，为调整教学提供了真实而有效的支撑和依据。

(2)学生通过评估反映自己的意见和要求，与教师进一步沟通。通过教学评估，学生可以从中找到自己学习过程中出现的问题，同时也可以借此契机增加与老师的沟通，把自己的反馈通过沟通告知教师，有利于为教师调整教学和针对学生个人情况答疑解惑，并且能够进一步改善和调节师生关系。

(3)同行和教学管理者通过教学观摩对课堂教学展开研讨，实现教学最优化。在进行教学评估的过程中，来自第三方的讨论和意见会起不可替代的作用，通过教师与教师、管理者与教师、管理者与管理者三方针对教学评估的讨论和调整，能够最大限度地起到群策群力的作用，吸收内在和外在双向意见去改善教学。

2. 答：(供参考)(1)以上句子均表示通过动作使事物位置或状态发生改变，在汉语中需要采用“把”字句，分别改为“我把书放在桌子上”“我把桌子放到外边”“我把汉语翻译成英语”。学生产生这一偏误的原因主要是母语负迁移，学习者在不熟悉汉语规则的情况下，往往会依赖自己的母语知识，用自己的母语语法来代替目的语语法规则，如在英语中会说“I put the book on the table”，“我放书在桌子上”就是完全按照英语的规则来的。但实际上，在汉语中表示某人通过动作使某物发生状态或位置的改变应该采用“把”字句。

(2)为了有效避免母语负迁移的发生，需要对外汉语教师在授课时将学生的母语和目的语进行有效的对比，充分地告诉学生两种语言的差异与不同，提醒学生目的语使用的条件和特点。这也就是要求在教师教学和学生第二语言习得的过程中运用对比分析的方法，对不同的语言进行分析和比对，进行有针对性的学习和操练，避免偏误的发生。

(3)在进行“把”字句语法教学时，教师应当对学习者的母语特点进行简单的分析，通过语言的对比突出教学的重点和难点，做到有针对性教学。同时，教师应当对“把”字句的结构和特点有全面而准确的了解，在教学中可以运用动作和实物的方法设计操练，将机械性练习和交际性练习结合，在操练中训练学生语言运用和表达的准确性。

3. 答：对外汉语教学的基本目的是使学生学会听、说、读、写，能用汉语进行交际。

(1)对外汉语课程是技能课、工具课。语言是交际工具，教语言就是让学习者掌握这个工具，培养学习者运用汉语进行交际的能力。因此，语言课是技能课、工具课。

(2)语言知识和语法规律的学习最终服务于交际能力的提高。虽然语言教学中也要教语言知识和语言规律，但这是为了使学习者掌握语言、运用语言进行交际而进行的教学，根本目的是培养和提高他们运用语言进行交际的能力。如果我们在语言课上过多地讲解语言知识，例如，讲词语的种种义项、语法知识，而忽视了语言技能的训练，这就是混淆了语言教学和语言学教学的目的，违背了语言教学的规律。

4. 答：社会语言学家海姆斯在20世纪60年代首次提出“交际能力”的概念，即运用语言进行社会交往的能力，包括传递信息、交流思想、表达感情。培养语言交际能力需要遵循的原则如下。

(1)需要性原则。以功能和意念为纲，根据学习者的实际需要，选取真实自然的语言材料，只有适合学生个人需要，才能更好地培养学生的交际能力。

(2)正确性原则。要掌握语言交际能力首先要掌握一定的语言知识和语言技能。只有正确的语言表达，才能成功地培养语言交际能力。

(3)得体性原则。在培养语言交际能力和进行交际的过程中，要遵守礼貌原则和合作原则，尽可能地在交际中尊重交际对象的文化背景、交际语言环境，得体礼貌地进行语言表达。

(4)交际过程交际化。交际既是学习的目的，也是学习的手段，在教学中创造接近真实的情景，把课堂交际活动和课外生活中交际结合起来。

(5)强调言语交际内容和信息的传递，不苛求语言形式，对错误有一定的容忍度，对错误能不纠就不纠，鼓励交际者的主动性和创造性。

(6)综合技能训练为主。听、说、读、写全面要求，词汇、语法、汉字、语用通过情景综合教学。

5. 答：对外汉语教材的类型，可以从教学类型、课程类型、水平等级、学习者特点、母语特点等不同角度来区分。从教材编写的角度，主要谈教材编写体例和教材遵循的教学原则两个方面。(详细请见刘珣：《对外汉语教育学引论》，北京：北京语言文化大学出版社2000年版，第318-322页。)

参考文献

程裕祯：《中国文化要略》(第 4 版)，北京：外语教学与研究出版社 2017 年版。

郭锡良：《古代汉语》(上、下)，北京：商务印书馆 2001 年版。

胡文仲：《跨文化交际学概论》，北京：外语教学与研究出版社 1999 年版。

黄伯荣，廖序东：《现代汉语》，北京：高等教育出版社 2017 年版。

刘珣：《对外汉语教育学引论》，北京：北京语言文化大学出版社 2000 年版。

孟昭毅，曾艳兵：《外国文学史》，北京：北京大学出版社 2008 年版。

勤思教育：《汉语国际教育硕士名校真题集》，北京：中国政法大学出版社 2020 年版。

邵敬敏：《现代汉语通论》，上海：上海教育出版社 2002 年版。

圣才教育网：《〈对外汉语教育学引论〉笔记和考研真题详解》，北京：中国石化出版社 2019 年版。

汪国胜，曾常年：《〈现代汉语〉考研辅导与习题集》，北京：中国人民大学出版社 2014 年版。

王力：《古代汉语》(1—4 册)，北京：中华书局 1999 年版。

邢福义，汪国胜：《现代汉语》(第二版)，武汉：华中师范大学出版社 2017 年版。

赵金铭：《对外汉语教学概论》，北京：商务印书馆 2004 年版。

周小兵：《对外汉语教学导论》，北京：商务印书馆 2009 年版。

祖晓梅：《跨文化交际》，北京：外语教学与研究出版社 2015 年版。